工业信息安全
应急管理
理论与架构

Emergency Management
Theory and Architecture for
Industrial Information Security

主 编◎汪礼俊

副主编◎郭 娴 师艳平 李 欣

人民邮电出版社
北 京

图书在版编目（CIP）数据

工业信息安全应急管理理论与架构 / 汪礼俊主编
. -- 北京：人民邮电出版社，2024.9
ISBN 978-7-115-62256-3

Ⅰ．①工… Ⅱ．①汪… Ⅲ．①工业管理-信息安全-
危机管理-研究-中国 Ⅳ．①F423.2

中国国家版本馆CIP数据核字(2023)第247177号

内 容 提 要

本书围绕工业信息安全基础知识、应急体系、监测与应急三个方面，全面剖析了工业信息安全相关基本概念、发展态势、应急管理内涵及架构，系统阐释了国家突发事件应急体系框架与建设情况、工业信息安全应急体系核心内容及建设关键要素，有效指导了工业信息安全应急预案编制、应急演练实施、监测预警能力建设、应急处置技术储备与应急防护等工作的开展，并重点分析了典型事件案例、应急演练实例与重要标准。

本书为网络安全、工业信息安全领域的待就业人员、从业人员及相关研究人员提供了体系化强、专业度高、科学性足的教学内容，对读者熟悉工业信息安全应急管理概念与内涵、掌握工业信息安全应急体系建设内容及应急处置工作方法等具有极强的指导意义。

◆ 主　　编　汪礼俊
　　副主编　郭　娴　师艳平　李　欣
　　责任编辑　杨　凌
　　责任印制　马振武
◆ 人民邮电出版社出版发行　　北京市丰台区成寿寺路 11 号
　　邮编　100164　　电子邮件　315@ptpress.com.cn
　　网址　https://www.ptpress.com.cn
　　固安县铭成印刷有限公司印刷
◆ 开本：787×1092　1/16
　　印张：14.75　　　　　　　　　　2024 年 9 月第 1 版
　　字数：314 千字　　　　　　　　2024 年 9 月河北第 1 次印刷

定价：79.80 元

读者服务热线：**(010)81055410**　印装质量热线：**(010)81055316**
反盗版热线：**(010)81055315**
广告经营许可证：京东市监广登字 20170147 号

本书编委会

主　编：汪礼俊

副主编：郭　娴　师艳平　李　欣

编　委：黄海波　朱丽娜　龙　飞　高清河　孙立立

　　　　杨佳宁　陈柯宇　张慧敏　黄　丹　刚占慧

　　　　何胜军　金　岩　赵凯丽　曹　锋　杨　杰

　　　　张晓帆　刘佳丽　鞠　远　樊佳讯　李　莹

　　　　陈大宇　曲思奇　蒋金桥　李思婵

序

党的二十大把握国内外发展大势，在党和国家事业发展布局中突出国家安全、教育科技人才支撑等工作，作出了推进国家安全体系和能力现代化、强化现代化建设人才支撑的重大战略部署，指出人才是第一资源，强调深入实施人才强国战略，不断塑造发展新动能新优势，为国家安全能力建设与人才培养工作指明了前进方向，提供了根本遵循。网络安全是国家安全的重要组成部分。2016 年 4 月，习近平总书记在网络安全和信息化工作座谈会上曾深刻指出，网络空间的竞争，归根结底是人才竞争。网络安全人才是网络安全建设的核心资源，人才的数量和质量直接关系网络安全建设水平的高低与安全保障能力的强弱。建设网络强国需要一支高素质的网络安全人才队伍。

当今世界正经历百年未有之大变局，单边主义、保护主义、霸权主义、强权政治威胁上升，新一轮科技革命和产业变革加速演进，多重不稳定性、不确定性因素在虚拟的网络空间泛化叠加、错综交织，网络空间成为大国战略竞争的重要领域。我们既面临难得的历史机遇，也面临严峻复杂的国际形势和接踵而至的巨大风险挑战。工业领域涵盖大量关乎国计民生的关键信息基础设施，已成为网络空间博弈的主战场。随着数字化转型的提速，越来越多的工业控制网络与互联网连接，工业信息安全漏洞风险愈发突出，工业领域勒索病毒攻击、数据擦除攻击、供应链攻击等新型攻击手段持续迭代，攻击行为呈现隐蔽性强、潜伏期长、检测难度大、传播面广、危害性大等特征，全球范围内针对制造、能源、交通、国防工业等领域的网络攻击活动肆虐。应急管理担负着保护人民群众生命财产安全和维护社会稳定的重要使命。工业信息安全应急管理是从源头上防范化解重大安全风险、及时应对处置安全事件的重要手段，能够真正将问题解决在萌芽之时、成灾之前。加强工业信息安全应急管理人才培养，推动应急管理从事后补救向规范化、科学化的事前预防转型，已成为新形势下维护国家网络安全的迫切需要。

要想谋发展，必先聚人才。党的十八大以来，在习近平总书记关于网络强国、制造强国的重要思想和关于网络安全人才工作重要指示精神的指引下，我国的网络安全人才培养取得了积极进展。然而，我国的网络安全人才，尤其是工业信息安全人才还存在缺口数量大、实战技能不强、与市场需求脱节、难以适应建立大安全大应急框架的战略要求等问题。面对复杂多变的国际环境与日益严峻的安全形势，工业领域的网络安全人才尤其是高技能人才成为关键变量。进入新发展阶段，需明确人才工作新使命，加快培育工业信息安全应急管理人才，依托大量本领过硬的应急管理人才，科学预警下好风险防范先手棋，有效处置练就风险应对真功夫，主动出击打好风险化解主动仗。

本书以总体国家安全观为指引，结合国家工业信息安全研究中心长期支撑国家、服务行业开展工业信息安全应急管理体系研究、应急预案编制、应急演练实施、态势感知能力建设、应急处置等的业务经验，以及举办工业信息安全应急管理工程师培训的工作积累，立足工业信息安全应急管理理论与架构视角，深入分析工业信息安全应急管理内涵，系统阐释应急体系架构，积极回答如何做好应急管理重点工作，有助于培养符合建立大安全大应急框架要求的专业人才，夯实工业信息安全应急管理人才支撑，对于保障我国赢得网络空间国际竞争主动权意义重大。

中国工程院院士　朱坤

前　言

当今世界，国际环境日趋复杂，陆、海、空、天、网络空间五位一体，全球安全局势日益严峻，网络安全的重要性越来越凸显。

俄乌冲突中，网络战不断升级，石油化工、电力等重点行业的工业控制系统成为攻击的靶心，漏洞利用、勒索软件攻击、数据擦除等攻击手段层出不穷，这充分体现出网络空间已经成为国家博弈、地区冲突的先行战场。

网络空间的竞争，归根结底是人才的竞争。网络空间战略地位高、辐射范围广、技术特性强、形势变化快，该领域对人才的需求极为紧迫。工业信息安全作为网络安全的重要组成部分，是实施制造强国和网络强国战略的重要保障。工业领域因运营成本高、数据价值大、社会影响面广、防护水平低，已经成为"脚本小子"、有组织黑客等的首选攻击目标。应急管理人员承担防范并化解重大安全风险、及时应对并处置各类灾害事故的重要职责，但当前我国对工业信息安全应急管理人才的需求与储备情况相比仍然差距巨大。为提高工业信息安全应急管理数字技能教育培训水平，向国家、社会、企业输送更多优质的工业信息安全应急管理人才，国家工业信息安全发展研究中心于 2021 年 3 月推出了工业信息安全应急管理工程师培训班，持续提供聚焦关键技能、内容与时俱进、让学员"听得懂、学得会、用得上"的培训课程。为助力更多人才持续深化理论和实践学习，编者精选了培训班的教学内容，组织编写了本书。本书作为系统讲解工业信息安全应急管理的综合性教程，兼顾科普性、理论性和技术性，采取由浅入深、层层递进、覆盖全面的编排方式，对工业信息安全的概念、定义与发展态势，工业信息安全应急管理的基本理论与架构等进行了系统介绍。

工业信息安全应急管理教程共包括两册。

* 第一册：《工业信息安全应急管理理论与架构》。
* 第二册：《工业信息安全应急管理技术与实践》。

本书是第一册——《工业信息安全应急管理理论与架构》，旨在为读者深刻理解工业信息安全应急管理概念与内涵、掌握应急管理理论体系与应急管理核心技能等提供指导。本书共分为三篇：第一篇"基础知识"全面剖析了工业信息安全相关基本概念、工业信息安全发展态势、工业信息安全应急管理内涵及架构；第二篇"应急体系"系统阐释国家突发事件应急体系框架与建设情况、工业信息安全应急体系核心内容及建设关键要素等；第三篇"监测与应急"有效指导监测预警工作体系与能力建设、应急处置工作体系与应急防护等工作的开展；附录部分重点分析了典型事件案例、应急演练实例与重要标准。

工业信息安全应急管理理念与实践技术具有很强的军民通用性。基于本教程开展教育培训，既能有效提高待就业人员和就业人员的安全防御、应急响应等技能，培育适应工业领域数字化转型的工业信息安全应急管理高技能人才；还能为我国的"网络国防"提供战备力量，协助抵御外敌攻击。立足新时代需要，加快培育锻炼大量实战型、应用型、复合型工业信息安全应急管理人才意义重大，能够提供坚强的人才支撑，保护军事、工业控制系统安全，形成军事和民用工业基础设施网络安全的联防、联保、联管、联控，全面筑牢国家关键信息基础设施的安全防线。

我们坚信，通过本教程的学习，广大读者既能成为合格的网络安全应急管理从业人员，也能成为时刻准备为国效力的"网络民兵"。

编者

2024 年 4 月

目　　录

第一篇　基础知识

第二篇　应急体系

第三篇 监测与应急

附录

第一篇　基础知识

第一章　工业信息安全基础

传统的工业控制系统通常运行在物理隔离的封闭环境中。随着信息化与工业化深度融合，以及工业互联网、物联网等技术的快速发展，越来越多的工业产品采用通用协议、硬件和软件，以各种方式连接到公共互联网，因此面临的安全威胁日渐增多，安全问题也日益突出。本章重点介绍工业信息安全涵盖的主要内容、传统网络安全与工业信息安全的区别、常见的工业生产系统和工业控制协议等。通过对本章内容的学习，读者能够理解工业信息安全的内涵及特点，了解工业信息安全面临的内、外部威胁，以及工业领域常见的网络攻击类型和防护机制。

第一节　工业信息安全相关概念

（一）工业信息安全

1. 工业信息安全的内涵

工业信息安全指工业运行过程中的信息安全，涉及工业领域的各个环节，是工业领域信息安全的总称，主要体现为工业控制系统信息安全、工业互联网安全、工业大数据安全、工业云安全等。工业信息安全防护的目标是通过实施管理和技术措施，保障工业生产所需的通信网络和互联网服务不中断，工业生产设备、工业控制系统及相关信息系统正常稳定运行，贯穿其中的数据不因偶然的或恶意的因素而遭到非授权访问、破坏、更改、泄露，以实现正常的生产过程，完成既定的生产目标。

2. 计算机安全

工业信息安全是网络安全的延伸，而计算机安全是网络安全的基础。纵观信息技术（Information Technology，IT）发展史，计算机安全的定义和内涵随着时间推移发生了一系列变化。1969 年，计算机安全的概念首次出现于美国兰德公司提交给美国国防部的报告中，该报告指出，"计算机太脆弱了，存在安全问题。"这里的计算机安全主要是指实体安全，即物理安全。20 世纪七八十年代，随着各类计算机管理系统的亮相，计算机安全逐步涵盖物理安全、软件与信息内容安全等。当前，国际标准化组织提出计算机安全的定义为"为数据处理系统采取的技术方面和管理方面的安全保护，保护计算机硬件、软件、数据不因偶然的或恶意的因素而遭到破坏、更改、泄露"。原公安部计算机管理监察司（后更名为公共信息网络安全监察局）也对计算机安全进行了定义，"计算机安全是指计算机资产安全，即计算机信息系统资源和信息资源不受自然和人为有害因素的威胁和危害。"

3．网络安全

与计算机安全相同，网络安全的定义和内涵也随着时间推移发生了一系列变化。在2017 年 6 月《中华人民共和国网络安全法》（以下简称《网络安全法》）正式实施前，网络安全主要指网络侧安全，即网络系统的硬件、软件及系统中的数据受到保护，不因偶然的或恶意的因素而遭到破坏、更改、泄露，系统连续、可靠、正常地运行，网络服务不中断，保护主体为网络上的数据和通信。当前，党中央、国务院高度重视网络安全，将网络安全作为总体国家安全的重要组成部分。《网络安全法》明确提出，"网络安全，是指通过采取必要措施，防范对网络的攻击、侵入、干扰、破坏和非法使用以及意外事故，使网络处于稳定可靠运行的状态，以及保障网络数据的完整性、保密性、可用性的能力"。网络安全特指网络空间安全，网络空间是与陆、海、空、天并列的第五大主权空间。现在的网络安全包括网络空间中的电磁设备、信息通信设备、运行数据、系统等存在的所有安全问题，其内涵和外延远超之前的网络安全。

4．工业信息安全的特点

与传统计算机网络安全相比，工业信息安全在保障对象、安全需求、网络和设备环境、通信协议、监管方式等方面有其特点，见表 1-1。例如，工业信息安全的最终目的是确保工业（产业）发展的安全，其保障对象包括物理系统，即多种多样的工业生产系统、工业软硬件设备等，其安全需求侧重于工业生产或运行过程的可靠性。由于工业生产环境的软硬件种类与技术手段繁多，协议通用性低、难以统一，传统的网络安全保障体系难以全面覆盖保障对象，因此需要建立更专业的工业信息安全保障体系。

表 1-1 传统计算机网络安全与工业信息安全对比

	传统计算机网络安全	工业信息安全	备注
保障对象	网站、计算机信息系统	使用工业控制软硬件设备来运行的生产系统或关键基础设施	工业信息安全的最终目的是确保工业（产业）发展的安全，其保障对象包括物理系统，即多种多样的工业生产系统、工业软硬件设备等。我国当前的网络安全保障体系难以全面覆盖保障对象，需要更专业的工业信息安全保障体系
安全需求	侧重于数据和系统的保密性、完整性、可用性	侧重于工业生产或运行过程的可靠性，生产过程稳定是首要需求	安全保障工作不能影响工业控制系统的运行，需要研究工业信息安全的测试、评估、防护技术

续表

	传统计算机网络安全	工业信息安全	备注
网络和设备环境	采用通用化、标准化的传输控制协议/因特网协议（Transmission Control Protocol/Internet Protocol，TCP/IP）架构，技术标准统一，软硬件更新周期短（3~5 年）	工业生产环境的软硬件种类、技术手段繁多，协议通用性低、难以统一，设备生命周期长（10~20 年），资产更新缓慢	工业控制系统及其网络架构非常复杂，工业网络与设备环境的变更应非常谨慎，需要构建适用于工业领域的信息安全防护和保障体系
通信协议	常用 TCP/IP，如 IP、TCP、用户数据报协议（User Datagram Protocol，UDP）、超文本传送协议（Hypertext Transfer Protocol，HTTP）、文件传送协议（File Transfer Protocol，FTP）、简易文件传送协议（Trivial File Transfer Protocol，TFTP）、简单网络管理协议（Simple Network Management Protocol，SNMP）、因特网控制报文协议（Internet Control Message Protocol，ICMP）、边界网关协议（Border Gateway Protocol，BGP）、路由信息协议（Routing Information Protocol，RIP）等通用协议	工业领域的专用通信协议（超过 1000 种），如 Modbus 协议、OPC 协议、西门子 S7COMM 协议、Ethernet/IP 等，它们之间大部分互不兼容	工业控制系统只有信息（管理）层的网络与传统 IT 网络类似，而设备层、控制层的网络与传统 IT 网络不一样。开展信息安全保障工作，需要工作人员具备丰富的工业控制通信专业知识
监管方式	通过对互联网等公共网络进行监管即可解决大部分安全问题	监管的重点是工业网络，大部分是分散的、隔离的、独立的网络和系统	工业信息安全需要建立专业的工业现场检查工作机制和人才队伍
其他国家的保障做法	成立计算机网络安全应急响应机构，如美国计算机应急预备小组（United States-Computer Emergency Readiness Team，US-CERT）	从保护重点行业和产业出发，单独成立国家级工业信息安全保障机构，如美国工业控制系统网络应急响应小组（Industrial Control Systems-Cyber Emergency Response Team，ICS-CERT）、西班牙工业网络安全中心、日本控制系统安全中心（CSSC）	美国的工业控制系统（Industrial Control System，ICS）安全保障工作曾在 2006—2009 年期间由 US-CERT 负责，但 US-CERT 逐步力不从心，故美国国土安全部于 2009 年 11 月专门组建了 ICS-CERT，建立了相关工作机制，极大地提升了工业信息安全保障水平

（二）工业控制系统信息安全

工业控制系统信息安全（以下简称"工控安全"）是工业信息安全的重要组成部分。工业控制系统是工业生产控制各业务环节涉及的有关人员、软硬件系统和平台的集合，涵盖多种类型的控制系统，包括但不限于可编程逻辑控制器（Programmable Logic Controller，PLC）、分布式控制系统（Distributed Control System，DCS）、数据采集与监控（Supervisory Control and Data Acquisition，SCADA）系统等工业生产控制系统；紧急停车系统、安全仪表系统（Safety Instrumented System，SIS）等工业控制过程安全保护系统；制造执行系统（Manufacturing Execution System，MES）、企业资源计划（Enterprise Resource Planning，ERP）系统等工业生产调度与管理信息系统；工业云平台、工业大数据平台等工业服务应用系统。工业控制系统是关键信息基础设施正常运行的基础。

《工业控制系统信息安全防护能力评估方法》指出，工控安全防护是"通过实施管理和技术措施，避免工业控制系统遭到非授权或意外的访问、篡改、破坏及损失"。国际标准《工业自动化和控制系统安全》（IEC 62443）中指出，工控安全是"工业控制系统所采取的措施；由建立和维护工业控制系统的措施所得到的系统状态；能够免于对工业控制系统资源的非授权访问和非授权或意外的变更、破坏或者损失；基于计算机系统的能力，能够保证非授权人员和系统既无法修改软件及其数据，又无法访问系统功能，同时保证授权人员和系统不被阻止；防止对工业控制系统的非法或有害入侵，或者干扰其正确和计划的操作"。

（三）工业互联网和工业物联网安全

工业互联网是在制造业发展面临深刻变革的背景下提出的，是我国重构竞争优势、抢占产业制高点的重要机遇。近年来，我国从法律法规、战略规划、标准规范等多个层面对工业互联网安全做出了一系列工作部署，提出了一系列工作要求。

工业互联网是以物联网、大数据、人工智能等为代表的新一代信息技术与制造业深度融合所形成的新兴业态与应用模式，具有低时延、高可靠、广覆盖等特点，是制造业数字化、网络化、智能化发展的信息基础设施，也是全球新一轮产业竞争的制高点。工业互联网将构建人、机、物全面融合的新兴业态和应用模式。工业互联网以工业互联网平台为依托，纵向贯穿互联网、集团专用网、企业管理网和控制网，基于全面互联实现数据驱动的智能化生产。

工业互联网包括网络、平台、安全三大体系，其中网络体系是基础，平台体系是核心，安全体系是保障。

网络体系实现网络互联，是数据流动的基础。

平台体系为数据汇聚、建模分析、应用开发、资源调度、监测管理等提供支撑，是数据流动的载体。具体而言，工业互联网平台体系包含数据采集体系、工业"平台即服务"（Platform as a Service，PaaS）平台和应用服务体系 3 个要素，是工业生产设备/系统/软件、工业数据、企业需求及生产能力等工业资源聚集共享的载体，是工业全要素连接的枢纽，是实现生产制造资源优化配置的有效途径。

安全体系识别和抵御风险，是数据流动的保障。具体而言，工业互联网安全包括工业互联网环境下网络、平台、系统、终端、数据、应用等的安全，涉及工控安全、工业互联网平台安全、工业设备安全、企业信息管理系统安全、企业控制网络及管理网络安全、传输网络安全、工业领域 5G 网络安全、工业数据安全、工业 App 安全等内容。

在工业互联网总体框架下，安全既是一套具有独立功能的体系，又渗透、融合在网络和平台建设使用的全过程。首先，工业互联网的网络和平台等的设计、建设、运营、管理离不开安全，安全又是终端设备、系统和应用等接入工业互联网的重要前提。其次，安全不能脱离网络、平台、终端、应用等独立存在。最后，在工业互联网环境下产生、运行、管理的工业数据需要全生命周期的安全保护。

工业物联网（Industrial Internet of Things，IIoT）设备和相关技术给企业带来的安全问题可以分为 3 类：管理和运营安全、技术安全、物理安全。其中，管理和运营安全问题指由工业物联网设备的不当使用、恶意入侵等人为因素造成的安全问题；技术安全问题指工业物联网设备自身存在的安全漏洞等安全问题；物理安全问题指因自然灾害等造成的安全问题。

（四）工业大数据安全

《中华人民共和国数据安全法》（以下简称《数据安全法》）是我国为保障数据安全颁布的首部专门性法律，其正式实施为包括工业大数据在内的数据安全奠定了法律基石。工业和信息化部发布了《工业和信息化领域数据安全管理办法（试行）》，并于 2022 年开始开展工业领域数据安全试点示范工作，推动强化工业大数据安全防护。合理利用工业大数据能够切实增强工厂的生产力、竞争力、创新力，驱动产品全线实现智能化转型。在工业大数据价值进一步凸显的背景下，加强工业大数据安全保护的意义重大。

2017 年 2 月，全国信息技术标准化技术委员会大数据标准工作组联合中国智能制造系统解决方案供应商联盟和中国开放对象标识符（Object IDentifier，OID）应用联盟发布了《大数据系列报告之一：工业大数据白皮书（2017 版）》，其中提出了工业大数据的定义："工业大数据是指在工业领域中，围绕典型智能制造模式，从客户需求到销售、订单、计划、研发、设计、工艺、制造、采购、供应、库存、发货和交付、售后服务、运维、报废或回收再制造等整个产品全生命周期各个环节所产生的各类数据及相关技术和应用的总称。"工业大数据以产品数据为核心，极大地拓宽了传统工业数据的范围。

2020 年 4 月，工业和信息化部发布了《工业和信息化部关于工业大数据发展的指导意见》，进一步明确了工业大数据涵盖产品和服务中的数据，提出"工业大数据是工业领域产品和服务全生命周期数据的总称，包括工业企业在研发设计、生产制造、经营管理、运维服务等环节中生成和使用的数据，以及工业互联网平台中的数据等"。

工业大数据技术是使工业大数据中所蕴含的价值得以挖掘和展现的一系列技术与方法，包括数据采集、预处理、存储、分析挖掘、可视化和智能控制等。工业大数据应用是对特定的工业大数据集，集成应用工业大数据系列技术与方法，获得有价值信息的过程。

工业大数据主要具有以下 4 个典型特征。

① 价值性：工业大数据强调用户对数据的价值驱动和数据本身的可用性。基于工业大数据可以提升创新能力和生产经营效率，推动产业进行智能制造新模式变革。

② 实时性：工业大数据主要实时来源于生产制造和产品运维环节，包括生产线、设备、工业产品、仪器等。

③ 准确性：工业大数据更加关注数据质量，以及数据处理、分析技术和方法的可靠性。

④ 闭环性：工业大数据包含产品全生命周期过程中所有数据链条的封闭和关联，以及支撑状态感知、分析、反馈和控制等闭环场景下的动态持续调整和优化。

第二节　工业信息系统与网络架构

（一）工业信息系统

1. 工业的定义和内涵

工业是指对自然资源进行开采，以及对各种原材料进行加工的社会物质生产部门，这些部门构成了中华人民共和国经济行业划分中的第二产业。

工业自诞生以来经历了 4 次重大变革。

在古代社会，手工业仅属于农业的副业，直到 18 世纪的英国第一次工业革命，使手工业逐步转变为机器大工业，工业才逐渐从农业中分离出来，成为独立的物质生产部门。这也标志着工业 1.0 时代的到来。

随着科学技术的进步，从 19 世纪下半叶到 20 世纪初，发电机、内燃机得到了广泛应用，飞机、汽车等交通工具的制造技术也发展迅速，人们进入了工业 2.0 时代。

20 世纪 40 年代后期，工业 3.0 时代来临。工业以生产过程自动化为主要特征，采用电子控制的自动化机器和生产线进行生产，改变了机器体系。微型计算机诞生，全球互联网出现。

20 世纪后期，人们进入了工业 4.0 时代，以微电子技术为中心，生物工程、光导纤维、新能源、新材料和机器人等新兴技术和新兴工业蓬勃发展。这些新技术革命，正在改变工业生产的基本面貌，也正在改变人们的生活方式和生存环境。机器的使用，给生产提供了强劲的推动力，也要求人们在生产制造时遵守一定的安全规范。信息化时代计算机的普及，在为人们提供舒适的人机界面和方便的管理接口的同时，也带来了传统计算机领域的安全问题。

根据产品类型和生产工业组织方式的不同，工业可分为流程型制造行业和离散型制造行业。

流程型制造（Process Manufacturing）行业通过一条生产线将原料制成成品，产品生产的各个阶段、各个工序在时间上是紧密衔接、连续运行的，不产生或很少产生中断现象。也就是说，劳动对象在整个生产过程中始终处于运动状态，没有或很少有不必要的停留。流程型制造行业主要包括石油化工、冶金、电力、天然气、水处理等行业。

离散型制造（Discrete Manufacturing）行业将不同的现成部件及子系统装配加工成较大型系统，其最主要的特征之一为：生产过程中基本上没有发生物质改变，仅改变物料的形状和组合，即最终产品是由多种物料装配而成的，并且产品与所需物料之间有确定的数量比例，如一个产品有多少个部件、一个部件有多少个零件，这些物料不能多也不能少。按通常行业划分，典型的离散型制造行业有机械制造、汽车、仪器仪表、家电、机床等行业。

流程型制造行业和离散型制造行业在自动化控制的实现上有一定的区别，流程型制造行业的控制一般选用 DCS，而离散型制造行业通常采用 PLC。随着 DCS 和 PLC 互相渗透发展，其应用领域逐步扩大。

2. 工业生产系统

随着工业智能化的迅速发展，工业生产系统架构不断拓展，工业生产系统实现了质的飞跃。目前工业生产系统架构基本分为 6 层，自下而上分别为现场设备层、现场控制层、过程监控层、生产管理层、企业管理层、外部网络层，如图 1-1 所示。

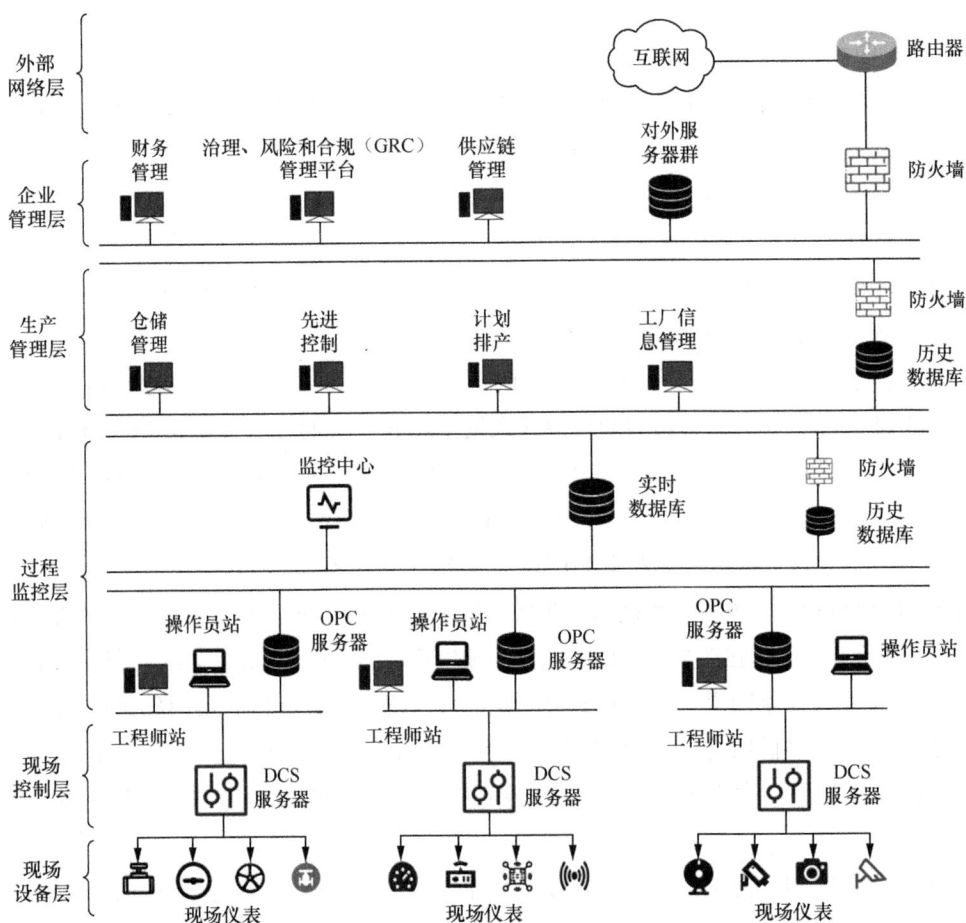

注：OPC 指 Open Platform Communications，开放平台通信。

图 1-1　工业生产系统架构

在工业 3.0 时代，工业生产系统架构普遍分为现场设备层、现场控制层、过程监控层 3 层。随着工业物联网的发展，现场设备层相关设备经历了智能化转型，具有智能采集、无线传输功能，在电力、石油管道等行业应用广泛。现场控制层是现场设备层的上层架构，集成现场设备层设备至集中控制系统，如 SCADA 系统、PLC、SIS 等。过程监控层设有监控中心，负责监控与前两层相关的安全生产设备、控制系统。

生产管理层是连接上下层架构的关键枢纽，传递上层生产、管理、计划信息至生产现场，实现对管理和生产的直接控制。企业管理层和外部网络层则属于传统网络层。随着数字经济的发展，数字技术在工业领域的应用更加广泛，传统网络和工业控制网络加速互联，将传统网络风险进一步引入工业生产环境。因此，当前工业信息安全面临着巨大的威胁。

3. 工业控制系统

工业控制系统可对工业实时数据进行采集、监测，实现设备自动化运行以及对业务流程的管理和监控。工业控制系统通常用于电力、水处理、石油和天然气、化工、交通、制药、食品制造、汽车制造、航空航天等行业领域，往往高度互联、相互依存，是关键信息基础设施正常运行的基础。

（1）发展历程

计算机网络技术与工业控制系统的发展有着紧密的联系。总体来看，工业控制系统的发展历程如图 1-2 所示。早在 20 世纪 50 年代中后期，计算机就已经被应用到工业控制系统中，从而出现了最初的协调控制系统（Coordinated Control System，CCS）。20 世纪 60 年代初，出现了由计算机完全替代模拟控制的控制系统，它被称为直接数字控制（Direct Digital Control，DDC）系统。1968 年，美国通用汽车公司为了适应汽车型号的不断更新、生产工艺的不断变化，希望能研制出新型工业控制系统，尽可能减少重新设计和更换电气控制系统及接线的次数，从而降低生产成本、缩短生产周期。对此，通用汽车公司设想将计算机的功能强大、灵活、通用性好等优点与电气控制系统的简单易用、价格便宜等优点结合起来，制成通用控制装置，并且这种装置采用面向控制过程、面向问题的"自然语言"进行编程，即便不熟悉计算机的人也能快速掌握其使用方法。1969 年，美国数字化设备公司根据通用汽车公司的要求，成功研制出世界上第一台可编程控制器（PDP-14），它在通用汽车公司生产线上的试用效果显著。自此，PLC 技术得到了迅速发展。

20 世纪 70 年代中期，随着微处理器的出现，计算机控制系统进入快速发展的新时期。1975 年，世界上第一套以微处理器为基础的分散式计算机控制系统问世，它由多台微处理器共同分散控制，并通过数据通信网络实现集中管理，被称为 DCS。

20 世纪 90 年代后期，计算机网络技术的迅猛发展使 DCS 得到进一步发展。DCS 逐步增强了工业控制系统的可靠性和可维护性。当前，在工业控制领域，DCS 仍然占据主导地位，但 DCS 不具备开放性，布线复杂、费用较高，而且不同厂家的产品集成存在很大困难。因此，随着大规模集成电路技术的发展，许多传感器、执行机构、驱动装置等现场设备更加智能化，人们开始寻求用一根通信电缆将具有统一的通信协议、通信接口的现场设备连接起来，在现场设备层传递的不再是输入/输出信号（4～20mA/24VDC），而是数字信号，这根通信电缆就是现场总线。由于可以解决网络控制系统的自身可靠性和开放性问题，现场总线技术成为计算机控制系统的发展趋势，现场总线控制系统

（Fieldbus Control System，FCS）由此诞生。FCS 既是开放的通信网络，又是全分布式的控制系统，它在很多方面继承了 DCS/PLC 的成熟技术，主要特点是采用标准的通信协议、分布式网络自动化系统、分散控制结构。因此，FCS 相比传统的 DCS 具有性能好、准确度高、误码率低、组态更简单等优点，并且由于其结构、性能标准化，更便于安装、运行和维护。从 20 世纪 90 年代后期开始，一些发达的工业国家和跨国工业公司都纷纷推出自己的现场总线标准和相关产品。

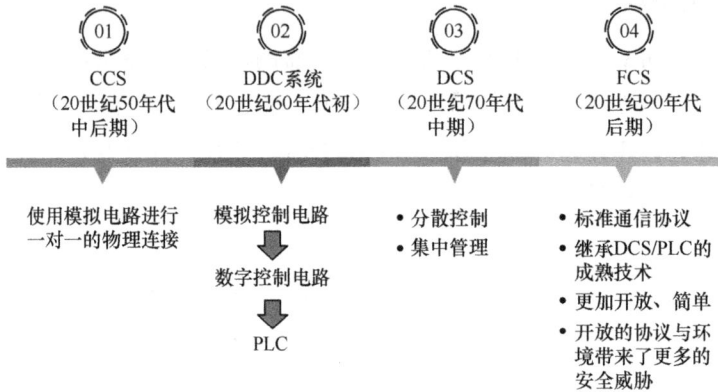

图 1-2　工业控制系统的发展历程

（2）主要分类

常见的工业控制系统包括 DCS、SCADA 系统、PLC、远程终端单元（Remote Terminal Unit，RTU）等。

① DCS。DCS 又称集散控制系统。它以微处理器为核心，实现地理上与功能上的分布控制，同时通过高速数据通道把各个分散点的信息集中起来，进行集中的监视和操作，并实现复杂的控制和优化，其基本结构如图 1-3 所示。

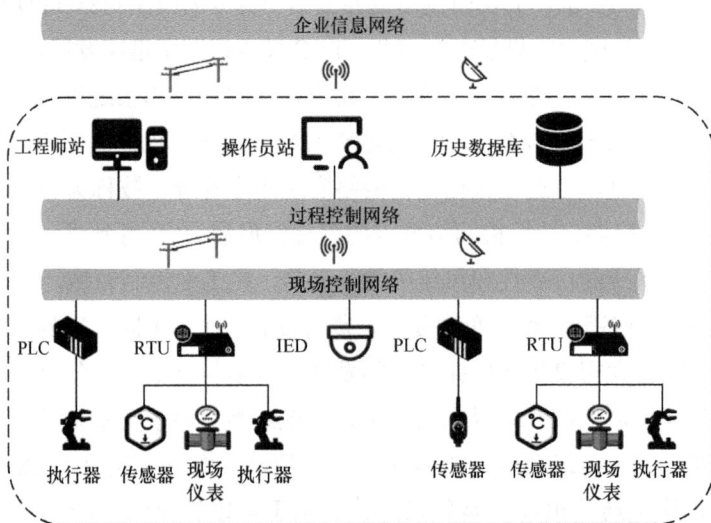

图 1-3　DCS 的基本结构

DCS 具有控制分散、信息集中、系统模块化、数据通信能力强、人机接口友好而丰富、可靠性高等特点，主要应用于过程控制行业，如发电、炼油、水处理、食品和医药加工等行业。其采用"多层分级、合作自治"的架构，实现对控制过程的总体监控，包括多个集成的子系统的控制，可满足大型工业生产和日益复杂的过程控制的需求。

② SCADA 系统。SCADA 系统是具有监控程序及数据收集能力的计算机控制系统，可以用在工业程序、基础设施或设备中。SCADA 系统作为生产过程和事务管理自动化最为有效的计算机软硬件系统之一，包含 3 个部分：第一部分是分布式的数据采集系统，也就是通常所说的下位机；第二部分是过程监控与管理系统，即上位机；第三部分是数据通信网络，包括上位机网络系统、下位机网络系统，以及将上位机、下位机网络系统连接起来的通信网络。SCADA 系统数据架构如图 1-4 所示。

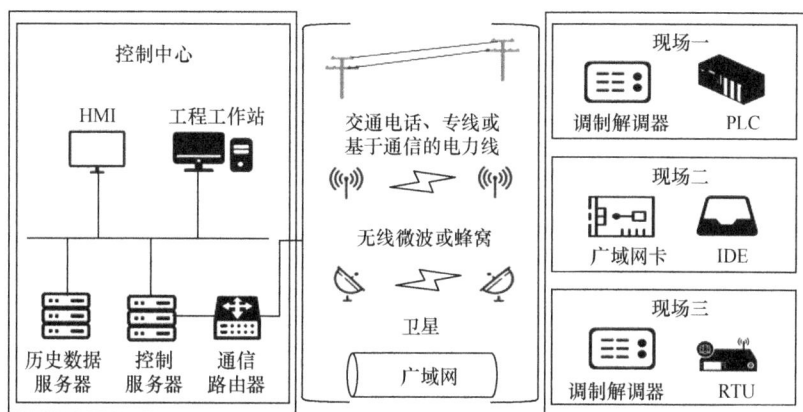

注：IDE 指 Integrated Development Environment，集成开发环境。

图 1-4　SCADA 系统数据架构

SCADA 系统的主要特点是利用远程通信技术对地理位置分散的远程测控站点进行集中监控，主要应用于石油和天然气管道、电力电网、轨道交通等行业。

③ PLC。PLC 是专门为应用于工业环境而设计的数字运算操作电子系统。它采用一种可编程的存储器，在其内部存储执行逻辑运算、顺序控制、定时、计数和算术运算等操作的指令，通过数字式或模拟式输入/输出（Input/Output，I/O）来控制各种类型的机械设备或生产过程，可以实现开关量的开环控制、模拟量的闭环控制、数字量的智能控制、数据采集与监控等。

PLC 实质上是一种专用于工业控制的计算机，其硬件结构基本上与微型计算机相同，硬件电路主要由中央处理单元（Central Processing Unit，CPU）、存储器［只读存储器（Read-Only Memory，ROM）/随机存取机（Random Access Memory，RAM）］、I/O 模块、编程器、电源等部件组成（如图 1-5 所示）。其中，CPU 是 PLC 的核心，I/O 模块是用来连接现场 I/O 设备与 CPU 的接口电路，通信接口用于与编程器、上位机等外设连接。PLC 的软件由系统程序和用户程序组成。系统程序由 PLC 制造厂商设计编写，并存入

PLC 的系统存储器，用户不能直接读写与更改。系统程序一般包括系统诊断程序、输入处理程序、编译程序、信息传送程序、监控程序等。用户程序是用户利用 PLC 的编程语言，根据控制要求编制的程序。PLC 通常是 SCADA 系统和 DCS 中的关键组件，广泛应用于几乎所有的工业生产过程。

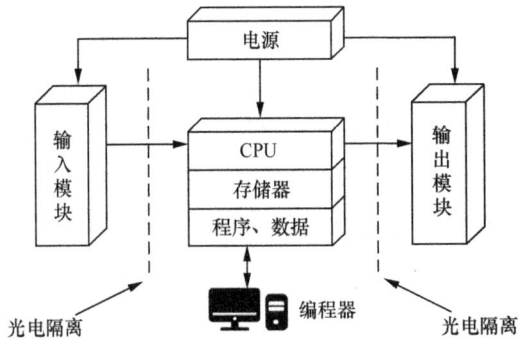

图 1-5　PLC 结构

④ RTU。RTU 是 SCADA 系统的基本组成单元，通常为安装在远程现场的电子设备，负责对现场信号、工业设备进行监测和控制。RTU 的主要作用是进行数据采集及本地控制。进行本地控制时，其作为系统中独立的工作站，可以独立地实现连锁控制、前馈控制、反馈控制、比例-积分-微分（Proportional-Integral-Derivative，PID）控制等工业上常用的控制调节功能。进行数据采集时，其作为远程数据通信单元，可以完成或响应本站与中心站或其他站的通信和遥控任务。RTU 产品目前与无线设备、工业 TCP/IP 产品结合使用，广泛应用在油气田、环保、热网、水利、长输管线、水处理、电力、交通、冶金、化工、农业等领域。

4．工业主机

工业主机即工业控制计算机（Industrial Personal Computer，IPC）（如图 1-6 所示），是基于个人计算机（Personal Computer，PC）总线的工业计算机，具有重要的计算机属性和特征，其主要的组成部分有工业机箱、无源底板及可插入的多种板卡，如 CPU 卡、I/O 卡等。工业主机采用全钢机壳、机卡压条过滤网、双正压风扇等设计，通过电磁兼容（ElectroMagnetic Compatibility，EMC）技术解决工业现场的电磁干扰、震动、灰尘、高温/低温等问题。

图 1-6　工业主机

工业主机通俗地说是专门为工业现场而设计的计算机，而工业现场一般具有震动强、灰尘多、电磁场力强的特点，并且工厂一般是连续作业的。因此，工业主机与普通计算机相比必须具有以下特点。

- 工业机箱采用钢结构，有较强的防磁、防尘、防冲击能力。

- 工业机箱内有专用底板，底板上有 PCI 和 ISA（Industry Standard Architecture，工业标准结构）插槽。
- 工业机箱内有专门的电源，电源有较强的抗干扰能力。
- 具有连续长时间工作的能力。
- 一般采用便于安装的标准机箱。

虽然与普通的商用计算机相比，工业主机具有一定的优势，但其劣势也非常明显，具体如下。

- 配置硬盘容量小。
- 数据安全性低。
- 存储选择性小。
- 价格较高。

工业主机已被广泛应用于工业及生活的方方面面，如控制现场、路桥控制收费系统、医疗器械、环境保护监测、通信保障、智能交通管控系统、楼宇监控安防、语音呼叫中心、排队机、柜台电子付款机（Point Of Sale，POS）、数控机床、加油机、金融信息处理、石化数据采集处理、物理勘探、野外便携作业、军工、电力、铁路、高速公路、航天、地铁、户外广告等。

5．工业通信设备

工业通信设备是用于连接感知设备、工业控制设备与管控中心，实现目标数据实时在线监测、设备远程控制、远程管理维护的核心设备，能助力工业生产自动化、智能化运行。典型的工业通信设备包括工业以太网交换机、工业路由器等，其中部分工业通信设备具有较强的品牌专用性。

（1）工业以太网交换机

工业以太网交换机应用于复杂的工业环境中，以实现实时以太网数据传输。以太网采用带冲突检测的载波监听多路访问（Carrier Sense Multiple Access with Collision Detection，CSMA/CD）机制，在复杂的工业环境中，其可靠性将大大降低，导致以太网不能使用。工业以太网交换机采用存储-转发交换方式，可以加快以太网的通信速度，并且内置智能报警设计，用于监控网络运行状况，即便在恶劣、危险的工业环境中也能保证以太网可靠稳定地运行。工业以太网交换机主要应用在电力自动化、工厂自动化、煤矿自动化、轨道交通、风能风电等领域，还应用在冶金、石油石化、道路交通控制自动化、楼宇自动控制、油田控制自动化、水电站控制自动化、机房监控、水利监控、环保监控等领域。工业以太网交换机因其具有较高的防护等级（一般为 IP40）、较强的电磁兼容性（EMS 4 级）、稳定的工作性能而应用在一些条件苛刻的工业现场，为工业通信提供有力的保障。

（2）工业路由器

工业路由器是一种物联网无线通信路由器，网关可对标准以太网与工业以太网协议、无线与有线接口或以太网与现场总线通信协议进行转换。这种工厂自动化设备结构坚固，适用于无风扇冷却的恶劣工业环境，专门用于工业领域的数据传输。目前，工业路由器已广泛应用于物联网产业链中的机器对机器（Machine to Machine，M2M）行业，如智能电网、智能交通、智能家居、金融、移动 POS 终端、供应链自动化、工业自动化、智能建筑、消防、公共安全、环境保护、气象、数字化医疗、遥感勘测、农业、林业、水务、煤矿、石化等领域。

6．工业人机界面和传感器

人机界面（Human Machine Interface，HMI）是可以显示程序状态的设备，操作员可以依托 HMI 实现设备监控及程序控制。HMI 会连接到 SCADA 系统的数据库及软件，读取相关信息，以显示趋势、诊断数据及相关管理信息，如定期维护程序、物流信息、特定传感器或机器的细部线路图、协助故障排除的专家系统。

传感器是一种检测装置，主要存在于生产末端，能感受到测量的信息，并将感受到的信息按一定的规律转换成电信号或其他所需形式的信息输出，以满足信息的传输、处理、存储、显示、记录和控制等要求。

7．工业生产信息系统

工业生产信息系统能够助力企业建立合规、精确且具有时效性的生产数据库，完成各类业务的一体化管理工作，使管理更高效、信息更全面、过程更可控。常见的工业生产信息系统有 MES、ERP 系统、客户关系管理（Customer Relationship Management，CRM）系统、供应商关系管理（Supplier Relationship Management，SRM）系统等。

MES 是面向制造企业车间执行层的生产信息化管理系统，主要分为四大类，分别为针对某个特定领域问题而开发的专用 MES、集成 MES、可集成的 MES、智能化的 MES。国际制造执行系统协会（Manufacturing Execution System Association，MESA）对 MES 的定义是，"MES 能通过信息传递，对从订单下达到产品完成的整个生产过程进行优化管理。当车间发生实时事件时，MES 能及时做出反应、报告，并用当前的准确数据进行指导处理。这种对状态变化的迅速响应使 MES 能够减少企业内部没有附加值的活动，有效地指导车间的生产运作过程，从而能够提高车间的交货效率，改善物料的流通性能，提高生产回报率。MES 还通过双向的直接通信在企业内部和整个产品供应链中提供有关产品行为的关键任务信息"。

MES 集成了车间中生产调度管理、生产质量管理、生产设备管理、生产过程管理等相互独立的模块，实现模块间的数据共享，各模块如图 1-7 所示。

- 资源分配和状态管理：对资源分配和状态信息进行管理，包括机床、辅助工具、物料、劳动者等生产能力实体以及开始加工前必须准备的文档和资源等详细数据，对资源的管理还包括为满足生产计划的要求而对资源所做的预留和调度。

- 工序级详细生产计划：负责生成工序级操作计划，即详细生产计划，提供基于指定生产单元相关的优先级、属性、特征、方法等的作业排序功能。其目的就是安排一个合理的序列以最大限度地压缩生产过程中的辅助时间，它是基于有限能力的生产执行计划。

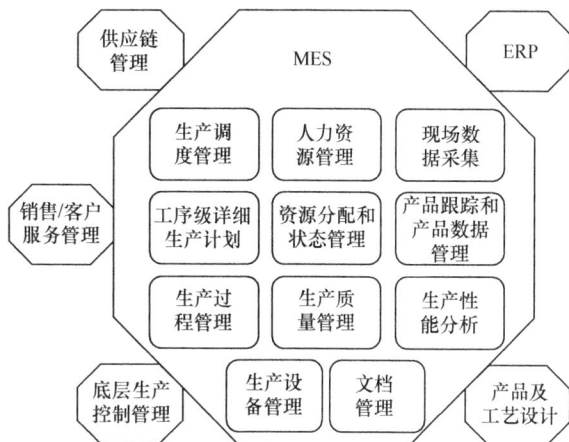

图 1-7 MES 的模块

- 生产调度管理：以作业、批量以及工作订单等形式管理和控制生产单元中的物料流和信息流；能够调整车间规定的生产作业计划，对返修品和废品进行处理，用缓冲管理的方法控制在制品数量。

- 文档管理：管理与生产单元相关的记录/单据，包括图纸、配方、工艺文件、工程变更等；还可以对存储的生产历史数据进行维护等操作。

- 现场数据采集：负责采集生产现场中各种必要的实时更新的数据。这些现场数据可以从车间手动输入或通过各种自动方式获得。

- 人力资源管理：提供实时更新的员工状态信息；可以与设备的资源分配和状态管理模块相互作用来决定最终的优化分配。

- 生产质量管理：对从制造现场收集到的数据进行实时分析以控制产品质量，并确定生产中需要注意的问题。

- 生产过程管理：监控生产过程，自动修正生产中的错误，提高加工效率和产品质量，并为用户提供修正错误和提高在制品生产行为的决策支持。

- 生产设备管理：跟踪和指导企业维护设备和道具以保证制造过程顺利进行，并产生除报警外的阶段性、周期性和预防性的维护计划，同时对需要直接解决的问题进行响应。

- 产品跟踪和产品数据管理：通过监视工件在任意时刻的位置和工艺状态来获取每个产品的历史记录，该记录使产品组及每个最终产品的使用情况具有可追溯性。

- 生产性能分析：能提供实时更新的实际制造过程的结果报告，并将这些结果与历史记录及所期望出现的经营目标进行比较。

ERP 系统是从企业战略角度出发，处理企业生产经营活动中的计划、生产、销售、库存等信息，优化企业运行模式的人机系统，分为适用于企业内部局域网的客户机/服务器（Client/Server，C/S）架构下的 ERP 软件，以及适用于局域网和外部网络的浏览器/服务器（Browser/Server，B/S）架构下的 ERP 软件。ERP 面向全球市场，协调企业各管理部门及其与供应商和客户的业务，实现生产、采购、销售流程的统一化和标准化，是集信息技术与先进管理思想于一体，以系统化的管理思想为企业员工及决策层提供决策手段的管理平台。

ERP 系统的功能模块主要包括财务、生产、采购与销售三大模块。随着 ERP 系统的发展，其功能模块也在不断地扩展，如会计核算、财务管理、生产控制管理、物流管理、采购管理、分销管理、库存控制、人力资源管理等模块。ERP 从物料需求计划（Material Requirement Planning，MRP）发展而来，扩展了 MRP 的功能，其核心功能是供应链管理，对于改善企业业务流程、提高企业核心竞争力具有显著作用。

CRM 系统以客户数据的管理为核心，保证客户的联系信息处于最新状态，跟踪客户与企业的每次交互并管理账户。

与 ERP 系统不同的是，CRM 系统以建立、发展和维护客户关系为主要目的，其本质是吸引客户、留住客户、实现客户利益最大化，发展客户关系，推动业务增长并提高客户忠诚度。

SRM 系统是建立商业规则的行为，帮助企业分析与具有不同重要性的产品和服务的供应商如何进行沟通以实现盈利，包括供应商分类选择、战略关系发展、供应商谈判和供应商绩效评价 4 个方面。SRM 系统主要用于改善企业与供应商的关系，致力于帮助双方建立和维持长久、紧密的合作关系。

（二）工业控制网络协议

工业网络指安装在工业生产环境中的全数字化、双向、多站的通信系统，是应用于工业领域的综合型集成网络，涉及计算机技术、通信技术、多媒体技术、控制技术和现场总线技术等。从功能角度来看，工业网络一般可分成两个部分：企业信息网络、工业控制网络。企业信息网络位于工业网络的中上层，主要功能是处理工业控制系统的管理与决策信息，与传统的信息网络架构相同。

企业信息网络与工业控制网络之间的信息无缝集成依赖工业以太网。工业以太网主要指技术上与商用以太网（IEEE 802.3）兼容，但在环境性、可靠性、实时性、安全性以及设备安装等方面满足工业现场要求的以太网。工业以太网技术应用主要具有基于 TCP/IP 主流标准、易操作、可实现远程访问和诊断、网络传输速度快、传输介质灵活、能有效降低投资成本等优点，但同时存在安全性及总线供电问题。

工业控制网络位于工业网络的中下层，主要功能是处理控制现场的实时测控信息。依据通信关系，工业控制网络由下到上又可分为现场控制层、过程监控层，分别对应现场总线网络、过程控制与监控网络。现场控制层处于作业现场，主要功能是连接现场设备，如分布式 I/O、传感器、驱动器和开关设备等，实现现场设备控制及设备间联锁控制。

过程监控层主要通过分布式 SCADA 系统采集和监控生产过程参数，并利用 HMI 实现人机交互，对现场控制层进行管理。

工业控制网络是能够将工业企业中各个生产流程和自动化控制系统通过各种通信设备组织起来的通信网络。工业控制系统的现场网络与控制网络之间的通信、现场网络各工业控制设备之间的通信、控制网络各组件的通信往往采用工业控制系统特有的通信协议。目前，常见的工业控制系统通信协议主要包括 Modbus、S7COMM、分布式网络协议 3（Distributed Network Protocol 3，DNP3）、IEC、OPC 等。

1. Modbus 协议

（1）Modbus 基本介绍

Modbus 是一种串行通信协议，由莫迪康公司（现在的施耐德电气公司）于 1979 年为使用 PLC 通信而发表。Modbus 协议是全球首个真正用于工业现场的总线协议，由于其具有免费性、易部署、可维护性、易应用性等特点，已经成为工业领域通信协议的业界标准，是工业电子设备之间常用的连接协议。

目前，支持 Modbus 协议的厂家已超过 400 家，支持 Modbus 协议的产品超过 600 种。因此，Modbus 协议可以说是应用最为广泛的工业控制协议之一。Modbus 协议主要基于 TCP/IP，帧格式简单、紧凑，通俗易懂；用户使用方便，厂商开发简单。但是，其在设计之初未考虑安全性，存在缺乏认证、缺乏授权、缺乏加密等固有缺陷，这些可能会导致开发者在使用该协议的过程中出现缓冲区溢出、功能码滥用等问题。

（2）Modbus 通信方式

Modbus 协议基本上遵循主从（Master-Slave）通信模式，如图 1-8 所示。Modbus 非常便于实现低级设备和高级设备之间的通信，它包含 3 个独特的协议数据单元（Protocol Data Unit，PDU）：Modbus 请求、Modbus 应答以及 Modbus 异常应答。Modbus 请求中包含功能码（Function Code）和请求消息（Query Message）。Modbus 功能码有公共功能码、用户定义功能码和保留功能码 3 种类型。

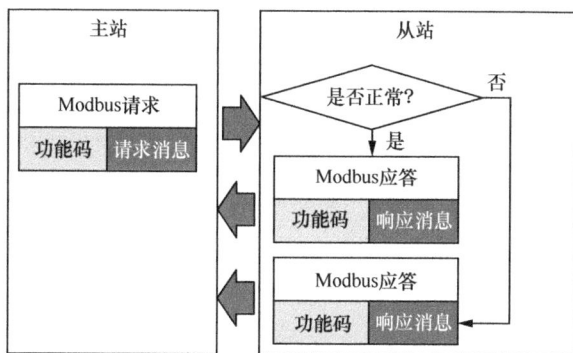

图 1-8　Modbus 协议通信模式

在 Modbus 中，一方扮演主设备角色，采取主动询问方式，发送请求消息至从设备，从设备依据接收到的请求消息内容准备响应消息并回传给主设备。具体使用时，一般 SCADA 系统和 HMI 属于主设备，PLC、电表、仪表等都为从设备，SCADA 系统和 HMI 向控制设备发送请求消息，控制设备则返回请求消息所请求的数据或要求执行的命令的执行结果。

（3）Modbus 请求消息及响应消息分析

Modbus 通过应用层的数据报文实现各种功能，其中功能码是 Modbus 消息帧（报文）的重要组成部分，是 Modbus 协议中通信事务处理的基础，代表消息将要执行的动作。Modbus 部分功能码及其具体功能如图 1-9 所示。

功能码	对应功能	寄存器地址	比特/字节操作	操作数量
01(0x01)	读线圈状态	00001～09999	比特操作	单个或多个
02(0x02)	读输入的离散量	10001～19999	比特操作	单个或多个
03(0x03)	读保持寄存器	40001～49999	字节操作	单个或多个
04(0x04)	读输入寄存器	30001～39999	字节操作	单个或多个
05(0x05)	写单个线圈	00001～09999	比特操作	单个
06(0x06)	写单个保持寄存器	40001～49999	字节操作	单个
15(0x0F)	写多个线圈	00001～09999	比特操作	多个
16(0x10)	写多个保持寄存器	40001～49999	字节操作	多个

图 1-9　Modbus 部分功能码及其具体功能

使用 Wireshark 工具捕获主从设备之间的通信消息。主设备向从设备发出请求消息，根据此请求消息，对照图 1-9 可以分析出，其功能码为 0x03，因此其功能为读保持寄存器，读取的起始位置为 Reference Number 对应的值 5，读取的长度为 Word Count 对应的值 2。请求消息的详细信息如图 1-10 所示。

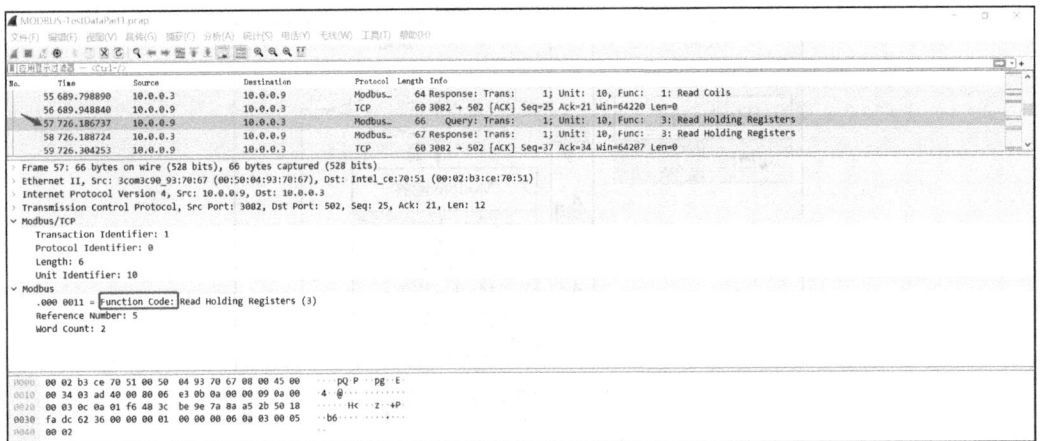

图 1-10　Modbus 请求消息分析

根据请求消息，从设备返回对应的数据，从 5 号保持寄存器开始读两个 Word，获取 5、6 号保持寄存器的数值分别为 9 和 24。响应消息的详细信息如图 1-11 所示。

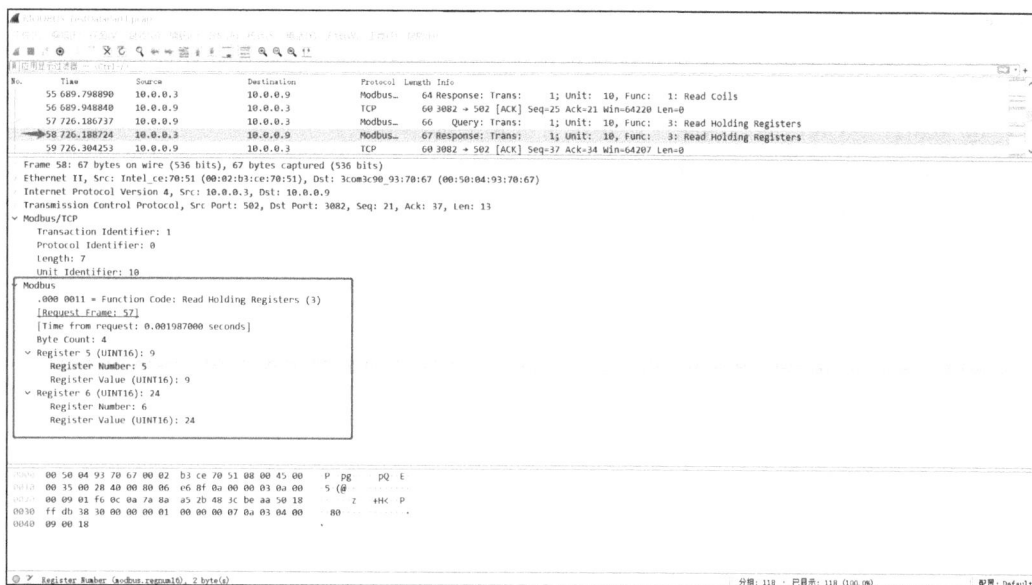

图 1-11 Modbus 响应消息分析

2. S7COMM 协议

（1）S7COMM 协议的报文结构及关键参数

S7COMM 协议指的是以太网 S7 通信协议，是西门子公司为其生产的 PLC、SCADA 系统等产品之间相互通信而设计的专属私有协议。应用层组织的数据经过面向连接的传输协议（Connection Oriented Transport Protocol，COTP）、TPKT 协议的进一步处理后，最终通过 TCP 进行传输。S7COMM 的报文结构如图 1-12 所示。

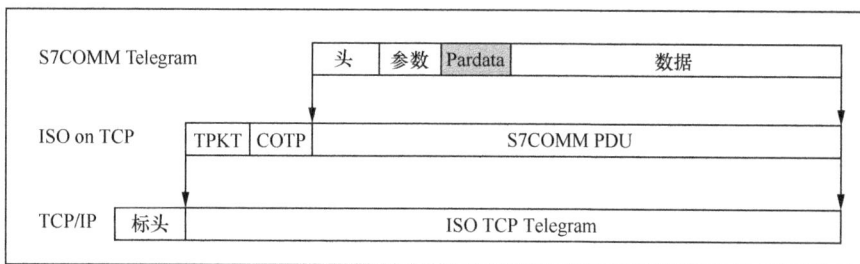

图 1-12 S7COMM 的报文结构

S7COMM PDU 主要由 3 个部分组成。

① 头（Header）：包含长度信息、PDU 参考（PDU Reference）、消息类型（Message Type）常量。

② 参数（Parameter）：该部分的内容和结构根据 PDU 的消息类型和功能代码不同而有很大的差异。

③ 数据（Data）：这是可选字段，用于携带数据，如内存值、块信息、固件数据等。

S7COMM PDU 一般包括以下 4 种类型。

① 0x01：JOB，即作业请求，如读/写存储器、读/写块、启动/停止设备。

② 0x02：ACK，即确认响应，是没有数据的简单确认。

③ 0x03：ACK_DATA，即确认数据响应，一般是响应 JOB 的请求。

④ 0x07：USERDATA，即扩展协议，其参数字段包含请求/响应 ID，一般用于编程/调试、读取系统状态列表、设置安全功能、设置时间等。

（2）S7COMM PDU——USERDATA 类型

当 PDU 类型为 USERDATA 类型时，S7COMM 协议的结构如图 1-13 所示。S7COMM 的参数部分：参数头字段占 3 字节，参数长度字段占 1 字节，方法字段占 1 字节，类型字段占 1/2 字节，功能组字段占 1/2 字节，子功能码字段占 1 字节，序号字段占 1 字节。

| 头 | 参数头，3字节 | 参数长度，1字节 | 方法，1字节 | 类型，1/2字节 | 功能组，1/2字节 | 子功能码，1字节 | 序号，1字节 | 数据 |

图 1-13　USERDATA 类型的 S7COMM 协议的结构

其中，功能组和子功能码的取值决定了该报文的功能，功能组字段的取值见表 1-2。

表 1-2　功能组字段的取值

功能组代码	含义
0x0	转换工作模式（Mode-transition）
0x1	工程师调试命令（Programmer commands）
0x2	循环读取数据（Cyclic data）
0x3	块功能（Block functions）
0x4	CPU 功能（CPU functions）
0x5	安全功能（Security functions）
0x6	可编程块函数发送/接收（PBC BSEND/BRECV）
0x7	时间功能（Time functions）
0xf	NC 编程（NC programming）

当功能组代码为 0x4，即 CPU 功能时，子功能码的取值见表 1-3。

（3）S7COMM 请求包及响应包分析

这里以 USERDATA 类型为例进行介绍，通信请求方通过发送 USERDATA 类型的数据包，实现读系统状态列表的功能。系统状态列表用于描述 PLC 的当前状态，其内容只能读取不能修改。系列状态列表包含了系统数据、模块状态数据、模块诊断数据和模块诊断缓冲区信息。

表 1-3 子功能码的取值

子功能码代码	含义
0x01	读系统状态列表（Read SZL）
0x02	消息服务（Message service）
0x03	诊断消息（Diagnostic message）
0x05	显示 ALARM
0x06	显示 NOTIFY
……	……

读系统状态列表数据请求包需要为功能组和子功能码配置对应的值，如图 1-14 所示，Parameter 部分的功能组值为 0x4，子功能码为 0x01。

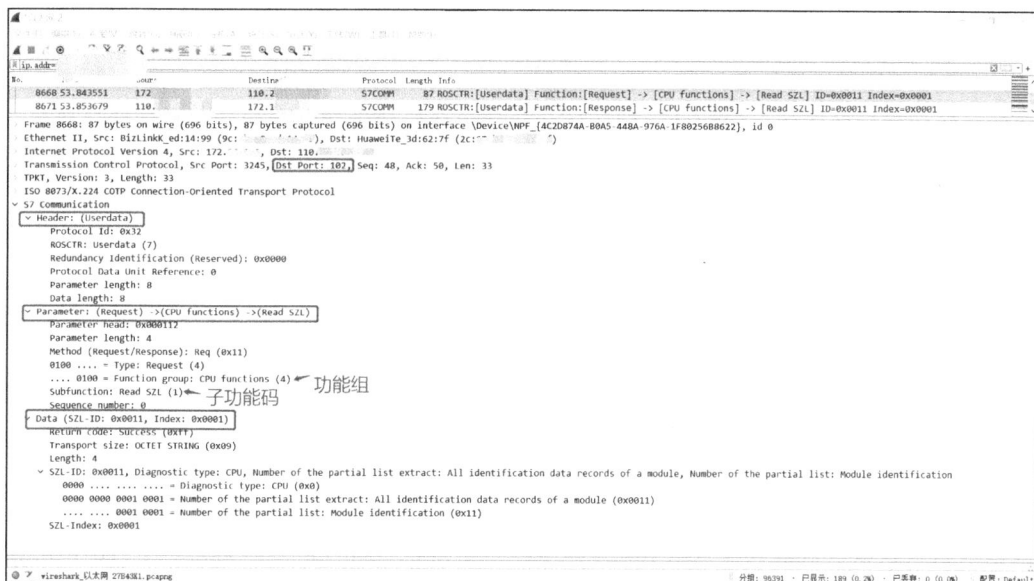

图 1-14 S7COMM 读系统状态列表数据请求包

S7COMM 设备收到数据请求包后会根据请求内容，返回数据响应包，可以看到，返回的信息中包含了模块的序列号、模块类型 ID 等信息，如图 1-15 所示。在进行资产识别时，该功能能够提供这些信息以帮助识别 S7COMM 设备的具体型号。

3. DNP3

DNP3 是应用于自动化组件之间的通信协议，常见于电力、水处理等行业。DNP3 主要基于 TCP/IP，比 Modbus 协议更复杂，在应用层实现了对传输数据的分片、校验、控制、优先级设置等诸多功能，例如 SCADA 系统可以使用 DNP3 与主站、RTU 等进行通信。此外，相较于 Modbus 协议，其安全性有所提高，但仍存在缺乏认证、缺乏加密等固有问题。

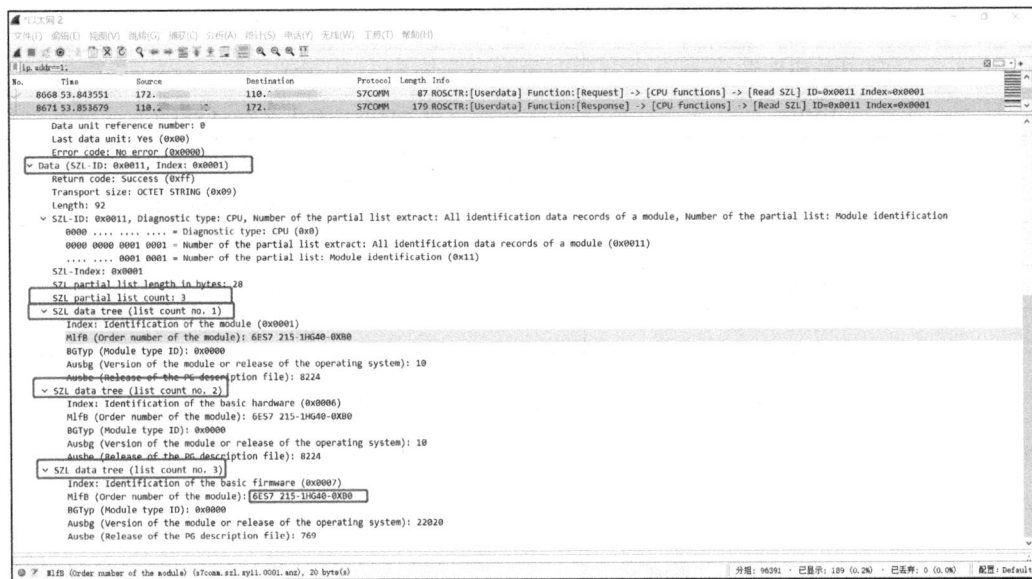

图 1-15　S7COMM 读系统状态列表数据响应包

4. IEC 系列协议

IEC 系列协议包括 IEC 60870-5-101、IEC 60870-5-104 等协议，是电力行业的主要工业控制协议。IEC 系列协议主要基于 TCP/IP，采用平衡传输模式，用于调度主站的应急管理系统和子站的 RTU 等设备之间的通信，且终端系统不需要特殊的网络软件、路由功能，也无须进行网络管理。但 IEC 系列协议同样存在缺乏认证、缺乏授权、缺乏加密等固有问题，以及缓冲区溢出等漏洞。

5. OPC 协议

OPC 是一项应用于自动化行业及其他行业的数据安全交换可互操作性标准，由 OPC 基金会负责运维，同时也是微软组件对象模型（Component Object Model，COM）和分布式组件对象模型（Distributed Component Object Model，DCOM）接口标准在工业领域的体现。但当其基于 Windows 操作系统时，容易受到 Windows 系统已知漏洞、弱口令等问题的影响；当其基于远程过程调用（Remote Procedure Call，RPC）协议时，则易受到所有 RPC 协议相关漏洞的影响。

第三节　工业信息安全威胁

工业信息安全威胁分析是开展工业信息安全防护与应急处置工作的基础。按照威胁对象的不同，工业信息安全威胁可分为工业网络安全威胁、工业设备安全威胁、工业系统安全威胁和工业数据安全威胁 4 个类别。

（一）工业网络安全威胁

1．工业网络安全威胁的来源

工业控制网络和 IT 网络在设备类型、通信协议、性能要求、可用性要求等方面的区别，使得当前已经很成熟的 IT 网络安全防护手段无法完全适配于工业控制网络。同时，由于工业网络的信息化程度加深，一些原本仅存在于 IT 网络中的风险被引入了工业控制网络，导致工业控制网络面临更加严峻、复杂的威胁。

下面依据工业网络的体系架构，由低到高逐层分析工业控制网络正在面临的安全威胁的来源。

（1）现场总线控制网络的脆弱性

首先是工业控制网络的现场控制层，对应的是现场总线控制网络。该层网络通常处于作业现场，包含了大量的工业控制设备，采用多种通信接入方式，环境比较复杂，其安全威胁来源如下。

① 工业控制设备存在大量安全漏洞，包括 PLC 漏洞、RTU 漏洞、串口服务器漏洞等，这些漏洞为进入现场控制层的攻击者提供了大量的可攻击点。

② PLC 等现场设备在现场维护时，使用不安全的串口连接，如缺乏连接认证或有效的配置核查，这可能允许攻击者直接通过硬件连接便取得设备的控制权。

③ 现场总线控制网络内传输的工业控制系统数据没有进行加密，因此面临被攻击者篡改和泄露的威胁。

④ 应用无线和微波等接入技术，入侵者可以通过高灵敏度天线从公路边、楼宇中以及其他任何地方对网络发起攻击而不需要任何物理方式的侵入。

⑤ 缺乏工控安全审计、检测及入侵防御的措施，难以及时发现并拦截攻击者的攻击行为。

（2）过程控制与监控网络的脆弱性

其次是工业控制网络的过程监控层，对应过程控制与监控网络。该层网络负责工业控制系统的管控，是现场总线控制网络和企业信息网络之间数据交互与展示的桥梁。该网络通常含有 SCADA 系统服务器、历史数据库、实时数据库以及 HMI 等关键工业控制组件。该层的安全威胁来源如下。

① 该层网络可能使用老旧的信息资产作为控制服务器，如 Windows XP、Windows 7 等，从而引入了安全风险。

② 运维人员使用不安全的移动维护设备，如包含恶意代码的笔记本电脑、移动 U 盘等，从而造成木马、病毒等恶意代码在网络中传播。

③ 该层网络与现场总线控制网络的 RTU/PLC 等设备使用不安全的无线通信。

④ 使用不安全的通信协议。由于工业通信协议在设计时大多没有考虑安全因素，因此存在缺乏认证、授权和加密机制，数据与控制系统以明文方式传递，在处理有效/无效

的格式化消息等方面存在缺陷的问题，容易被攻击者利用。

（3）企业信息网络的脆弱性

最后是工业控制网络的企业管理层，对应企业信息网络。该层网络主要负责企业日常的商业计划、物流管理、工程系统，涉及企业的应用资源，包括 MES、ERP 和办公自动化（Office Automation，OA）等与企业运营相关的系统，通常由各种功能的计算机构成。由于使用了传统的 IT 资产，又与工业控制网络连接，可以发现其面临的安全威胁来源如下。

① 企业信息网络与工业控制网络连接，企业信息网络中的病毒、木马等恶意代码可通过横向传播渗透进工业控制网络破坏生产。

② 针对 IT 技术人员的安全教育多注重信息的保密性，缺乏工业控制网络安全意识培训，可能会使 IT 技术人员出现误操作，甚至是人为恶意的破坏操作。

2．工业网络安全威胁分析

网络系统面临的威胁主要分为来自外部的人为影响（尤其是人为攻击）和自然环境的影响。人为攻击的范围包括随意（非法）浏览信息，使用特殊技术对系统进行渗透以得到有针对性的信息等。工业网络安全威胁的对象主要包括网络协议、网络拓扑、网络设备和网络软件等，如网络接口程序故障、连接错误、电磁辐射等都属于典型的工业网络安全威胁。这里主要针对工业网络协议和网络防护边界可能面临的威胁进行分析。

（1）工业网络协议威胁

工业网络协议根据其应用厂商的服务领域不同，具有明显的行业特点，如 Modbus、S7COMM、通用工业协议（Common Industrial Protocol，CIP）常用于过程自动化，使用领域较广；楼宇自动化和控制网络（Building Automation and Control network，BACnet）、OPC 统一架构（OPC-Unified Architecture，OPC-UA）常用于智能楼宇；IEC 60870-5-104、IEC 60870-5-101、DNP3 常用于电力行业。协议厂商涉及西门子、施耐德、罗克韦尔等，由于协议开发之初各个安全厂商默认工业控制网络与互联网隔离，或者说默认工业控制网络是安全的，因此在设计协议时缺乏安全考量，导致协议在认证、授权、加密和完整性等方面存在不足。部分工业网络协议常用端口及设计缺陷见表1-4。

表1-4　部分工业网络协议常用端口及设计缺陷

协议	行业	协议介绍	设计缺陷描述
Modbus	过程自动化	常用端口：TCP/502 协议介绍：工控常用协议，已成为通用工业标准。Modbus 协议是应用于电子控制器的一种协议，通过此协议，设备间可以实现相互通信	缺乏认证、授权、加密等安全机制
S7COMM	过程自动化	常用端口：TCP/102 协议介绍：西门子 PLC 支持的通信协议，用于西门子设备之间交换数据，使用 S7COMM 应用接口的通信不依赖特定的总线系统	完整性保护不足，面临中间人攻击威胁

协议	行业	协议介绍	设计缺陷描述
BACnet	智能楼宇	常用端口：UDP/47808 协议介绍：为计算机控制采暖、制冷、空调供热、通风与空气调节系统和其他建筑物设备系统定义的服务和协议	设计了安全机制，但应用协议存在认证缺失缺陷
IEC 104	电力	常用端口：TCP/2404 协议介绍：输配电通信协议。IEC 104 即 IEC 60870-5-104，是 IEC 制定的一个规范，用于适应和引导电力系统调度自动化的发展，规范调度自动化及远动设备的技术性能	缺乏认证和数据完整性校验机制

绝大多数基于工业网络协议漏洞的威胁，从技术原理来说，都是利用了网络中所使用的协议栈的漏洞，以及各种传输协议之间的不一致性，从而影响信息的安全质量。针对协议栈的漏洞所衍生的威胁主要包括如下 3 个方面。

① 拒绝服务（Denial of Service，DoS）。这种攻击方式由于技术门槛低，实现起来相对容易，因此是工业网络中出现频率较高的一类攻击。攻击者通过消耗系统性能或网络带宽两种方式，使目标网络系统无法提供正常服务。

② 重放。也叫回放攻击，指攻击者重新发送一个接收者已经接收过的数据包，一般用于进行认证欺骗或者破坏业务逻辑。

③ 欺骗。通常指地址欺骗，也包括业务层的认证欺骗等技术，在工业以太网环境中常见的协议欺骗威胁方式包括地址解析协议（Address Resolution Protocol，ARP）欺骗、IP 欺骗、路由欺骗、OPC 欺骗、SNMP 欺骗、域名系统（Domain Name System，DNS）欺骗、Web 欺骗等。

（2）网络防护边界威胁

在理想状况下，工业网络中的重要系统都应采取完善的边界划分和隔离措施，从而能够具备强大的防御机制去抵御各类攻击。但在现实情况下，攻击者可以通过众多接入方式渗透到工业控制系统中。比较常见的是通过业务网络，利用多种接入方式，直接进入高安全级别工业控制系统的非军事区（Demilitarized Zone，DMZ），甚至控制网络中。造成这种情况的重要原因之一是网络的防护边界划分不清，这种边界模糊的情况可使攻击者极易绕过边界防御措施，而且不对网络防护边界进行正面破坏，就能使得所有隔离防御措施无法起到有效保护系统的作用。除了边界划分不清的原因之外，边界防御机制不足也会导致类似情况出现。这种在工业网络边界区域之间的威胁基本上涵盖了所有常见的技术攻击手段，按照威胁类别来看，包括非法信息泄露、非法分析、非法修改、非法破坏、篡改控制组件、冒充合法用户、抵赖、DoS、提升权限、病毒感染、非法物理存取等。

（二）工业设备安全威胁

工业环境中的设备种类繁多，几乎所有具有物理形态的硬件实体都可以被认为是工业设备。常见的工业设备包括各种服务器、工作站、伺服电机、智能传感器、PLC、DCS控制单元、全球定位系统（Global Positioning System，GPS）模块、HMI、RTU、工业交换机、防火墙、移动客户端、网络时间协议（Network Time Protocol，NTP）、时钟等。为了区分方便，一般将工业设备分为网络和安全设备、控制设备、终端设备和一次性设备等。

1．访问控制威胁

访问控制是指主体（发起者，工业环境中多为操作员、服务、进程等）依据某些控制策略或权限，对客体（多数时候是指需要关注和保护的服务、进程、数据等资源）及其资源进行的不同的授权访问。它可以限制主体对客体的访问权限，从而使系统在合法范围内使用。一般来说，访问控制威胁所对应的客体为具体的工业设备，包括终端和服务器等设备中的操作系统、数据库系统和中间件等系统软件，以及网络和安全设备，而威胁主要包含不合法主体的任意访问行为，以及合法主体的越权访问行为。基于主体对象的差异，可以将访问控制威胁分为物理访问威胁和逻辑访问威胁两大类。

2．设备漏洞威胁

相比于设备在外部访问控制策略上的疏忽所引发的威胁，由于设备自身与生俱来的漏洞所导致的威胁对于企业来说可能更加危险。目前来看，外部访问控制本身就是为了避免设备自身漏洞被利用而设计的。比较常见的设备漏洞包括固件后门、远程执行漏洞、弱口令账号、溢出漏洞、非法硬件模块等。对应的主要威胁包括后门的利用、弱口令爆破、缓冲区溢出攻击、DoS 攻击、无线定位、远程访问木马等。

（三）工业系统安全威胁

工业系统涵盖了软件、硬件、协议栈、数据和人等多个层面。工业系统即工业环境中的系统，一般指各种控制系统的总称，由各种自动化控制组件以及对实时数据进行采集、监测的过程控制组件共同构成。

1．系统配置与策略威胁

一般来说，针对工业系统的威胁是直接利用系统自身的技术漏洞来实现攻击的。然而，有时候即使已经部署、更新了较为完善的系统，并且应用了大量安全技术和管理手段，仍难以有效避免安全问题。究其原因，可能在于系统运维期间没有做好安全运维工作。其中，导致这类问题出现的最常见的一种原因是在系统配置与策略上存在疏忽，使得攻击者能够轻松利用这些疏忽，甚至在没有攻击者的情况下，系统自身就因为配置和策略的疏忽而引发异常安全事件。

2．系统漏洞威胁

工业控制系统漏洞可进一步分为非授权执行、非授权写入、非授权读取和 DoS 四大类。其中，非授权执行指的是 shellcode 执行、数据执行保护（Data Execution Prevention，DEP）绕过、命令注入和结构查询语言（Structure Query Language，SQL）注入等可以直接对系统造成较大程度控制的漏洞。非授权写入指的是能以某种方式在系统上写入文件、修改用户密码和系统配置等，但无法直接执行代码的漏洞。非授权读取指的是能读取指定或任意文件、内存信息等的漏洞。DoS 指的是因负载过大而导致软件无法正常工作的漏洞。

3．供应链威胁

供应链是指通过对信息流、物质流和资金流的全面控制，从原料采购直至最后将产品送到最终用户手中的全过程链条结构，涉及整个产业中的制造商、分销商、零售商和最终用户，任何一个环节出现安全问题，都可能导致整个工业业务进程的停滞，造成严重的损失。以往的安全工作多专注于企业自身，没有把与之相关的各类业务对象和整个供应链纳入考虑。近年来，利用安全防护相对薄弱的供应链上的安全漏洞实施攻击而导致的安全事件数量逐步增多。供应链对于工业领域业务正常运转起着举足轻重的作用，如同战争时期的物资供需一般，同时供应链本身也是相当复杂的系统。很多时候，攻击者在不容易实现正面强攻的情况下，就会尝试寻找供应链环节的漏洞，进而利用各种技术手段来突破。

（四）工业数据安全威胁

随着工业互联网的应用，工业数据开始从少量、单一、单向逐渐走向大量、多维、双向，具有体量大、种类多、结构复杂等特点。在工业互联网场景下，需要实现工业数据在 IT 和运营技术（Operational Technology，OT）层、工厂内外的双向流动共享。一般而言，工业数据面临的安全威胁主要是指对数据的保密性、完整性和可用性 3 个方面的威胁。从数据流动的过程来看，工业数据主要在数据传输和存储两个环节上面临安全威胁，其面临的安全威胁也略有差异。

1．工业数据传输过程面临的安全威胁

工业环境中传输的数据类型包括实时过程控制数据、设备状态、监控数据、系统故障诊断数据、报警数据等，数据量通常并不大，数据对实时传输的要求也不尽相同。随着互联网技术的出现，两化融合和物联网的发展使得通用协议越来越广泛地应用在工业控制网络中，工业控制系统与各种业务系统的协作成为可能。愈加智能的工业控制网络中各种应用、工业控制设备以及办公用个人计算机系统逐渐形成一张复杂的网络拓扑，随之而来的通信协议漏洞问题也日益突出，加之工业系统自身不重启、不间断和传输指令质量要求高的特点，由协议攻击造成的工业系统威胁日趋严重。

2．工业数据存储过程面临的安全威胁

工业环境中的数据类型复杂，种类很多，从生产现场的控制指令和设备状态数据，到工业互联网应用中的生产营销、物流管理数据等，既有对实时性要求很高的监控信息，又有可以离线转储的非易失性数据文件。一般来说，工业数据存储过程面临的主要安全威胁如下。

（1）数据丢失或损坏

硬件、软件、灾难和人为原因这 4 个方面的因素均可导致工业数据的丢失或损坏，将严重影响工业控制系统的正常运行。

（2）数据篡改

工业数据面临的篡改风险主要来自两个方面。一方面，商业间谍、内部不法人员、外部非法入侵者等对系统虎视眈眈。另一方面，系统复杂性、人为事故、操作失误等也会对工业控制系统造成破坏，导致数据的篡改，严重威胁工业控制系统的安全。

（3）数据泄露

工业控制系统，PLC，运动控制器，所使用的控制协议、控制平台、控制软件等，在设计之初可能未考虑完整性、身份校验等安全需求，存在输入验证，许可、授权与访问控制不严格，不当身份验证，配置维护不足，凭证管理不严，加密算法过时等安全挑战，均可能造成数据的泄露。

3．工业云数据安全威胁

工业云是在云计算模式下为工业企业提供软件服务和信息资源存储，使工业企业的社会资源实现共享化的一种技术应用概念。目前，其主要的应用场景就是云制造服务平台，包括供应链服务、仿真设计［如计算机辅助设计（Computer-Aided Design，CAD）、产品数据管理（Product Data Management，PDM）、计算机辅助工程（Computer-Aided Engineering，CAE）、计算机辅助工艺规划（Computer-Aided Process Planning，CAPP）］、协同制造（如MES）、市场营销（如 ERP）、数字出版等。不同于很多工业数据都存储在生产现场终端、数据机房或监控中心中，工业云环境下的数据多数时候都存储在第三方平台上，只有少数规模较大、拥有私有工业云的集团企业才会将数据存储在自己可控的数据环境中。在工业云的发展过程中，安全问题是最主要的阻碍之一。其中，针对工业云环境中与数据安全相关的威胁主要包括数据泄露、数据篡改与丢失、越权访问、应用程序接口（Application Program Interface，API）非法利用、系统漏洞利用、账户劫持、内部恶意人员攻击、高级可持续威胁（Advanced Persistent Threat，APT）攻击、DoS 攻击、共享技术漏洞利用、介质接入攻击等。

（五）工业信息安全威胁的来源

1．工业信息安全内部威胁

当前，工业信息系统面临的内部威胁包含以下几个方面。

（1）设计之初未充分考虑安全需求

工业控制系统设备、协议及应用程序在设计之初未充分考虑信息安全需求，对于访

问控制、认证、授权等缺乏策略机制，无法有效抵御常见的网络攻击，使得外部网络的病毒和攻击行为可以畅通无阻地进入工业控制系统，并造成破坏。

（2）存在大量老旧工业控制系统及设备

工业控制设备长时间不升级，导致工业控制系统中存在大量过时的技术和产品，例如国内发电厂和金属冶炼厂仍然大量使用 Windows 2000 和 Windows XP 系统，而微软公司在很久以前就停止了对这两种操作系统的支持。此外，早已过时的 DCOM 技术仍在使用，该技术的通信端口不固定，网络攻击很容易和 DCOM 技术混在一起以逃避追踪。

（3）补丁更新不及时且修补难度大

鉴于业务的特殊性，补丁可能导致正常业务不能进行，因此很难对工业控制系统实施安全补丁升级。同时，这些正常业务很容易被杀毒软件识别为病毒程序，所以工业控制系统往往呈现为既没有补丁、又没有杀毒软件的裸机状态。

（4）内部人员误操作致使系统被破坏

受传统工业生产安全意识的影响，工作人员普遍关注人员安全和设备安全，基本不关注网络安全。工业企业通常未制定明确的网络安全工作方案和框架，同时忽视了员工网络安全意识和技能的培训，使得内部人员在应用系统层面的误操作、违规操作或故意的破坏性操作成为工业控制系统所面临的重要安全风险，相关安全事件频发。

例如，2000 年 3 月，澳大利亚昆士兰州新建的马卢奇污水处理厂出现故障，无线连接信号丢失，污水泵工作异常，报警器也未发出报警信号。在分析事件原因时，最初以为是新系统的磨合问题，后来发现是该厂一名前工程师因不满工作续约被拒而蓄意报复所为。这名前工程师通过一台笔记本电脑和一个无线发射器控制了 150 个污水泵站；前后 3 个多月，总计有 100 万升的污水未经处理而直接经雨水渠排入自然水系，导致当地环境受到严重破坏。2008 年 3 月，美国佐治亚州的哈奇核电厂 2 号机组发生自动停机事件。当时，一名工程师正在对该厂业务网络中的一台计算机（用于采集控制网络中的诊断数据）进行软件更新，以同步业务网络与控制网络中的数据信息。当工程师重启该计算机时，同步程序重置了控制网络中的相关数据，使得控制系统以为反应堆储水库水位突然下降，自动关闭了整个机组。

2．工业信息安全外部威胁

随着网络空间对抗博弈的不断加剧，工业领域的信息基础设施成为重点攻击目标，防护压力空前增大。总体来看，工业信息安全面临的外部威胁主要有以下 3 个方面。

（1）技术共享推动攻击难度降低

随着工业信息安全的研究热度与日俱增，大量工业信息安全漏洞、攻击技术可通过互联网等多种公开或半公开渠道扩散，因此攻击者获取针对工业控制系统的攻击方法越来越容易。一方面，诸如黑客大会、开源社区、白帽社区的出现，在提高人们发现工业信息漏洞能力的同时，技术的相互交流也使得漏洞信息甚至攻击方法能够被攻击者快速获取。另一方面，黑客组织公开披露了大量安全漏洞等敏感信息，易被攻击者利用并引发安全事件。此外，各类信息获取渠道的便利化也使得黑客可通过至少 3 种方式发现联网的工业控制系统和产品，包括通过百度、谷歌等网页搜索引擎检索工控产品 Web 发布的统一资源定位符（Uniform Resource Locator，URL）；通过 Shodan 等主机搜索引擎检索工业控制系统软硬件的 HTTP/SNMP 等传统网络服务端口关键指纹信息；通过在线监测平台匹配工业控制通信私有协议端口网络指纹特征，以发现正在运行的工控软硬件设备等。

（2）境外国家级黑客组织攻击加剧

随着工业生产环境对管理和控制一体化需求的不断升级，以及网络、通信等信息技术的广泛深入应用，越来越多的工业控制系统与企业网中运行的管理信息系统之间实现了互联、互通、互操作，甚至可以通过互联网、移动互联网等直接或间接地访问，导致攻击者可从研发端、管理端、消费端、生产端任意一端实现对工业控制系统的攻击或病毒传播。而越来越多的工业控制系统及设备与互联网连接，使得我国面临的安全风险进一步加大。

（3）国外品牌的工业控制系统占比较高

自主可控的设备产品、技术和服务是保障重点行业工控安全的基石。我国工业控制基础软硬件发展滞后，核心竞争力较弱，工业控制系统产品仍然较大程度地依赖国外进口和运维，核心技术仍然受制于国外公司，企业的自主创新能力不强，如精密采集、精准时钟、智能算法、故障定位、中断调度等技术还未完全掌握。此外，部分国产工业控制基础软件仍然缺乏基础编码、软件开发、接口集成、运行维护等标准规范，导致软件的可扩展性、可配置性、可重构性和互操作性较差，应用效果不佳。

（六）工业领域网络攻击分析

传统 IT 系统中安全的三要素由高到低排列分别是保密性（Confidentiality，C）、完整性（Integrity，I）、可用性（Availability，A）。

① 保密性：是指保证信息不被非授权访问，即使非授权用户得到信息，也无法知晓信息内容，因而不能非法使用。保密性通常通过访问控制阻止非授权用户获得机密信息，通过加密变换阻止非授权用户获知信息内容。

② 完整性：是指维护信息的一致性，即信息在生成、传输、存储和使用过程中不应该发生人为或非人为的非授权篡改。信息的完整性包括两个方面：一是数据完整性，主要指数据没有被（未授权）篡改或损坏；二是系统完整性，主要指系统未被非法操纵，按既定的目标运行。

③ 可用性：是指保障信息资源随时可提供服务的能力特性，即授权用户可根据需要随时访问所需信息。可用性是信息资源服务功能和性能可靠性的度量，涵盖物理、网络、系统、数据、应用和用户等多方面的因素，是对信息网络总体可靠性的要求。其中，可用性也称有效性，指信息资源可被授权实体按要求访问、正常使用或在非正常情况下能恢复使用的特性。其保证系统在运行时能正确存取所需信息，当系统遭受意外攻击或破

坏时，可以迅速恢复并能投入使用。在工业领域，生产连续性一般是指不接受中断，若需要中断，则必须提前规划，不允许生产系统随意重新启动。

　　企业开展工业信息安全防护的最终目标是免受网络攻击或减少网络攻击造成的损失，保障企业业务运营的连续性；对于行业和国家，做好工业信息安全工作则事关经济良好运行、国家安全和社会稳定。如前所述，从传统信息安全的角度出发，开展信息安全工作的目标就是保证信息资产的"CIA"三元组：保密性、完整性、可用性。但对于工业控制系统而言，系统可用性至关重要，应用于工业领域时，特别是生产环节，则需要调整为"AIC"（如图 1-16 所示），即工业领域更关注可用性，其次是完整性，最后才是保密性。

可用性

完整性 ———— 保密性

图 1-16　工业信息安全"AIC"示意

　　完整性是指信息在传输、交换、存储和处理过程中，保持信息不被破坏或修改、不丢失和信息未经授权不能改变的特性。同样，从生产的角度看，完整性也是十分重要的，直接影响产品的"良品率"。随着工业领域数字化转型的深入，工业领域管理、运维、市场等数据的保密性也正在成为工业信息安全关注的焦点。保密性是指不将有用信息泄露给非授权用户的特性，可以通过信息加密、身份认证、访问控制、安全通信协议等技术实现。

　　随着安全形势的不断演变和安全需求的发展，在"AIC"基本特性的基础上，强调保证数据安全、共享安全，数据权属等的可控性、不可否认性、可审计性、可鉴别性等特性也逐步被单独地研究和应用。

1．常见的网络攻击类型

（1）中间人攻击

　　中间人攻击是"间接"的入侵攻击方式。所谓"中间人"，是指通过各种技术手段将受攻击者控制的一台计算机虚拟放置在网络连接中的两台通信计算机之间（如图 1-17 所示），这台受攻击者控制的计算机就被称为"中间人"。攻击者控制的计算机与通信的两端分别创建独立的联系。对下，篡改上位机的控制指令，使 PLC 脱离管理员的控制，破坏生产；对上，显示系统正常运行，延迟管理员发现安全威胁的时间，从而造成更大的破坏。中间人攻击可以概括为一种"欺上瞒下"的攻击手段。

　　中间人攻击的步骤可以简要概括为以下 4 步。第一步，获取 PLC、上位机的设备型号、IP 地址、常用端口号等信息，这是建立连接的必要前提。第二步，进行 ARP 地址欺骗，建立连接，捕获流量数据。第三步，对捕获的流量数据进行分析，查找用于控制的功能码或其他关键参数，并进行篡改。第四步，发动攻击，发送篡改或原来的数据包导致系统运行异常。

（2）模糊测试（Fuzz Testing）攻击

工业控制系统的模糊测试原本是一种测试方法，指自动化生成可用于输入被测试工业控制系统或设备的测试数据，进而检验工业控制系统或设备的安全性。而模糊测试攻击则利用相同的手段达到破坏系统运行的目的。模糊测试攻击的原理如图 1-18所示。

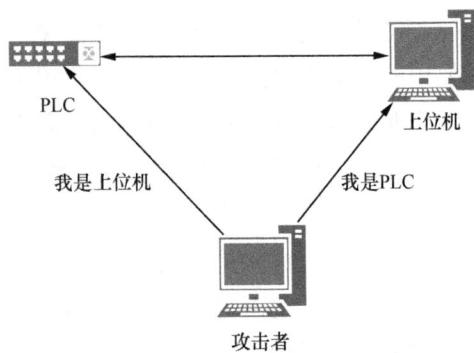

图 1-17　中间人攻击原理

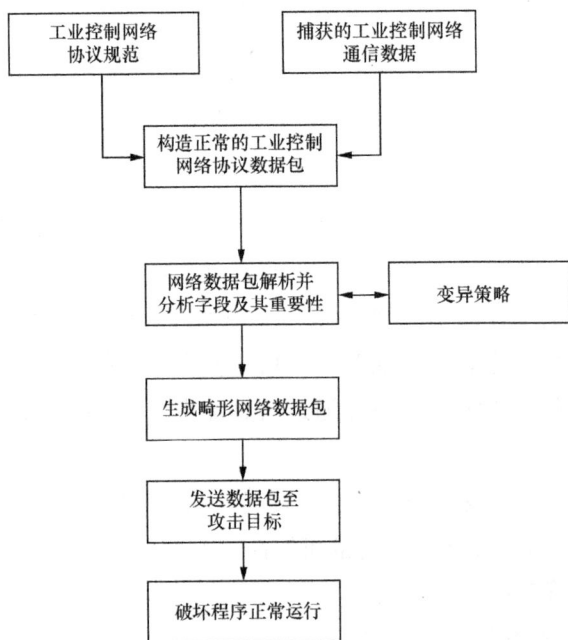

图 1-18　模糊测试攻击原理

（3）口令爆破攻击

口令爆破攻击基于身份验证漏洞。身份验证是网络互联条件下授予指定用户控制权限前，证明网络或系统上用户身份的过程。若用户身份验证系统存在使用简易密码等漏洞，则很容易被非授权用户猜解，或攻击者从其他渠道获取了某系统存储的大量的用户密码对，由于用户常常在不同的系统中使用相同的身份验证信息，因此攻击者可发动撞库攻击，爆破登录口令。这两种方式都可能导致攻击者打穿或绕过身份验证过程，非法获取系统控制权限。因此，若使用者的密码设置简单或在多个系统中使用相同的密码，则可成为攻击者的攻击切入点。

（4）勒索软件攻击

勒索软件（Ransomware）是一种流行的木马病毒，通过骚扰、恐吓甚至采用绑架用户文件等方式，使用户数据资产或计算资源无法正常使用，并以此为条件向用户勒索钱财。用户数据资产包括文档、邮件、数据库、源代码、图片、压缩文件等多种文件。赎金形式包括真实货币、等价的比特币或其他虚拟货币。

当前勒索软件攻击肆虐，甚至已形成了"三重勒索"的攻击模式。据国家工业信息安全发展研究中心统计，2020 年工业领域的勒索软件攻击事件共 33 起，远超 2016—2019 年的事件数量总和；近些年针对工业实体的勒索软件攻击暴增 500%以上，其中，制造业是发生勒索软件攻击事件最多的行业，攻击数量占比高达 36%。

2．常见的网络攻击过程

攻击者在掌握对应漏洞的条件下可以发起上述攻击，但在实际过程中，攻击者会先实施攻击目标确认、位置隐藏、威胁信息收集、漏洞扫描、漏洞利用等步骤，为发动攻击打好基础，便于其后续实施恶意操作并放大破坏效果。

（1）攻击目标确认

攻击者在发起攻击前，需要先明确攻击的目标。攻击的目标主要由中断、拒绝和操纵组成。

① 中断：包括画面中断和控制中断。

② 拒绝：包括拒绝接收画面、拒绝接收控制指令、拒绝接收功能安全指令。

③ 操纵：包括画面操纵、控制操纵、传感器与仪器仪表操纵、功能安全操纵。

（2）位置隐藏

发起攻击前，攻击者通常会使用如下技术隐藏真实的 IP 地址，从而规避法律惩罚。

• 利用被侵入的主机作为跳板。

• 在安装 Windows 的计算机内利用 WinGate 软件作为跳板。

• 利用配置不当的 Proxy 作为跳板。

• 更老练的黑客会使用电话转接技术隐蔽自己。常用的手法包括：利用 800 号电话的私人转接服务连接因特网服务提供商（Internet Service Provider，ISP），然后盗用他人的账号上网；通过电话连接一台主机，再经由主机连接互联网。

（3）威胁信息收集

在信息收集阶段，攻击者会从技术上制定渗透计划，使攻击行动更具可行性。信息收集的方式主要分为 3 种。

① 被动收集信息：通过第三方渠道收集信息，完全不与被攻击对象产生交互，这种信息收集方式安全，但信息不一定完全准确。

② 半主动收集信息：和被攻击对象交互，但流量是正常的访问流量，比如正常使用浏览器打开被攻击对象的网页，这种正常的用户行为是很难被提前甄别的。

③ 主动收集信息：直接和被攻击对象交互，如端口扫描、子域名穷举等，这种行为通常会被入侵检测系统（Intrusion Detection System，IDS）和防火墙拦截，所以在主动收集信息时最好不要触发任何报警机制。

通过应用 Nmap、Shodan、Burp Suite、sqlmap 等收集的信息一般包括如下内容。

- 通过 DNS 和 IP 地址收集目标网络信息。
- Google Hacking 查询子域名、子目录、敏感文件、通信信息、注入点。
- 子域名获取。
- 收集目录结构。
- 端口、服务、指纹识别。
- 安全漏洞信息等。

（4）漏洞扫描

漏洞是指系统存在的弱点或缺陷，系统对特定威胁攻击或危险事件的敏感性，或进行攻击的威胁作用的可能性。漏洞可能来自应用软件或操作系统设计时的缺陷或编码时产生的错误，也可能来自业务在交互处理过程中的设计缺陷或逻辑流程上的不合理之处。

漏洞扫描与漏洞挖掘是两个概念，漏洞挖掘一般是指通过模糊测试的方法，构造一系列无规则的"坏"数据"插入"工业控制设备，观察其运行状态，以发现潜在的故障。如果故障可被重复利用并能导致控制设备的宕机、DoS 等异常现象，则推断这是一个漏洞，也就是我们常常闻之色变的"零日"漏洞。

但在工业控制系统中，漏洞挖掘会给正在运行的生产过程带来威胁，因此一般采用漏洞扫描的方式。漏洞扫描能够把已经公开的漏洞通过漏洞库信息匹配等已知、确定的方法展现出来。

（5）漏洞利用

这里以经典的、广泛存在的 SQL 漏洞利用为例进行介绍。SQL 注入是指 Web 应用程序对用户输入数据的合法性没有进行判断或过滤不严，攻击者可以在 Web 应用程序中事先定义好的查询语句的结尾添加额外的 SQL 语句，在管理员不知情的情况下实现非法操作，以此欺骗数据库服务器执行非授权的任意查询，从而进一步得到相应的数据信息。SQL 注入原理如图 1-19 所示。

sqlmap 是一款开源的渗透测试工具，可用于自动化的检测，利用 SQL 注入漏洞获取数据库服务器的权限。它具有功能强大的检测引擎，可提供针对各种不同类型数据库的渗透测试的功能选项，包括获取数据库中存储的数据、访问操作系统文件，甚至可以通过外带数据连接的方式执行操作系统的命令。其目前支持的常见的数据库有 MySQL、Oracle、PostgreSQL、Microsoft SQL Server、Microsoft Access 等。常用的爆破命令如图 1-20 所示。

sqlmap -u "url"结果如图 1-21 所示，可以看到，数据库管理系统的类型为 Microsoft Access。sqlmap -u "url" --tables 获取数据库中的表，如图 1-22 所示。sqlmap -u "url" -T 表名 --columns 获取数据库某个表中的字段，如图 1-23 所示。sqlmap -u "url" -T 表名 -C 字段名 --dump 获取表中字段具体的值，如图 1-24 所示。

防范 SQL 注入攻击通常可以采取以下 5 种措施。

① 定制黑、白名单：将对数据库的常用请求定制为白名单，一些攻击频繁的攻击限制其为黑名单。

① 攻击者访问有SQL注入漏洞的网站，寻找注入点

② 攻击者构造注放语句，注放语句和程序中的SQL语句结合生成新的SQL语句

③ 新的SQL语句被提交到数据库中进行处理

④ 数据库执行了新的SQL语句，引发SQL注入攻击

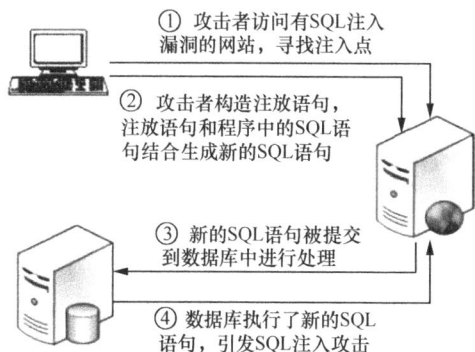

图 1-19　SQL 注入原理

```
sqlmap -u url --users：查看数据库所有用户
sqlmap -u url --passwords：查看数据库所有用户密码
sqlmap -u url：判断注入点
sqlmap -u url --current-dbs：查看当前所有数据库
sqlmap -u url --current-user：查看数据库当前的用户
sqlmap -u url --is-dba：判断当前用户是否有管理员权限
sqlmap -u url --roles：列出数据库所有管理员角色
sqlmap -u url --current-db：查看当前数据库
sqlmap -u url -D 库名 --tables：爆表
sqlmap -u url -D 库名 -T 表名 --columns：爆字段
sqlmap -u url -D 库名 -T 表名 -C 字段名1，字段名2 --dump：爆数据
sqlmap -u url -D 库名 --dump-all：爆数据库中所有数据
```

图 1-20　常用的爆破命令

图 1-21　获取数据库管理系统类型

图 1-22　获取数据库中的表

图 1-23　获取 admin 表中的字段

图 1-24　获取 admin 表中字段具体的值

② 限制查询长度和类型：由于 SQL 注入过程中需要构造较长的 SQL 语句，可对不常用的查询类型进行限制。

③ 数据库用户的权限配置：根据程序要求为特定的表设置特定的权限，降低普通用户的权限，使得攻击者即便获取了此账号信息，也无法进行破坏性操作。

④ 限制目录权限：管理员在互联网信息服务中为每个网站设置好执行权限，Web目录应至少遵循"可写目录不可执行，可执行目录不可写"的原则，在此基础上，对各目录进行必要的权限细化。

⑤ 输入过滤：在网页代码中对用户输入的数据进行严格过滤，如危险字符过滤或语句过滤。

第二章 工业信息安全发展概述

近年来，工业信息安全技术解决方案的研发、应用逐渐深化，投资加大为工业信息安全产业注入了新动能，为强化工业信息安全保障奠定了基础、提供了条件。与此同时，世界主要国家持续加强工业信息安全战略与政策部署，着力保障工业控制系统安全、保护工业数据安全、加强智能制造安全及物联网安全、推进重点行业工业信息安全。本章主要介绍工业信息安全形势、技术趋势、标准进展及产业发展、战略与政策布局等，通过对本章内容的学习，读者能够正确认识和准确把握工业信息安全发展态势。

第一节 工业信息安全形势

在工业领域，传统的"安全"主要指生产安全，《辞海》中将"安全生产"解释为"为预防生产过程中发生人身、设备事故，形成良好劳动环境和工作秩序而采取的一系列措施和活动"。随着信息技术在工业领域的广泛应用，部分网络安全领域的技术、管理经验延伸到工业领域，工业信息安全逐步得到重视，"安全"的范畴也随之延伸。然而，当前开展工业信息安全工作主要采取"头痛医头、脚痛医脚"的方式，缺乏全局防护思想。总体而言，从工业控制系统自身安全性、安全产业供给能力、安全形势等方面来看，工业领域已经面临全方位的安全风险，急须建立全面、系统的工业信息安全防护体系。

（一）工业控制系统本身存在安全缺陷

早期的工业控制系统更加关注可靠性、完整性，同时为了节省计算资源和投入成本，基本没有高效的安全防护措施，很多甚至没有登录口令或登录口令无法修改，因此安全性较差。此外，由于传统的工业控制系统采用专用通信协议，不与互联网连接，物理隔离也为工控安全提供了"天然屏障"。而目前生产网与互联网的互联互通趋势已经不可阻挡，互联网上的安全风险被进一步引入生产网中，但工业控制系统自身的安全防护措施仍不到位，导致工业控制系统犹如在互联网上"裸奔"，信息安全严重滞后于功能安全。

工业控制系统的使用寿命一般长达十几年甚至几十年，即使有新的具备安全性的工业控制系统问世，更换也需要漫长的过程。例如，在 2022 年由趋势科技主办的以工业控制系统为主题的迈阿密 Pwn2Own 黑客大赛中，获奖的参赛者表示，此次大赛是他们参加过的最容易的竞赛，主要原因在于，工业控制系统的安全漏洞俯拾皆是。从美国 ICS-CERT 公布的历年工业控制系统相关漏洞的数量来看（如图 2-1 所示），近年来工业控制系统漏洞数量明显增加，安全形势日益严峻。

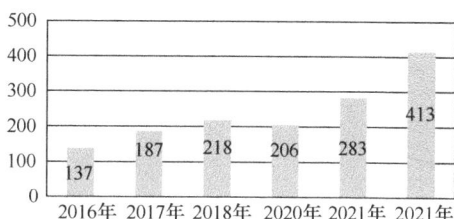

图 2-1　美国 ICS-CERT 公布的历年工业控制系统漏洞风险信息

工业企业的工业信息安全意识低、管理能力缺乏使得企业的工业信息安全防护情况雪上加霜。虽然近年来国家相关部门不断完善法律、政策、标准，特别是工业和信息化主管部门开展了工业信息安全政策宣贯、检查评估、专项支持等大量工作，地方行业主管部门及工业企业的安全意识也有了一定的提升，但开展实际行动的单位仍然不多，且对安全的认识存在较大偏差，安全运维人员匮乏，导致企业的工业信息安全防护能力建设不能达到预期目标。管理软件公司 SolarWinds 在 2019 年发布的网络安全调查显示，在所有的网络安全事件中，超过六成由内部的管理和技术问题引起，内部问题主要包括网络钓鱼、等价交换、假托以及内部员工恶意破坏等。2016 年，三一重工股份有限公司的远程监控系统被人非法解锁破坏，导致公司对于近千台在外的工程机械设备失去了控制。经警方调查，最终确认犯罪团伙的骨干成员就是该公司的员工，正是由于内部人员管理不当，导致公司直接经济损失 3000 余万元，间接经济损失近亿元。

（二）工业信息安全供给能力不足

网络安全事关国家安全，面对复杂的国内外网络安全形势，国家、行业、企业越来越重视网络安全工作，网络安全产业快速发展，相关产品服务可基本满足市场需求。据互联网数据中心（Internet Data Center，IDC）统计，我国网络安全市场的投资规模增速持续领跑全球，2021 年为 97.8 亿美元，并以 17.9% 的年复合增长率增长，到 2025 年将达 187.9 亿美元。工业和信息化部发布的《网络安全产业高质量发展三年行动计划（2021—2023 年）（征求意见稿）》中提出了到 2023 年我国"网络安全产业规模超过 2500 亿元，年复合增长率超过 15%"的目标，同时将工业互联网和工控安全的技术攻关、安全产品推广应用等列入面向数字化新场景新业务的安全能力建设工程。

在工业信息安全方面，工业信息安全产业发展联盟发布的《中国工业信息安全产业发展白皮书（2020—2021）》指出，2020 年我国工业信息安全产业规模为 126.69 亿元，增长率达到 27.02%（如图 2-2 所示）。但相比传统信息安全领域，工业信息安全产业的力量还相对薄弱，面对工业领域新的安全防护需求仍然捉襟见肘，具体表现如下。

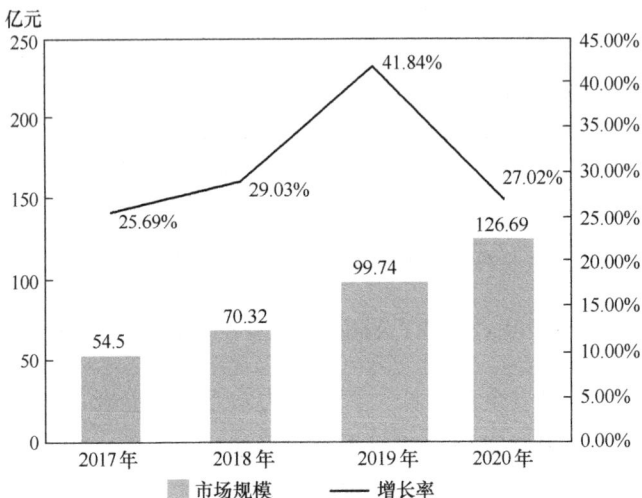

图 2-2　2017—2020 年我国工业信息安全产业规模情况

图片来源：《中国工业信息安全产业发展白皮书（2020—2021）》

一是工业信息安全领域缺乏龙头骨干企业，工业领域涉及数百个行业分类，不同行业的安全需求差异巨大，对安全厂商的市场拓展也提出了很大的挑战。目前虽然存在很多工业信息安全厂商，但规模普遍偏小且创新性技术、市场化商业模式不清晰。

二是工业信息安全市场更加重产品、轻服务，受传统消费思维影响，企业在进行安全投入时更加注重"实物"，而对于其实质的防护水平，后期的安全监测、运维、处置等工作则关注较少，因此安全厂商在布局上更加注重在硬件生产上提升竞争力，而轻视对服务的研发投入。

三是工业信息安全人才严重短缺，相比传统网络安全，工业信息安全专业人才培养周期长、成本高，且教育部门、人社部门未在国家层面设置相关的职业资格认证，进一步加剧了人才紧缺的问题，特别是用户侧在招工用工时面临的困境更加突出。

（三）工业信息安全形势愈加严峻

当前，网络黑客已经形成规模化、生态化，从以炫耀技术为主转变为以谋求利益为主。而由于前两方面以及工业的产业特性和战略地位，工业正成为网络黑客攻击的重点，针对工业控制系统、组态软件、管理系统的恶意软件层出不穷，网络攻击的后果日益严重，甚至威胁国家安全。2021 年 3 月，计算机公司宏碁遭遇勒索软件攻击，被要求支付

5000 万美元的高额赎金。2022 年 5 月，委内瑞拉总统表示，该国玻利瓦尔州的古里大型水电站的系统遭到两次黑客攻击，这也是自 2019 年 3 月该国发生两次大规模停电事故后，再次可能因网络攻击而引发的重大事故。

工业信息安全风险凸显。目前较为突出的风险有病毒威胁、安全技术支撑能力不足、安全意识淡薄、安全管理机制不健全、国际形势严峻等。随着工业控制系统和传统网络的边界逐渐模糊，勒索病毒、木马蠕虫等病毒可以由互联网蔓延至工业控制网络，如工业控制系统内部的操作系统（Windows 7、Windows XP 等）容易遭受网络病毒入侵。安全技术支撑能力不足、安全意识薄弱主要有两方面原因：一方面在于工业企业安全投入不足，另一方面在于传统安全厂商针对工业信息安全的研发投入不足。安全管理机制不健全主要指部分管理机制的作用效力模糊，以及应急演练、应急管理等工作的实施范围不够广，仅有小部分省份开展相关工作。日益严峻的国际形势也影响着工业信息安全形势。当前国际形势不容乐观，国际网络环境愈发恶劣，而工业领域往往是网络战争的重要攻击对象，因此国际环境恶化可能导致工业领域网络攻击加剧，需要引起高度重视。

第二节　工业信息安全技术趋势

（一）工控蜜罐技术走向深度应用

蜜罐可伪装成有利用价值的设备、系统，吸引网络黑客对其发动攻击。通过对攻击行为进行捕获，分析攻击路径与方法，推测攻击者的意图和动机，预判大规模网络攻击事件。蜜罐技术直接扭转了网络攻击与防护不对称的局面，越来越多的研究机构与安全企业将蜜罐技术与工控安全相融合，开展了一系列工控蜜罐技术的研究与应用，其在安全态势感知与主动防御领域涌现出了较多的成功应用案例。

1. 纯虚拟蜜罐仿真能力逐步提升

纯虚拟蜜罐因部署简单、管理方便等特点而被广泛应用。但由于模拟仿真的工业协议种类繁多、运行场景复杂多变，现有的纯虚拟蜜罐无法完全还原工业控制系统设备的真实运行情况，大多局限于对工业协议的简单模拟，易被网络空间搜索引擎或黑客识别，为此，各研究机构纷纷在加强模拟仿真能力上下功夫。2020 年 2 月，英国科学家首次发布了可检测"零日"漏洞的纯虚拟蜜罐 Honware，其仅通过软件仿真即可模拟真实物联网设备的硬件运行环境，并借助黑客攻击发现设备的"零日"漏洞，在纯虚拟蜜罐仿真研究方面取得了重大突破。

2. 行业级蜜罐网络应用效果显著

近年来，电力、石油化工、智能装备、钢铁、有色金属等重点行业已成为网络攻击的"重灾区"，黑客组织通过网络攻击意图获得巨大的经济利益和政治利益。基于行业特征，研究部署行业级蜜罐网络，对于降低设备受攻击风险、提前预警大规模攻击行为十分有效。2020 年 6 月，以色列安全公司通过部署多个工控蜜罐构建具备电力行业特点的蜜罐网络，成功发现新型勒索软件对电力系统发起的攻击，并及时发布了应对措施。

3．借助新技术拓展感知溯源范围

工控蜜罐作为主动防御技术，诱捕搜集的攻击数据具有极高的研究价值，在安全监测与态势感知领域发挥着重要作用。2020 年，国家工业信息安全发展研究中心在全国范围内完成了工控蜜罐网络的一期部署，可精准分析境内外黑客组织的活动趋势，辅助研判我国工业控制系统面临的攻击威胁。下一步将继续通过数据挖掘、人工智能等新技术，对诱捕搜集的数据开展深度关联分析及特征提取，提高攻击溯源、威胁感知、预警预判等能力。

（二）工控资产测绘技术广受关注

工控资产测绘作为一种新型安全技术手段，因其无扰、直观、准确、高效等特性，在工控安全防护中作用凸显。近年来，工控资产测绘技术成为业界的关注热点，美国国家标准及技术协会（National Institute of Standards and Technology，NIST）、安全企业 Dragos、趋势科技等相继发布了相关技术标准及研究报告，工控安全企业与云服务商、制造商等产业链上下游加强合作，推动相关产品研发应用。

1．工控资产测绘技术受到广泛关注

工控资产测绘技术在避免对工业控制网络造成扰动影响的条件下，通过流量镜像与深度解析，感知并分析网络、系统、设备等的安全状态。美国安全企业 Dragos 调查指出，未采用或未合理采用资产与网络可见性技术的工业企业占比超过 90%，大多数工业企业的资产清单仍依赖人工统计，大量老旧设备及其通信情况因设备变更、人员更替或统计出错等存在遗漏，阻碍安全管理工作正常开展。趋势科技公司的报告指出，工业企业的 OT 部门在安全性方面面临更多挑战，最主要的挑战之一是缺乏发现资产和相关网络威胁的技术能力，建议通过 IT 和 OT 团队的合作，加速相关技术的落地使用。

2．业界合作开展工控资产测绘技术研究

工控资产测绘技术逐步成为安全行业的研究热点，工控安全企业纷纷与云服务商、软硬件制造商开展项目合作。美国工控安全初创公司 Nozomi Networks 与美国云服务供应商 ServiceNow 合作，利用 Nozomi Networks 的工控资产可见性和安全性技术方案，以及 ServiceNow 在工控资产生命周期管理方面的技术经验，共同开发针对工业控制网络环境的完整拓扑视图，提高工业企业的运营效率和恢复能力。以色列工控安全公司 SCADAfence 与美国电子测试测量设备制造商 Keysight Technologies 合作，开展相关技术产品研发及应用部署，助推智能制造、水处理、能源等行业提升工控资产和网络可见性。

（三）工业数据安全技术备受瞩目

近年来，勒索病毒瞄准了工业领域，工业数据成为黑客窃取、篡改的重点目标。随着

新一代信息技术与制造业深度融合发展，工业数据呈指数级增长，在释放对工业经济潜在价值的同时，也放大了数据安全风险。在此背景下，工业数据安全解决方案备受关注，零信任架构等新兴技术开始用于数据安全保护，工业数据安全监测与防护技术研究走向深入。

1. 工业数据安全防护解决方案初现雏形

为有效应对工业数据失窃与泄露等安全威胁，切实保护工业数据安全，多家安全企业深入开展工业数据安全防护解决方案研究。美国数字证书与密码服务公司 Keyfactor 提出了基于零信任架构的制造业数据安全保护方案，整合应用嵌入式安全、公钥基础设施（Public Key Infrastructure，PKI）管理、端到端加密安全通信、代码签名等技术手段，提升制造业企业敏感数据在供应链上下游流转中的安全性。瑞典传感器解决方案提供商海克斯康（Hexagon）推出了传感器数据完整性模块，通过信号跟踪和验证来确保工业传感器的采集数据完整性，有助于降低数据安全风险。

2. 基于零信任架构的数据安全技术研发速度加快

零信任架构作为一种新兴的安全模式，以信任评估为基础，强调动态信任，为网络信任体系的建设应用提供了新的思路。美国 NIST 发布的《零信任架构》指出，零信任架构是一种网络/数据安全的端到端方法，关注身份、凭证、访问管理、运营、终端、主机环境和互联的基础设施。美国国防部发现零信任架构有可能成功替代联合区域安全栈（Joint Regional Security Stack，JRSS），承担起国防部网络中间层安全的重任。2020 年 5 月，美国国防部承包商宣布与惠普公司合作，开发用于防范勒索软件攻击和数据泄露威胁的数据安全软件平台（BrickStor SP），旨在通过在源头保护非结构化数据，使数据免于被窃取、恶意加密或非法利用，为联邦政府用户提供完整的零信任数据安全解决方案。

3. 安全企业发力工业数据监测技术研究

以工业数据资产安全为视角的实时动态监测技术受到研究人员的广泛关注，在数据安全保障体系中发挥重要作用。北京航空航天大学、国际关系学院联合安全企业提出基于网络流量分析的工业数据安全监测方法，综合运用深度包检测（Deep Packet Inspection，DPI）、动态流检测（Dynamic Flow Inspection，DFI）等技术跟踪、分析工业企业中的数据流向与异常行为，并在理论研究的基础上开展了一系列实验验证。

（四）人工智能技术助力安全防护

近年来，网络攻击呈现高复杂度、高隐蔽性等趋势，传统的安全手段难以快速发现风险、有效应对威胁，运用以人工智能为代表的新一代信息技术助力安全防护成为新趋势。

1. 人工智能增强自动风险识别能力

2020 年 10 月，美国阿肯色州立大学开发出了基于人工智能的 AVIRA 工具，可根据电力公司的运营环境自动执行更有效的风险评估流程。同月，美国康奈尔大学的研究人员与保险公司 AXA 合作开发出了用于对海事数据区块链系统的地理信息进行分析的人工智能工具，可有效识别系统中的漏洞，进而采取更适当的防护措施。

2．人工智能促进威胁检测技术发展

网络攻击检测已成为人工智能在工业信息安全防护方面的主要应用领域之一。德国西门子公司和 SparkCognition 公司宣布合作开发基于人工智能的网络安全系统 DeepArmor Industrial，该系统采用下一代防病毒、威胁检测、应用程序控制和"零日"漏洞攻击防护技术，为能源行业提供安全监控和保护功能。美国人工智能计算公司 NVIDIA 发布云原生应用程序框架 Morpheus，通过实时检查工业等领域数据中心的 IP 流量，利用机器学习检测识别网络钓鱼、数据泄露和恶意软件等威胁。以色列铁路网络安全公司 Cylus 将基于机器学习或人工智能增强技术的异常检测模块引入其行为异常检测（Behavior Anomaly Detection，BAD）系统，检测异常活动，降低工业控制系统网络中断的风险。美国太平洋西北国家实验室开发出了网络安全技术产品 Shadow Figment，通过构建基于人工智能的工控特殊蜜罐，诱使攻击者发起网络攻击，转移攻击者对电力、水利、管网等领域实际关键工业控制系统的注意力。

3．人工智能助力强化数据安全防护

研究人员致力于利用人工智能技术探索数据安全保护新方法，提升数据安全防护能力。新加坡安全设备制造商 Flexxon 研发出了一款具有嵌入式人工智能安全功能的计算机固态硬盘，能有效阻止恶意软件对数据的破坏，拟应用于国防工业、航空、医疗等行业领域。传统网络产品供应商思科与数据安全解决方案提供商 Securiti 建立合作关系，利用 Securiti 基于人工智能的数据隐私和安全保护技术，实现能源、制造业等行业敏感数据的有效识别、跟踪和精细控制，并围绕多云环境下的敏感资产和敏感数据，实现分布式网络安全、隐私保护和合规控制。

第三节　工业信息安全标准进展

目前国内外标准化组织已经开展了一系列工业信息安全标准化研究工作，发布了一些典型的重要标准，明确了工业信息安全保护要求。本节主要分析国内外工业信息安全标准的发展现状与特点，介绍工业信息安全标准体系框架，并重点围绕相关重要标准进行分析。

（一）国外工业信息安全标准发展现状及特点

1．发展现状

（1）国际标准聚焦电力系统工控安全领域

IEC、电气电子工程师学会（Institute of Electrical and Electronics Engineers，IEEE）和国际自动化协会（International Society of Automation，ISA）等国际标准化组织聚焦电力系统工控安全领域，发布了系列工业信息安全国际标准。例如，IEC 在 2018 年 11 月发布了《电力系统管理及其信息交换 数据和通信安全 第 4 部分：包括制造报文规范（MMS）及其衍生物的配置文件》（IEC 62351-4），为基于制造报文规范（Manufacturing Message

Specification，MMS）的应用程序握手身份验证明确了传输层和应用层的安全要求。IEEE 于 2013 年更新发布了《变电站智能电子设备网络安全功能标准》（IEEE 1686—2013），解决了智能电子设备（Intelligent Electronic Device，IED）访问、操作、配置、固件修订和数据检索方面的安全问题，且研究制定了新版本的《变电站串行链路网络安全的机密协议试行标准》（IEEE P1711），为变电站串行链路定义了一种安全通信加密协议，保护了异步串行通信的完整性和保密性。

（2）美国体系化开展工业信息安全标准化工作

美国 NIST、美国国土安全部等机构致力于美国工业信息安全标准体系的建设，发布了一系列指南和规范性文件，包括《OT 网络安全指南》（NIST SP 800-82）（最初的标准名称为《工业控制系统安全指南》）、《系统保护轮廓——工业控制系统》（NIST IR 7176）等。在电力、石油、天然气、核电等领域，美国还发布了一系列典型行业的工业信息安全标准，如《管道 SCADA 系统安全》（API 1164）、《智能电网网络安全指南》（NIST IR 7628）等。在工业互联网安全方面，美国成立了专注于工业互联网安全标准、技术等研究的工业互联网联盟（Industrial Internet Consortium，IIC）。2016 年 9 月 19 日，IIC 发布《工业互联网安全框架》，定义了工业互联网可信体系的五大关键特性，即信息安全、功能安全、可靠性、弹性和隐私安全，拟通过该框架的发布为工业互联网安全的实施部署提供指导。在工业数据和工业云安全方面，NIST 于 2012 年 6 月启动了大数据相关基本概念、技术和标准需求的研究，2013 年 5 月成立了 NIST 大数据公开工作组 NBG-PWG，2015 年 9 月发布了《NIST 大数据互操作框架（第一版）》（NIST SP 1500）系列标准。2013 年 7 月，发布了《NIST 云计算标准路线图（第二版）》（NIST SP 500-291）。

（3）欧盟各国工业信息安全标准以基础设施为重心

近年来，欧盟发布了"欧洲关键基础设施保护项目"（European Programme for Critical Infrastructure Protection，EPCIP），成立了工控安全应急响应小组（Industrial Control Systems-Computer Security Incident Response Team，ICS-CSIRT），负责对各类工控安全事件开展响应分析并共享信息，协调各成员国实施关键基础设施保护计划。此外，欧盟成员国还根据各自国情关注特定领域的工控安全标准建设。例如，荷兰国际仪器用户协会于 2006 年发布了《过程控制域——供应商安全需求》。挪威国家石油商会于 2009 年发布了《过程控制、安全和支撑信息与通信技术（ICT）系统的信息安全基线要求》（OLF Guideline No.104）和《工程、采购及试用阶段中过程控制、安全和支撑 ICT 系统的信息安全的实施》（OLF Guideline No.110）。瑞典民防应急局于 2010 年发布了《工业控制系统安全加强指南》。德国作为工业 4.0 的先行者，发布了《工业 4.0 安全指南》，对工业 4.0 背景下的风险分析、网络划分、用户账户、安全协议等进行约定，旨在确保工业 4.0 中设施设备、系统运行等方面的安全。

2. 发展特点

随着新工业革命时代的到来，美国、欧盟等发达国家和组织更加注重加快工业互联网网络安全、数据安全、平台安全、关键信息基础设施安全等方面的标准研究和制定，逐步完善工业信息安全标准体系。

（1）完善各领域标准工作计划

2019年5月，美国能源部发布《能源行业网络安全多年计划》，为能源部网络安全、能源安全和应急响应（Cybersecurity, Energy Security and Emergency Response，CESER）办公室勾画了一个"综合战略"，确定了美国能源部未来五年力图实现的目标和计划。发达国家将会继续进行统筹规划，在工业信息安全各个领域勾画标准蓝图，指导标准的研究和制定。

（2）加快研制重点行业领域标准

在统筹规划的基础上，发达国家将分类施策，主抓重点行业领域及易受威胁领域的工业信息安全标准，如电力、石油化工等领域；加快指导制定相关行业领域标准，"分行业、分重点"实现标准先行。

（3）加快研究关键信息基础设施安全标准

美国、欧盟一直以来都将关键信息基础设施作为安全保护的重点对象。随着当前关键信息基础设施的安全形势日趋严峻，针对关键信息基础设施发动"网络战"成为各国关注的焦点。因此，发达国家将继续加强关键信息基础设施安全标准研制，强化关键信息基础设施保护。

（4）瞄准新技术、新应用安全需求，开展标准研制工作

随着工业互联网、人工智能、工业大数据等技术的快速发展，美国、欧盟等发达国家和组织将会针对相关技术、应用积极研制标准，规范新技术、新应用的发展，以确保其在新技术、新应用国际标准研制中的领先地位。

（二）我国工业信息安全标准发展现状及特点

1. 发展现状

（1）工业控制系统安全标准制定推进成效显著

我国在21世纪初期便开展了对工业控制系统安全标准的研制工作，一批工业控制系统基础类安全标准已发布和实施。例如，我国于2011年发布了《工业控制网络安全风险评估规范》（GB/T 26333—2010），2014年发布了《工业控制系统信息安全 第1部分：评估规范》（GB/T 30976.1—2014）、《工业控制系统信息安全 第2部分：验收规范》（GB/T 30976.2—2014）等标准，填补了我国工业控制系统安全标准的空白，使工业控制系统安全工作有标准可依。此外，我国通过在信息系统安全等级保护中增加工控安全等级保护扩展要求、建立新标准体系等多种方式，进一步细化完善工控安全标准，并研究制定了《信息安全技术 工业控制系统安全控制应用指南》（GB/T 32919—2016）、《信息安全技术 工业控制系统安全管理基本要求》（GB/T 36323—2018）、《信息安全技术 工业控制系统信息安全分级规范》（GB/T 36324—2018）、《信息安全技术 网络安全等级保护安全设计技术要求》（GB/T 25070—2019）等30余项标准。

（2）工业互联网安全标准体系建设取得积极进展

2019年1月，工业和信息化部、国家标准化管理委员会联合发布《工业互联网综合

标准化体系建设指南》，其中第三章明确提出了工业互联网标准体系框架，该体系框架从设备安全、控制系统安全、网络安全、数据安全、平台安全、应用程序安全、安全管理7个方面对工业互联网安全标准进行规划。同年8月，工业和信息化部、教育部等10个部门联合印发《加强工业互联网安全工作的指导意见》，指出要建立工业互联网安全标准体系，推动工业互联网设备、控制、网络（含标识解析系统）、平台、数据等重点领域安全标准的研究制定，建设安全技术与标准试验验证环境，支持专业机构、企业积极参与相关国际标准制定，加快标准落地实施。2021年12月，工业和信息化部、国家标准化管理委员会联合印发了《工业互联网综合标准化体系建设指南（2021版）》，提出到2025年，制定工业互联网关键技术、产品、管理及应用等标准100项以上，建成统一、融合、开放的工业互联网标准体系，形成标准广泛应用、与国际先进水平保持同步发展的良好局面。

2．发展特点

我国工业信息安全标准将主要呈现研制体系化、合作国际化、影响扩大化3个方面的特点。

（1）标准研制体系化

随着国内工业信息安全领域标准研制工作的推进，安全管理和技术支撑体系更加健全，以"安全促发展，发展保安全"的产业生态体系逐步形成。具体而言，相关行业企业、科研院所通过深入分析新背景下工业领域面临的信息安全问题和标准化需求，借鉴国外信息安全标准体系的先进经验，建立网络安全、平台安全、数据安全、设备安全、应用安全等相关标准，以及面向安全服务、行业需求等的系列标准。此外，各行业积极向电力行业看齐，制定符合本行业特征的工业信息安全标准规范，以指导和规范本行业的工业信息安全工作。

（2）标准合作国际化

我国的工业信息安全标准化工作起步较晚，借鉴国外的成熟先进经验对我国工业信息安全标准化建设工作十分必要。我国的工业信息安全标准化工作者积极参与国际标准化活动，密切关注国际工业信息安全标准的发展动态，加强与国外专家的技术交流和沟通，在翻译和吸收国外类似标准规范的同时，有计划、有重点地参与和主动承担国际标准的起草工作，包括标准试验验证和讨论等，使我国的工业信息安全标准化工作逐步与国际标准化工作的计划、进度以及试验验证等接轨。

（3）标准影响扩大化

标准的研制对"产学研用"均有较大的推动作用。

① "产"：标准的制定、发布大力促进产业的发展，推动产业向更安全、更可靠、更成熟的方向前行。

② "学"：标准的广泛制定和应用需求吸引更多工业信息安全人才投身标准建设，为标准工作添砖加瓦。

③ "研"：工业信息安全标准的技术要求、管理要求等为学术研究提供参考，推动工业信息安全技术深挖，引导未来的新技术、新应用发展，促进学术研究和标准研究相

互借鉴和融合。

④ "用"：标准在引导未来新技术、新应用发展的基础上，更加注重实用性和可操作性。标准的宣贯培训和试点示范将增多，对行业企业的指导作用将逐步加强，在行业企业中的应用将更为广泛。

（三）工业信息安全标准体系框架

根据《加强工业互联网安全工作的指导意见》等文件精神，以及《工业互联网综合标准化体系建设指南》和网络安全等级保护安全框架的具体要求，按照多维考虑、纵向分层、横向分类的总体思想，构建工业信息安全标准体系框架，以指导标准编写单位体系化开展标准研制。其中，纵向分层指按照工业企业、边缘接入、工业云平台、工业应用等自下而上的层次，纵向覆盖工业领域的相关安全标准。横向分类指从多个维度分类提出工业信息安全标准，包括但不限于基础共性类、安全防护类、安全服务类、垂直行业类 4 个维度。

工业信息安全标准体系主要由基础共性类标准、安全防护类标准、安全服务类标准、垂直行业类标准组成，如图 2-3 所示。

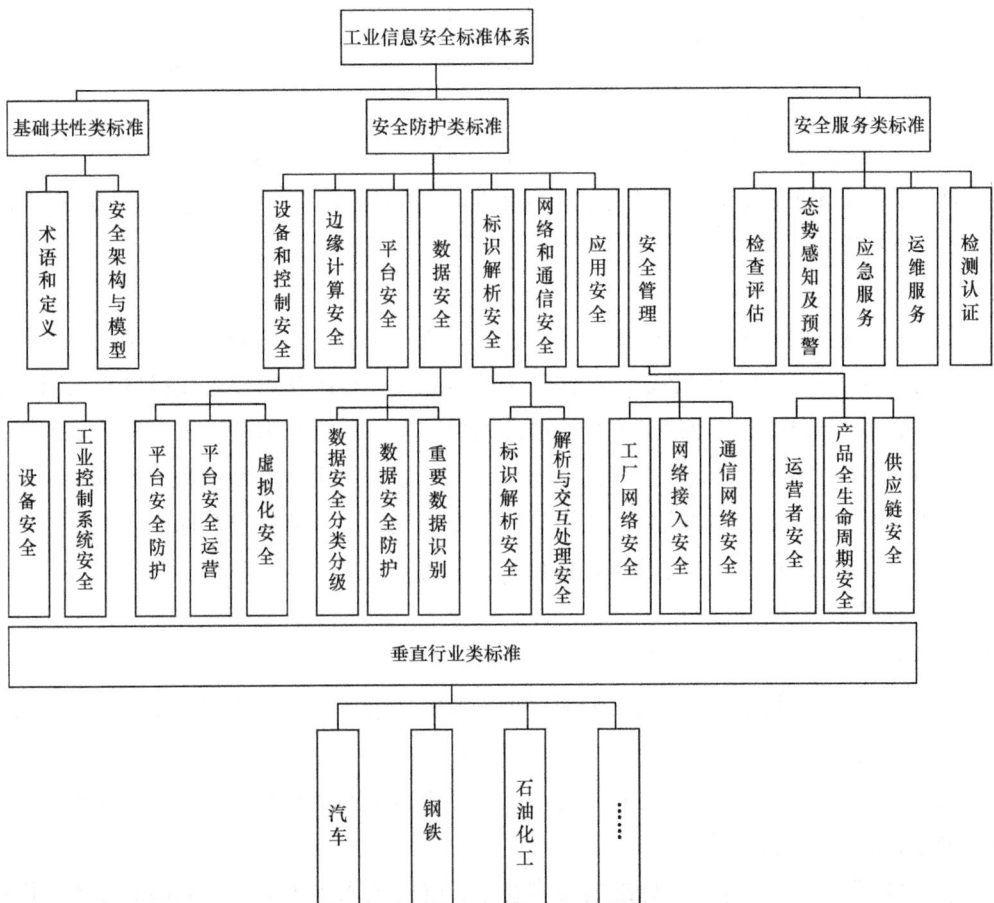

图 2-3　工业信息安全标准体系框架

1. 基础共性类标准

基础共性类标准包括术语和定义、安全架构与模型等标准，主要目的是规范工业信息安全相关概念、体系架构，明确界定工业信息安全的对象、边界、各部分的层级关系和内在联系，为相关标准的制定提供参考。

（1）术语和定义

术语和定义主要规范工业信息安全相关术语、概念，划分工业信息安全相关概念的定义边界，统一定义语义，方便行业企业制定相关标准。

（2）安全架构与模型

安全架构与模型主要规范工业信息安全标准体系、体系架构及参考架构，明确各研究对象之间的关系。

2. 安全防护类标准

安全防护类标准包括工业信息安全涉及的设备和控制安全、边缘计算安全、平台安全、数据安全、标识解析安全、网络和通信安全、应用安全、安全管理。

（1）设备和控制安全

设备和控制安全包括设备安全和控制安全两部分。设备安全主要规范工业领域中的关键设备及产品安全。控制安全主要规范工业控制系统自身安全及控制协议安全。在开展相关标准研制时，可分别按照离散工业和流程工业的特点，对设备及控制系统提出相应的安全标准。

（2）边缘计算安全

边缘计算安全主要规范工业领域中的边缘设备安全、边缘智能安全等，包括边缘云安全、边缘网关安全、边缘设备接口安全等相关标准。

（3）平台安全

平台安全主要包括工业互联网平台运行安全、工业微服务安全、平台互通安全等相关标准。

（4）数据安全

数据安全主要包括工业领域数据安全分类分级、安全防护、安全共享、安全评估、重要数据识别、数据安全成熟度模型等相关标准。

（5）标识解析安全

标识解析安全主要规范标识解析及解析中的数据交互安全要求，包括编码与存储、标识数据采集、标识解析、异构标识互操作等过程中的安全标准。

（6）网络和通信安全

网络和通信安全主要包括工业内外网接入安全、现场总线通信安全、工业无线通信安全等相关标准。

（7）应用安全

应用安全主要包括工业 App 等应用的开发安全、测试安全、运行安全等。

（8）安全管理

安全管理主要包括工业运营者安全要求、产品全生命周期安全及供应链安全等标准。其中，工业运营者安全要求包括工业信息安全各相关主体的安全管理要求，如工控厂商安全管理要求、集成商安全管理要求、设计院安全管理要求、用户企业安全管理要求等。产品全生命周期安全包括产品建设、运行、维护等全生命周期的安全管理要求。供应链安全主要规范工业生产经营过程中的供应链安全管理。

3. 安全服务类标准

安全服务类标准主要规范工业领域安全服务的方法、流程等要求，包括检查评估、态势感知及预警、应急服务、运维服务、检测认证等。

（1）检查评估

检查评估主要规范工业领域系统、设备、产品等的安全检查、安全评估要素、方法和流程，提出安全检查指标、评估方法、评估模型等。

（2）态势感知及预警

态势感知及预警主要规范工业控制系统、工业现场等的安全态势感知、监测预警服务的安全要求，包括态势感知及监测预警系统建设规范、态势感知及监测预警技术规范、态势感知及监测预警体系建设等标准。

（3）应急服务

应急服务主要规范工业控制系统、工业现场、工业互联网平台、工业数据等出现安全问题时的应急服务安全要求，包括应急服务流程、应急服务规则、应急处置方式等标准。

（4）运维服务

运维服务主要规范工业控制系统、工业现场、工业互联网平台、工业数据等的安全运行维护操作规程、操作方式等。

（5）检测认证

检测认证主要为工业控制系统、工业互联网平台、工业数据等的安全检测认证提供标准参考。

4. 垂直行业类标准

垂直行业类标准在基础共性类标准、安全防护类标准、安全服务类标准的基础上，面向汽车、钢铁、石油化工等重点行业领域，结合行业特色和需求，研制更具针对性、对行业更有指导作用的工业信息安全国家标准。

目前在网络安全、工业信息安全领域已有多项政策、标准，以及技术、产品、管理研究成果，在开展工业信息安全防护体系建设的过程中，可以充分借鉴已有成果，在满足国家相关政策的同时提升安全防护效果。例如，为进一步落实《网络安全法》中提出的国家实行等级安全保护制度，在调整和完善前期信息安全等级保护标准体系的基础上，网络安全等级保护正式启动。网络安全等级保护标准体系中，根据新技术、新应用发展的新趋势、新特点，增加了工业控制系统、云计算平台、大数据、物联网、移动互联环境下的安全扩展要求，首次将工业控制系统安全明确纳入等级保护标准体系。其中，《信息安全技术　网络安全等级保护基本要求》（GB/T 22239—2019）提出了第一级至第四级保护对象在安全技术、管理方面的通用要求和安全扩展要求，对于工业企业开展分等级安全建设具有重要的指导意义。

第四节　工业信息安全产业发展

工业信息安全产业发展呈现以下几大特点。

（一）多方发力加速推进安全业务布局

随着工业信息安全市场需求的持续增加，工业自动化供应商、工控安全厂商、IT 服务提供商、网络安全企业、国际咨询机构、工业企业等工业信息安全产业链上下游企业，通过投资并购、战略合作等方式，加速拓展工业信息安全新业务。

1．知名企业并购拓展安全新业务

专注于关键信息基础设施安全保护的美国 OPSWAT 公司收购工控安全厂商 Bayshore Networks，将数据传输安全、工业设备入侵防御、OT 资产安全远程访问等功能纳入其解决方案，在工业控制系统和 OT 环境中保护关键信息基础设施。美国军用造船商亨廷顿英格尔斯工业公司收购 IT 服务提供商阿里昂（Alion）科技公司，完善其国防科技工业网络安全解决方案。咨询机构德勤收购工程服务提供商 aeSolutions 的工业网络安全业务 aeCyberSolutions，迭代德勤现有的网络安全产品和服务，提供领先的工控安全产品和咨询服务。思科收购网络漏洞管理公司 Kenna Security，利用 Kenna Security 的漏洞管理技术基础，扩展思科云原生安全平台 SecureX 的威胁情报功能，帮助用户自动预测、识别、响应安全威胁，确定处置流程优先级。

2．上下游协同打造完整解决方案

工业信息安全技术产品复杂度较高，单个供应商往往难以形成满足工业场景各项需求的安全解决方案。近年来，产业链上下游更加重视整合技术资源，以实现优势互补、协同发展，打造具有竞争力的解决方案。实时嵌入式软件解决方案提供商 eSOL 与物联网安全供应商 Karamba Security 合作，研发适用于汽车和工业物联网设备的多核实时操作系统，通过嵌入安全模块实现持续的攻击检测与响应，为联网汽车和智能工厂设备提供先进的网络安全保护。自动化供应商罗克韦尔和工控安全厂商 Claroty 联合推出持续威胁检测连接器，通过融合 Claroty 的 OT 可见性与罗克韦尔 AssetCentre 资产管理软件的数据管理功能，实现工业资产的快速识别与集中管理，持续监测 OT 环境中的风险和漏洞。

3．产业界普遍看好安全培训市场

随着工业企业普遍认识到工业信息安全技能和培训对自身的重要性，产业界开始加快布局安全培训业务。美国 IT 服务提供商 IntelliGenesis 收购工控安全培训机构 CybatiWorks，围绕关键信息基础设施、工业控制系统、工业物联网领域的安全保护，搭建工业仿真场景，为美国能源、国防等行业开发安全培训环境。美国网络安全培训和认证机构 SANS 联合西门子能源公司、工控安全厂商 ICS Village、美国爱达荷州立大学等启动网络安全和工业基础设施安全学徒计划，集聚产业界多方力量，共同培养工业信息安全复合型人才，缩短工业企业的安全技能差距。国家工业信息安全发展研究中心开展工业信息安全应急管理工程师系列培训，培训内容涵盖应急管理政策标准、应急预案、应急演练、监测预警与应急处置技术、工业数据分类分级管理等。

（二）安全产业投融资活跃度持续走高

近年来，全球工业信息安全产业快速发展，产业规模持续增长。市场研究机构 Research and Markets 预测，全球工业信息安全市场在 2026 年将达到 223 亿美元的规模。近年来，工业信息安全市场增长空间吸引了全球资本入局，投融资活动更为活跃，尤其是专业的工业信息安全初创企业受到资本市场的高度认可。

1．国外产业融资规模结构不断优化

2021 年，国外工业信息安全产业融资规模不断扩大，融资金额首破 4 亿美元，刷新了全球工业信息安全领域融资金额的历史最高纪录，单个企业融资最高额较 2020 年增长近 300%，特别是 Claroty、Dragos、Nozomi Networks 等致力于技术创新的工业信息安全初创企业均获得了超亿美元的大额融资（见表 2-1）。资本市场对工控资产测绘技术、资产管理、工业物联网安全、漏洞识别与修复、OT 软件供应链安全等细分领域的投资意愿强烈，对新兴领域的布局更加活跃。投资方呈现出多元化特点，不仅涵盖传统的风险投资机构，还包括工业企业、工业自动化供应商、网络安全企业、IT 服务提供商、技术研究机构等多个参与方。

表 2-1 国外工业信息安全企业融资情况

序号	企业	主营业务	时间（2021 年）	融资金额/美元	融资阶段	投资方
1	Mission Secure	工控资产测绘技术	1 月	560 万	B 轮	石油公司 Motor Oil Hellas 的风险投资部门、能源创新资本等领投
2	Rumble	资产管理	3 月	500 万	（未披露）	HD Moore Banks 投资
3	Claroty	工控安全	6 月	1.4 亿	D 轮	柏尚风险投资、全球工业公司 Standard 的投资部门领投，LG 电子、罗克韦尔、西门子等跟投
4			12 月	4 亿	E 轮	软银愿景基金领投，以色列网络安全初创公司 Team8 等跟投
5	NanoLock	工业物联网安全	7 月	1100 万	B 轮	以色列本土风投 OurCrowd 领投
6	AttackIQ	漏洞识别与修复	7 月	4400 万	C 轮	Atlantic Bridge（投资机构）领投，沙特阿美能源风险投资部门等跟投
7	Nozomi Networks	工控安全	8 月	1 亿	D 轮	Triangle Peak Partners 投资机构领投，霍尼韦尔风险投资公司等跟投

续表

序号	企业	主营业务	时间（2021年）	融资金额/美元	融资阶段	投资方
8	Dragos	工控安全	10月	2亿	D轮	科氏工业集团风投部门领投，爱默生、Schweitzer 工程实验室、罗克韦尔等跟投
9	aDolus	OT软件供应链安全	10月	250万	（未披露）	（未披露）
10	Shift5	OT网络安全	10月	2000万	A轮	645 Ventures（投资机构）领投

数据来源：国家工业信息安全发展研究中心分析整理。

2. 国内初创企业备受资本市场青睐

2021年，国内专注于工控安全、工业互联网安全的初创企业愈发受到资本青睐。国家工业信息安全发展研究中心跟踪公开发布的初创企业融资活动15起，披露融资总额约15亿元，超亿元的大规模融资占比近半（见表2-2）。总体来看，融资活动数量、融资总额、超亿元融资数量较2020年均实现翻番，融资活跃度创历史新高。国有资本持续入场支持初创企业发展，威努特获D轮3亿元国资战略投资，长扬科技获D轮近2亿元国有资本联投，立思辰安科获中国电子科技集团有限公司战略投资。神州慧安、长扬科技、珞安科技等企业短短数月已经完成多轮融资，产融合作进一步深化。

表2-2　国内工业信息安全初创企业融资情况

序号	企业	时间（2021年）	融资金额	融资阶段	投资方
1	烽台科技	1月	7000万元	A轮	奇安信科技集团、IDG资本、元禾重元联合投资
2	神州慧安	2月	数千万元	A轮	北京神码、珈正商贸合伙企业联合投资
3		5月	2000万元	A+轮	北京亦庄创投投资
4	长扬科技	3月	近2亿元	D轮	中俄能源基金领投，深创投、国元创投、宇纳资本跟投
5		4月	1.75亿元	E1轮	海淀国资委新融智基金领投，深创投、基石基金等跟投
6		7月	1亿元	E2轮	青岛国投、中航基金等联投
7	威努特	3月	3亿元	D轮	中国国有资本风险投资基金股份有限公司领投
8	立思辰安科	4月	（未披露）	（未披露）	中国电子科技集团有限公司投资
9	网藤科技	4月	近亿元	B+轮	长安私人资本等机构联合领投，动平衡资本跟投
10	六方云	4月	1.5亿元	C轮	中煤厚持、赞路私募基金、中关金信、天鹰合智等联合投资
11	木链科技	5月	近亿元	B轮	华义创投领投
12	安盟信息	7月	5000万元	A轮	中国电子科技集团研投基金投资
13	安帝科技	7月	数亿元	B轮	新浚资本领投，咏圣资本跟投

序号	企业	时间 （2021年）	融资金额	融资阶段	投资方
14	珞安科技	8月	1亿元	B+、B++	B+轮融资由容腾5G产业基金、上汽产业基金联合投资，B++轮融资由元禾重元独家投资
15	惠而特	9月	数千万元	首轮	用友幸福投资

数据来源：国家工业信息安全发展研究中心分析整理。

（三）安全产业迎来多个新价值增长点

工控安全厂商积极推出新型解决方案助力工业企业释放数据价值、提升数字化转型核心竞争力，零信任解决方案作为新的日益成熟的安全机制获得更广泛的应用，持续加剧的供应链威胁推动供应链安全成为工业信息安全产业新的细分赛道，促进产业多点开花，拓宽产业发展前景。

1. 推动工业数据价值加速释放

IBM发布的《工业行业大规模数字化转型》报告指出，一家现代化工厂的单条生产线每月能产生超过2200TB的数据，然而大部分数据都未被有效分析，难以形成生产力。加强工业数据资产管理、释放工业数据价值已经成为业界主要的关注点。西门子、IBM和红帽推出混合云计划，利用IBM基于红帽OpenShift（云开发平台即服务）的开放式混合云方法，提高MindSphere（西门子工业物联网即服务解决方案）的部署灵活性与安全性。新解决方案基于数据安全保护策略，实时收集工业物联网数据，构建数字孪生平台，协助工业企业围绕整个价值链优化产品开发及生产制造过程，面向能源、制造业、智慧城市等领域推广安全的混合云方案，提高工业物联网数据的实时价值。

2. 零信任方案成合作重点领域

零信任技术的动态信任特性能够有效应对OT网络安全远程访问与管理的困境，由此成为厂商间合作的重点领域。工控安全厂商Mission Secure与工业远程操作零信任访问平台开发商XONA建立战略合作关系，在安全产品中引入零信任用户访问层，集成多因素身份验证、安全文件传输、网络连接分段监控、协议隔离及深度检查取证等功能，为国防科技工业、能源、制造业等领域的远程操作活动提供安全保护。西门子与云安全独角兽Zscaler联合开发面向OT/IT的零信任安全集成解决方案，通过在西门子Scalance本地处理引擎的Docker容器上安装Zscaler远程访问服务接口，将IT的零信任方法引入OT环境，实现对OT应用程序和系统的安全访问，提高工厂的运行效率。

3. 供应链安全关注度快速升高

随着SolarWinds、Kaseya等备受瞩目的供应链网络攻击事件接踵而至，工业领域对供应链安全解决方案的需求急剧增长，工业自动化厂商积极寻求合作以确保工业控制产品子组件的安全性，能源等重点行业的工业企业也高度重视供应商网络安全。自动化系统安全厂商 Industrial Defender 与 OT 软件供应链安全提供商 aDolus 合作,支持 Industrial Defender 客户在 aDolus 的工控组件可信度验证平台 FACT 上,安全下载安装合法、不可篡改的工控产品组件。毕马威(KPMG)为石油公司沙特阿美提供供应链网络安全合规性审查服务,重点对该公司基础设施、定制软件、网络连接和关键数据处理器等产品的供应商进行审查,避免因供应商安全风险造成运营中断、敏感信息丢失等严重后果。

第五节 工业信息安全战略与政策布局

(一)国外工业信息安全战略与政策

1. 工业控制系统安全

在保障工业控制系统安全方面,美国展开了战略和政策布局。

一是发布战略文件《保护工业控制系统:一体化倡议(2019—2023)》。该战略从公私合作、整体防御、威胁预知、资金投入 4 个方面,提出了指导关键基础设施领域、重点行业开展工业控制系统网络安全保护工作的基本原则,强调提升工业控制系统网络防御能力、确保工业控制设备和网络的设计安全、提高工业控制系统网络安全工具和服务的易用性。

二是实施"工业控制系统网络安全计划",加强关键基础设施控制系统的安全保护。该计划通过促进联邦政府与关键基础设施行业部门之间建立自愿协作关系,推动关键基础设施所有者和运营商自愿遵循指导性要求和强制性要求并部署相关技术与系统,提高威胁可见性及安全监测与风险告警能力,确保关键基础设施控制系统安全。美国于 2021 年 4 月中旬启动该计划的电力行业试点工作,为服务范围覆盖 9000 万居民用户的 150 多家电力公司部署控制系统网络安全技术,后又逐步扩展至天然气管道、水处理、化学等部门。"工业控制系统网络安全计划"为政府和行业合作开辟了道路,有助于推动政府和行业在各自范围内通过部署工业控制系统安全监测设施、强化安全威胁响应等措施,共同应对关键基础设施领域的工业控制系统安全威胁。

三是发布《改善关键基础设施控制系统网络安全》国家安全备忘录,加强关键基础设施控制系统的网络安全。按照该备忘录的规定,美国启动实施工业控制系统网络安全计划,并要求国土安全部部长与商务部部长及其他相关机构共同制定关键基础设施网络安全性能目标,促进关键基础设施所有者和运营商就应遵循的基本安全实践达成共识,保护美国国家安全、经济安全与公共安全。

四是发布《关键基础设施控制系统网络安全性能目标》(以下简称《性能目标》),推动控制系统安全措施的部署与采用。按照《改善关键基础设施控制系统网络安全》国家安全备忘录的要求,美国 NIST 与国土安全部联合发布《性能目标》,确定了 9 类网络安全最佳实践,并将其作为网络安全性能目标的基础。这 9 类网络安全最佳实践涉及风险管理和网络安全治理,架构和设计,配置和变更管理,机构安全,系统和数据的完整性、可用性和保密性，持续监测和漏洞管理，培训和意识，事件响应和恢复，供应链风险管理。围绕上述9类网络安全最佳实践，《性能目标》设定了9类具体目标，每类目标都被进一步细分为基线目标和强化目标，基线目标代表了所有控制系统运营商的建议做法，强化目标重点针对国防工业基础、关键行业（能源、通信、运输和水）等控制系统故障可能对其产生重大安全影响的行业领域。

五是美国、英国安全机构联合发布《工业控制系统网络安全最佳实践》，强调保障工业控制系统安全的最佳做法。其从风险管理和网络安全治理、物理安全、工业控制系统网络体系结构、工业控制系统网络边界安全、主机安全、安全监测、供应链管理、人为因素8个方面提供了保障工业控制系统网络安全的最佳做法，并将维护工业控制系统资产清单、制定和实施事件响应计划、加强漏洞管理、配置IDS等措施作为重要内容。

另外，新加坡将OT安全纳入国家网络安全战略，着手建立OT安全风险消减框架。2021年10月，新加坡发布第二份网络安全战略文件，强调政府部门要与关键信息基础设施所有者、网络安全业界密切合作，建立和开发网络风险消减政策框架，并将《OT网络安全总体规划》和《OT网络安全能力框架》作为加强新加坡数字基础设施恢复力、建设更安全的网络空间的重要工具。《OT网络安全总体规划》发布于2019年，重点通过加强OT网络安全培训、建立OT网络安全信息共享和分析中心、贯彻OT网络安全政策和流程、建立行业部门安全运营中心4项举措，推动OT环境满足更高的网络安全标准。2021年发布的《OT网络安全能力框架》对各类OT网络安全相关职业及其相应的核心能力和基本技能做了规划，重点从3个方面为OT领域相关方提供指导：一是以OT网络安全能力要素为参考，吸引人才、开展培训并进行人员职业道路规划；二是以不同OT相关职业所需的技术能力为参考，指导开发能满足培训需求的课程和认证体系；三是指导OT专业人员以技能组合为参考，获得职业生涯复合技能。

2. 数据安全

美国NIST发布《数据完整性恢复指南》（NIST SP 1800-11），围绕安全存储、损坏测试、备份恢复、虚拟架构、日志记录5个方面，指导重点行业企业制定保护数据完整性的策略，帮助企业实现关键数据的安全保护。

美国国土安全部下属的网络安全和基础设施安全局（Cybersecurity and Infrastructure Security Agency，CISA）发布《防范勒索攻击引发敏感信息和个人信息泄露指南》，指导企业如何通过加强数据安全防护与管理来免遭勒索攻击。关于如何防范勒索攻击导致的重要数据失窃和泄露，该指南提出如下建议：一是明确自身系统中存储的敏感信息及授权访问方；二是采用联邦贸易委员会的物理安全最佳实践；三是采用网络安全最佳实践，包括修复面向互联网的漏洞和修正错误配置、制定和实施网络事件响应计划与恢复力策略、确保数据加密和定期验证备份、尽量减少接收网络钓鱼邮件等。CISA还建议企业和机构定期进行漏洞扫描，强调不要向勒索犯罪分子支付赎金，以免鼓励犯罪分子进一步从事勒索活动。

韩国发布《数据产业振兴和利用促进基本法》，立法保护数据资产安全，着力振兴数据经济。韩国国务会议于2021年10月通过了《数据产业振兴和利用促进基本法》，为保护数据资产安全、发展数据产业、振兴数据经济奠定基础。该法规定，韩国将在总理办公室下设国家数据政策委员会，作为国家数据产业政策的跨部门决策与管理机构，负责每3年审议并发布数据产业振兴综合计划。该法第12条"数据资产保护"中明确规定"保护由大量人力、物力投资和创造的具有经济价值的数据（即数据资产），禁止未经授权获取、使用、披露数据资产的行为"，为包括工业数据在内的、具有高经济价值的数据的安全保护提供了法律依据。

3．智能制造安全

美国发布《国家人工智能倡议法案》，授权成立国家人工智能研究所，并投入为期5年、金额高达1.4亿美元的资金，重点支持合成制造、精准农业、机器学习等领域的人工智能技术安全应用研发工作。同时，美国出台第13960号行政令"在联邦政府中推行可信赖人工智能"，强调围绕"安全可靠"的原则，在联邦政府设计、开发、获取和应用人工智能时确保应用安全，有效应对系统漏洞、对抗性攻击和其他恶意利用行为。

为落实第13859号行政令"维持美国在人工智能方面的领导地位"的有关要求，特别是减少人工智能技术在智能制造、智慧医疗等领域的应用障碍，美国发布《人工智能应用监管指南》，从监管和非监管层面对非联邦政府机构开发和部署人工智能提出了10项管理原则，其中"安全保障"原则强调在智能制造等领域的人工智能设计、开发、部署和运行全流程中必须考虑安全问题，确保人工智能系统处理、存储和传输信息的保密性、完整性和可用性，并要求进一步提升相关应用系统抵御网络攻击的能力。

4．物联网安全

美国NIST发布《物联网非技术支撑能力核心基线》（NIST IR 8259B）（以下简称《核心基线》），明确物联网设备制造商应提供的非技术支持能力的基线要求，为物联网设备安全提供支持。按照《核心基线》的要求，为确保物联网设备的全生命周期网络安全，物联网设备制造商应具备4项非技术支持能力，分别是文档管理、信息查询和接收、信息传递及安全教育：文档管理为适当处理风险、合规性和安全问题提供支持，是其他3项非技术支持能力的支柱；信息查询和接收发生在购买后，用户可提交物联网设备与系统保护的相关问题与信息，让设备制造商和支持方做出回应；信息传递允许信息流向用户和生态系统中的其他相关方，使用户能应对新发现的设备与系统漏洞、软件漏洞，并获取有关物联网设备的更新通知；安全教育为用户使用和保护物联网设备及其相关系统、软硬件提供参考，减少物联网设备受损的次数，降低受损程度。NIST建议物联网设备制造商将《核心基线》与NIST于2020年发布的《物联网设备制造商基础网络安全活动》（NIST IR 8259）和《物联网设备网络安全能力核心基线》（NIST IR 8259A）结合起来使用。

（二）我国工业信息安全政策规定

1．工业控制系统安全

我国在保障工业控制系统安全方面，一是发布《关键信息基础设施安全保护条例》

（以下简称《条例》），强化关键信息基础设施的安全保护要求。《条例》将能源、水利、国防科技工业等重要行业和领域以及其他一旦遭到破坏、丧失功能或者数据泄露，可能严重危害国家安全、国计民生、公共利益的重要网络设施、信息系统纳入安全保护范围，覆盖电力、核电、煤炭、油气、新能源、铁路、公路、水路、民航、水库、水电站大坝、农村水电等十余个涉工业信息安全领域，强调关键信息基础设施运营者承担网络安全保护责任、建立安全信息共享机制及完善运行监测、安全态势、预警通报策略，对关键信息基础设施领域的工控安全提出了更高的要求。

二是发布《工业控制系统信息安全防护指南》，该指南是对于指导政府、行业、企业开展工控安全防护工作具有重要标志性、权威性的政策文件。指南从 11 个方面共 30 项具体事项对工业控制系统全生命周期安全防护工作提出了要求，为政府开展监管检查、企业开展自查、支撑单位开展测试评估提供抓手，也为后续制定关于测试、评估、应急、通报等工业信息安全细分政策指南提供了依据。在落实手段方面，明确规定了地方工业和信息化主管部门要对企业进行指导并制定工控安全防护实施方案，还要求单位明确工控安全工作的责任人、落实责任制、部署防护措施等；在防护手段方面，对工业信息安全技术、管理、服务进行了更加细化的要求；在监测方面，规定需要在工业控制网络和设备上部署有效可靠的监测设备和防护设备；在应急管理方面，要求单位要按照已制定的预案定期、有组织地开展工控安全事件应急演练活动。

三是发布《工业控制系统信息安全防护能力评估工作管理办法》，以安全评估工作实际为基础，围绕规范开展工控安全防护能力评估，突出由管理组织、评价机构、评价人员、评价工具等多因素组成的体系化管理，建立了从申请评估到形成报告的全工作流程并明确了各阶段的指标。该文件从管理机构、评估机构、人员、工具、工作程序、监督管理等方面对评估工作提出了具体、详细的要求，按照受理申请、组建技术队伍、制订工作计划、开展现场评估工作、现场情况反馈、企业自行整改、开展复评估工作、形成报告 8 个步骤对评估工作流程做出规定。此外，文件的附件《工业控制系统信息安全防护能力评估方法》还给出了评估的具体方法，保障了外部评估与自评估工作的有效实施。

四是发布《工业互联网安全标准体系（2021 年）》（以下简称《标准体系》），系统推进工业互联网安全标准体系研究，加快基础共性、关键技术、典型应用等产业急需标准的制定。《标准体系》涵盖分类分级安全防护、安全管理、安全应用服务 3 个类别，涉及分类分级定级指南、工业互联网工业企业安全、工业互联网企业数据安全、安全监测、安全应急响应、安全能力评价、工业企业安全上云、安全技术和产品应用等 16 个细分领域、76 个具体建设方向，对发挥标准规范的引领作用、加快建立网络安全分类分级管理制度、强化工业互联网企业的安全防护能力、推动网络安全产业高质量发展具有重要的支撑作用。

2. 数据安全

在数据安全方面，党的十八大以来，党中央高度重视大数据发展，在党的十九大报告，以及中共中央政治局第二次集体学习、党的十九届四中全会等中央会议上逐步明确数据的生产要素属性。2020年4月9日，中共中央、国务院正式发布《中共中央 国务院关于构建更加完善的要素市场化配置体制机制的意见》，首次将数据与土地、劳动力、资本、技术等传统要素并列为生产要素，提出要围绕推进政府数据开放共享、提升社会数据资源价值、加强数据资源整合和安全保护3个方面加快培育数据要素市场。其中，在释放工业数据潜在价值方面提出支持构建工业等领域规范化数据开发利用的场景，在加强数据安全保护方面强调"推动完善适用于大数据环境下的数据分类分级安全保护制度"，为工业数据作为生产要素的安全保护要求提供了政策依据。

2021—2022年，我国相继发布了《数据安全法》和《工业和信息化领域数据安全管理办法（试行）》，明确工业数据的安全管理与防护要求。《数据安全法》明确了行业部门的数据安全监管职责，为工业领域开展数据分类分级、跨境传输评估与管理等工作指明了方向，为保护工业数据安全、确保工业生产安全、保障制造业转型升级、维护国家安全与利益提供了法律依据。《工业和信息化领域数据安全管理办法（试行）》对《数据安全法》中的相关制度和工作要求进行了细化，将"工业数据"界定为"原材料工业、装备工业、消费品工业、电子信息制造业、软件和信息技术服务业、民爆等行业领域，在研发设计、生产制造、经营管理、运维服务、平台运营、应用服务等过程中收集和产生的数据"，明确规定了数据处理者在数据收集、存储、加工、传输、提供、公开、销毁、跨境、承接、委托处理等环节的安全保护要求。

为全面提升我国的工业数据管理能力，释放数据潜在价值，保证数据安全，工业和信息化部印发了《工业数据分类分级指南（试行）》，提出构建我国工业数据分类分级的基本框架，与《数据管理能力成熟度评估模型》互为补充、相互衔接，引导企业通过防护技术应用、管理流程优化、组织体系变革，有效应对工业数据遭篡改、破坏、泄露或非法利用，强化数据安全防护。为切实贯彻指南要求，推动工业数据安全管理走向实践深耕，工业和信息化部组织开展了工业数据分类分级应用试点工作，在北京、江苏、江西、广东、四川5个地区，以及钢铁、烟草、电力等9个行业的150家企业完成试点工作，在引导企业开展工业数据分类分级、指导行业加强宣贯培训、检验指南内容等方面取得了实效。

此外，工业和信息化部还发布了《工业和信息化部办公厅关于组织开展工业领域数据安全管理试点工作的通知》（以下简称《通知》），探索构建工业领域数据安全管理体系，保障工业领域数据安全。《通知》明确了试点工作的职责分工，部工业领域数据安全管理试点工作组负责遴选试点省份、协调推动试点工作、决策处理重点难点问题，省级工业和信息化主管部门负责组织试点申报并指导企业做好各项试点工作，国家工业信息安全发展研究中心等相关部属单位为试点工作提供技术和服务支撑。按照《通知》的要求，试点内容分为必选试点内容和可选试点内容，前者涉及在工业领域数据安全管理、工业领域数据安全防护、工业领域数据安全评估3项内容中至少选择一项开展，后者涉及工业领域数据安全产品应用推广、工业领域数据安全监测、工业领域数据出境安全管理 3 个方面。《通知》还就试点工作进度安排和工作要求做了说明。

3．智能制造安全

在智能制造安全上，工业和信息化部、国家发展和改革委员会、教育部、科学技术部、财政部、人力资源和社会保障部、国家市场监督管理总局、国务院国有资产监督管理委员会 8 个部门联合发布《"十四五"智能制造发展规划》（以下简称《规划》），强调健全智能制造安全保障。《规划》围绕 2025 年和 2035 年发展目标，从创新、应用、供给和支撑 4 个方面，提出了"十四五"时期推动智能制造发展的主要任务。在夯实基础支撑、构筑智能制造新保障方面，《规划》对智能制造领域的工控安全监测与防护做出了明确部署，强调实施企业网络安全分类分级管理，督促企业落实网络安全主体责任，完善国家、地方、企业多级工业信息安全监测预警网络，加快建设工业互联网安全技术监测服务体系。

国家发展和改革委员会、工业和信息化部、科学技术部等 11 个部委联合印发《智能汽车创新发展战略》，明确提出到 2025 年基本形成中国标准智能汽车的网络安全体系的目标，强调围绕完善安全管理联动机制、提升网络安全防护能力和加强数据安全监督管理 3 个方面加快构建全面高效的智能汽车网络安全体系，包括建立风险评估、等级测评、监测预警、应急响应等机制，搭建多层纵深防御、软硬件结合的安全防护体系等。

此外，我国 5 个部委联合印发《国家新一代人工智能标准体系建设指南》，将智能制造作为人工智能标准化的重点行业应用领域之一，规范人工智能技术用于工业制造过程中的信息感知、自主控制、系统协同、个性化定制、检测维护、过程优化等方面的技术要求，提出从基础安全，数据、算法和模型安全，技术和系统安全，安全管理和服务，安全测试评估，产品和应用安全 6 个方面推进人工智能技术安全标准研制。

4．物联网安全

在物联网安全上，工业和信息化部发布《物联网基础安全标准体系建设指南（2021版）》（以下简称《建设指南》），推动形成较为完善的物联网基础安全标准体系。《建设指南》明确提出，到 2025 年，推动形成较为完善的物联网基础安全标准体系，研制行业标准 30 项以上，提升标准在细分行业及领域的覆盖程度，提高跨行业物联网应用安全水平。根据《建设指南》，物联网基础安全标准体系包括总体安全、终端安全、网关安全、平台安全、安全管理五大类，涉及物联网基础安全场景、物联网基础安全分级、平台安全监测、平台安全防护、数据安全管理等 26 个细分领域。《建设指南》强调从加快标准研制、实施动态更新、深化标准应用、开展合作交流等方面着手，推动物联网标准建设和落地实施。

第三章　工业信息安全应急管理

在整个工业信息安全工作中，应急处置是最后的防线。做好应急管理工作，对于维护国家工业信息安全具有十分重要的意义。本章重点介绍应急管理的基本概念、工业信息安全应急管理相关政策规定，并分析国内外的应急管理现状。

第一节　工业信息安全应急管理概述

（一）应急管理的基本概念

应急管理和我们的日常生活紧密相连。无论是公园里的应急指挥牌、高速公路上的应急车道，还是重要会议活动中常见的应急通信保障车辆和设备，都是应急管理的重要体现。下面将分别针对应急、突发事件和应急管理进行介绍。

1. 应急

应急是指应对紧急突发事件，采取某些超出正常工作程序的行动，以避免事件发生或减轻事件后果。

应急的因素包括如下内容。

- 突发事件的种类。
- 事件严重程度。
- 事件处置的流程。
- 事件处置涉及的人员。
- 事件处置需要的资源。

2. 突发事件

突发事件是指突然发生，造成或者可能造成严重危害，需要采取应急处置措施予以应对的自然灾害、事故灾难、公共卫生事件和社会安全事件。

突发事件具有以下 8 个特性。

① 突发性。突发事件在没有预料的情况下发生，对信息系统的正常运行造成影响。

② 紧急性。突发事件需要采取应急措施予以应对，否则将出现严重后果。

③ 不确定性。突发事件的发生原因、影响范围、威胁程度、变化趋势、造成后果等具有不确定性，且随着事态发展不断变化。

④ 破坏性。突发事件对系统运行和服务，甚至公众生命、公共财产等构成威胁，可能造成难以预计的不良后果。

⑤ 衍生性。突发事件可能会导致其他类型突发事件的发生。

⑥ 扩散性。突发事件的影响不局限于发生系统或地区，会通过内在联系引发跨系统、跨地区的扩散和传播，波及其他领域，产生更为广泛的影响。

⑦ 周期性。突发事件类型多种多样，但都要经历潜伏期、爆发期、影响期和结束期4个阶段的演变。

⑧ 严重性。突发事件后果严重，包括财产损失、负面的社会影响等。

3. 应急管理

应急管理是指为了降低突发事件的危害，科学分析突发事件的发生原因、发生发展过程以及所产生的负面影响，有效集成各方面的资源，运用现代化技术手段和现代管理方法，对突发事件进行有效的监测、控制和处理。应急管理的目的是降低突发事件的危害，基础是依托集成资源，运用管理和技术方法，分析突发事件的发生原因和影响等。

应急管理的本质就是在吸纳多种应急处置实践经验的基础上，通过总结归纳和分类梳理，从大量不确定因素中努力寻找具有重复性、共通性、程序性的规律，建立和完善相应的组织体制、运转机制和法规制度，进而全面提高防范突发事件风险和快速处置的综合能力。

应急管理可以分为常态应急管理和非常态应急管理。其中，常态应急管理是指突发事件发生前，按照正常程序开展组织建设、队伍建设、机制建设和制度建设等工作，可以在常规组织框架下协调解决绝大多数矛盾，尽可能公平、合理。非常态应急管理是指突发事件发生后或判定其必然发生时，在直接影响公众生命财产安全的紧迫形势下，快速搭建指挥组织架构，集结处置力量和物资资源，有效缓解负面影响，提高处置效率，避免因决策信息不足、经验有限、时间紧迫等约束条件造成不必要的失误。

（二）应急管理阶段

应急管理是一个动态的过程。根据《中华人民共和国突发事件应对法》（以下简称《突发事件应对法》），应急管理阶段主要包括预防准备、监测预警、事件处置和恢复重建4个阶段。虽然在实际情况中，这些阶段往往是交叉的，但每个阶段都有各自明确的目标，而且每个阶段都构筑在前一个阶段的基础之上。因而4个阶段相互关联，构成了重大事件应急管理的循环过程。各阶段及相应的任务见表3-1。

表 3-1　应急管理阶段及相应的任务

阶段	任务	内容
预防准备	预防、控制和消除风险	风险辨识、评价与控制、安全规划、安全研究、应急体系建设（应急预案、体制、机制、法制）、应急资源管理、应急演练等
监测预警	对保障对象进行 7×24 小时持续监测，第一时间发现事件并进行预警	事件监测、态势分析、威胁预警
事件处置	事件发生后，立即采取行动，防止事态进一步扩大，减少损失，控制和消除隐患	信息接报、技术核验、专家研判、决策分析、指挥调度
恢复重建	事件处置结束后，系统恢复到正常状态，总结事件原因并改善相关工作	损失评估、事件总结分析、应急奖惩

（三）工业信息安全应急管理

随着制造业向数字化、网络化、智能化、服务化方向加速发展，工业信息安全形势日趋严峻复杂。大规模、高强度的工业信息安全事件频发，工业领域成为网络攻击的"重灾区"。工业控制系统漏洞层出不穷，高危漏洞占比居高不下，大量集中在装备制造、交通、能源等领域，严重威胁国家信息基础设施安全。大量工业控制系统暴露于互联网，成为世界各国工业信息安全的软肋。此外，工业领域数据安全风险日益突出，勒索攻击、供应链攻击等导致工业领域成为数据泄露的高发地带。为应对当前工业信息安全形势的变化，我国亟须加强工业信息安全应急管理工作。

工业信息安全应急管理是指政府、技术机构、安全企业以及工业企业等主体，为了保护工业信息安全，在突发事件的事前、事发、事中、事后所进行的预防、响应、处置、恢复等活动的总称。工业信息安全应急管理的基本原则包括政府指导、企业主体，预防为主、平战结合，快速反应、科学处置，依靠科学、依法规范，信息公开、引导舆论。

工业信息安全应急管理承担着防范化解重大工业信息安全风险、及时应对处置工业信息安全事件的重要职责，担负着预防和减少工控安全事件造成的损失和危害、保障工业生产的正常运行、维护国家经济安全的使命。它是工业信息安全保障最重要也是最后的防线，一旦失控，将给国家经济安全、社会稳定和人民群众的生命财产安全造成不可估量的重大损失。

第二节　工业信息安全应急管理政策规定

（一）国外工业信息安全应急管理政策规定

1. 网络安全应急管理政策法规规定

（1）在国家网络战略中明确应急工作的目标和要求

澳大利亚于 2020 年发布了新版《网络安全战略》，计划投入 13.5 亿美元实施网络态势感知和响应计划，扩大国家网络安全演习的范围，改造联合网络安全中心，加强网络安全威胁信息共享平台建设，提升国家的态势感知能力。美国于 2018 年发布了新版《国家网络战略》，明确将改进安全事件报告和响应作为优先行动，要求提高网络安全事件的信息报告效率，提升政府的事件响应能力，加强政府部门间的网络安全威胁信息共享。加拿大在 2018 年发布的《国家网络安全战略》中要求成立加拿大网络安全中心，以加强各级政府和合作伙伴之间的领导和协作，并设立国家网络犯罪协调部门，为国内和国际伙伴建立网络犯罪调查协调机制。法国在 2018 年发布的《网络防御国家战略》中提出了网络防御的 6 项任务及四大操作链，6 项任务包括预防、预测、保护、监测、归因和应急响应，四大操作链为保护、军事行动、情报和司法调查。

（2）关键信息基础设施安全法律法规不断完善

美国先后出台了《提升关键基础设施网络安全》《加强联邦网络和关键基础设施的网络安全》等多项政策，要求与关键基础设施网络安全相关的政府机构评估应急响应能力，制订风险管理计划，提升应急响应和系统恢复能力。加拿大于 2018 年出台了《关键基础设施网络安全基础》，为关键基础设施领域的所有者和服务商提供了行动指导、缓解建议和保障措施，以增强其网络安全意识，帮助其达到网络安全的最低基准水平。

（3）网络安全威胁信息共享得到切实落实和强化

美国一直将网络安全威胁信息共享作为应急工作的重要内容，先后出台了《网络安全信息共享法》《促进私营部门网络安全信息共享》等法律法规和行政命令。其中，《网络安全信息共享法》允许私营部门向联邦情报机构分享公民个人信息及网络安全威胁信息。澳大利亚也将共享信息并加强政府与私营部门间在应对网络安全威胁时的有效协调作为国家计算机应急响应小组的重要职责。

2．网络安全事件应急预案和应急机制

为加强网络安全事件应急管理，明确应急管理体制、机制，美国以及欧洲的发达国家纷纷出台并不断完善国家网络安全事件应急预案和应急机制。

美国于 2016 年发布了新版《国家网络事件响应计划》，进一步明确网络安全事件风险等级、应急响应部门与职责，以及网络安全事件协调机制等内容，以保障网络安全。加拿大于 2020 年发布了《加拿大政府网络安全事件管理计划》，明确网络安全事件的管理角色和职责，强化管理协调机制，完善事件分级和响应级别，确定应急响应升级和降级标准，理顺网络安全事件管理流程，强调事件报告与沟通。澳大利亚政府于 2018 年发布了《澳大利亚政府网络事件管理安排》，强调保护国家利益、责任共担、合作减少危害、协调一致的公共信息、持续改进、负责和透明等原则，概述跨辖区的应急协调安排和合作，以应对全国性的网络安全事件。

3．工控安全应急管理优化

美国不断优化完善工控安全应急管理机构，主要通过以下步骤实现。

第一，发布工控安全战略，确立组建 ICS-CERT 的政策依据。2004 年 5 月，美国国

土安全部发布了《控制系统安全保护计划》，旨在指导工业控制系统管理与运营部门和机构加强工业控制系统网络安全的保护、降低工业控制系统的网络风险。为落实该计划，美国国土安全部于同年 8 月基于 US-CERT 组建了控制系统安全中心。但该中心严重依赖 US-CERT 的能力资源，在工业控制系统网络安全保障方面存在专业能力严重不足、资源条件十分匮乏等突出问题。为切实解决控制系统安全保护面临的具体问题，2009 年 10 月，美国国土安全部发布了《保障控制系统安全战略》，明确了 ICS-CERT 的职责范围，并指出工业控制系统的关注重点是关键基础设施控制系统与网络，ICS-CERT 在控制系统安全技术与响应能力建设方面为 US-CERT 提供补充和支持。该战略在职责范围界定上对 US-CERT 和 ICS-CERT 进行了明确区分，为组建 ICS-CERT 提供了政策依据。2009 年 11 月 1 日，美国国土安全部正式组建独立的 ICS-CERT。

第二，美国国土安全部内部机构多次重组，ICS-CERT 的地位逐步提升。随着《保障控制系统安全战略》相关部署的持续推进，ICS-CERT 在关键基础设施控制系统安全态势感知、信息共享、事件响应、风险消减及灾难恢复等方面发挥着越来越重要的作用。2013 年，美国国土安全部对国家保护和计划局（National Protection and Programs Directorate，NPPD）下属的国家网络安全和通信整合中心（National Cybersecurity and Communications Integration Center，NCCIC）进行机构重组，正式将 ICS-CERT 作为与 US-CERT 并列的 NCCIC 的 4 个组成机构之一。2014 年，《国家网络安全保护法》确立了 NCCIC 的法律地位，为 NCCIC 开展信息共享、态势感知、风险监测、事件响应等提供了法律依据，并明确规定了 NCCIC 的组成部分包括 NCCIC 内开展网络安全和通信活动的机构。由此，作为 NCCIC 重要组成部分的 ICS-CERT 也有了法定身份，其职责定位与相关工作的开展也有了法律依据。2018 年，《网络安全和基础设施安全局法案》批准将 NPPD 重新命名为 CISA，将其地位提升为与国土安全部其他部门同级的联邦政府单位，较其前身拥有了更多预算和更高职权，因此其下属职能机构 ICS-CERT 的地位与职权也得到进一步提升。美国工业控制系统应急管理机构组织架构如图 3-1 所示。

美国《保障控制系统安全战略》规定，ICS-CERT 的职责主要包括控制系统网络威胁、控制系统脆弱性与恶意软件分析、控制系统安全事件响应与分析，与联邦、州、地方机构和组织、情报联合会、私营部门共享控制系统相关安全事件与信息等。

ICS-CERT 主要有八大职能，包括 4 个运营职能和 4 个风险消减职能：运营职能包括态势感知、事件响应、漏洞协调、技术分析；风险消减职能包括网络安全评估、分发网络安全评估工具（Cyber Security Evaluation Tool，CSET）、进行安全培训、组织工业控制系统联合工作组（Industrial Control Systems Joint Working Group，ICSJWG）活动。

此外，欧美多国还发布了多份政策文件以加强工控安全应急管理。如美国联邦能源监管委员会和 NERC 共同发布了《电力企业网络安全事件响应报告》，围绕网络安全事件响应流程，提出最佳实践。

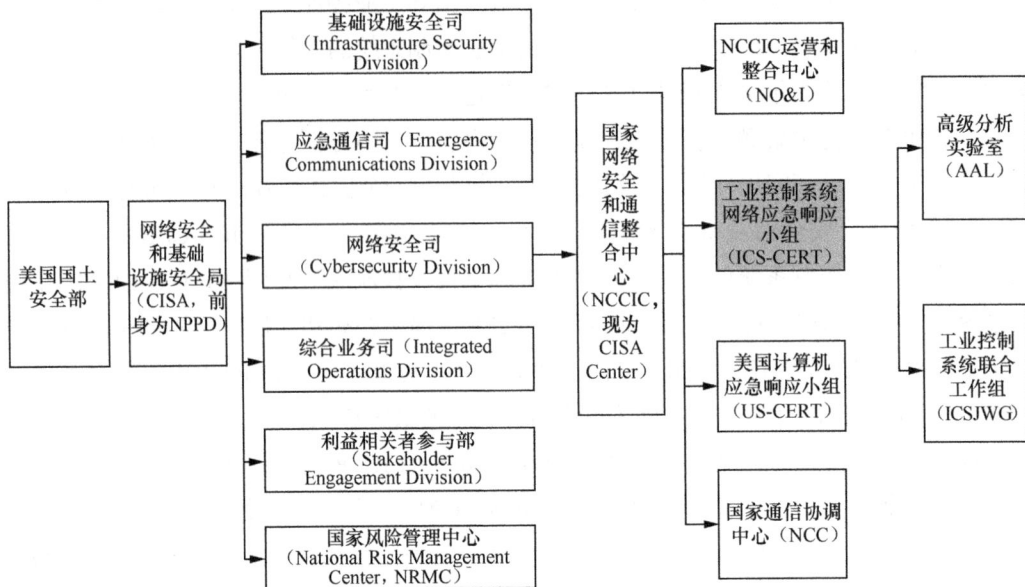

图 3-1　美国工业控制系统应急管理机构组织架构

（二）我国工业信息安全应急管理形势及政策规定

党的十八大以来，党中央、国务院高度重视工业信息安全。2018 年 4 月，习近平总书记在全国网络安全和信息化工作会议上提出了"没有网络安全就没有国家安全"的科学论断，将网络安全作为总体国家安全观的重要组成部分。2022 年，国务院颁布的《"十四五"数字经济发展规划》指出，着力强化数字经济安全体系，增强网络安全防护能力，提升数据安全保障水平，切实有效防范各类风险。2016 年，工业和信息化部印发《工业控制系统信息安全防护指南》，指导工业企业开展工控安全防护工作。近年来，我国的工业信息安全工作取得显著进展，积极开展了指南文件宣贯、工控安全检查、防护能力评估以及举办工业信息安全大会、技能竞赛等一系列工作，政策体系、管理体系、技术支撑体系逐步健全，有效保障了工业信息安全。

我国为加强工业信息安全应急管理工作，国家、地方和行业相继发布了管理文件。工业和信息化部发布了《工业控制系统信息安全事件应急管理工作指南》《工业和信息化领域数据安全管理办法（试行）》等文件，明确了工控安全事件的组织机构、工作机制、处置流程、保障措施，提出了工业领域的数据安全事件应急处置要求。河北、江苏、江西等省份先后发布了工控安全事件应急预案，对本地区的工控安全事件应急管理工作进行了规范。电力、水利、生产制造等行业企业也纷纷制定并发布了本企业的工控安全事件应急预案，提出了企业自身的事件预防和处置工作要求，使企业的工控安全事件应急管理工作得到规范。

2019 年 11 月，习近平总书记在中央政治局第十九次集体学习时强调，"要发挥我国应急管理体系的特色和优势，借鉴国外应急管理有益做法，积极推进我国应急管理体系和能力现代化"。习近平总书记指出，"应急管理是国家治理体系和治理能力的重要组成部分，承担防范化解重大安全风险、及时应对处置各类灾害事故的重要职责，担负保护人民群众生命财产安全和维护社会稳定的重要使命"。

《中华人民共和国国民经济和社会发展第十四个五年规划和 2035 年远景目标纲要》将"突发公共事件应急处置能力显著增强"定为"十四五"时期经济社会发展的主要目标之一。该规划的第十五篇"统筹发展和安全　建设更高水平的平安中国"中，明确要坚持总体国家安全观，实施国家安全战略，维护和塑造国家安全，统筹传统安全和非传统安全，把安全发展贯穿国家发展各领域和全过程，防范和化解影响我国现代化进程的各种风险，筑牢国家安全屏障。该规划提出，完善国家应急管理体系，构建统一指挥、专常兼备、反应灵敏、上下联动的应急管理体制，优化国家应急管理能力体系建设，提高防灾减灾抗灾救灾能力；坚持分级负责、属地为主，健全中央与地方分级响应机制，强化跨区域、跨流域灾害事故应急协同联动。该规划还强调，强化数字技术在公共卫生、自然灾害、事故灾难、社会安全等突发事件应对中的运用，全面提升预警和应急处置能力。在网络安全事件应急管理方面，该规划提出，强化跨领域网络安全信息共享和工作协同，提升网络安全威胁发现、监测预警、应急指挥、攻击溯源能力。

第三节　工业信息安全应急管理理论与架构

（一）应急管理理论

掌握基本的应急管理理论是有效分析与应对突发工业信息安全事件的基础。随着人们对突发事件研究的深入，应急管理正逐步从被动应急向主动应急转变，并形成了两大基本理论。

（1）全周期理论

应急管理活动涉及突发工业信息安全事件的事前、事发、事中、事后全生命周期，应急管理人员需在整个过程中采取相应的控制与缓解、恢复等措施。全周期应急管理理论强调应急关口前移，不能只关注事后的应急响应与处置，而应从事件的预防与准备出发开展应急管理。

（2）风险理论

与传统风险相比，现代风险具有人为化的特点，即人类成为风险的生产者，如工业信息安全事件通常由不法分子恶意攻击或内部员工误操作等导致，这会引起社会的高度关注。同时，工业信息安全风险具有延展性与全球性，即风险的影响能超越地理区域边界，单个网络安全漏洞、网络病毒、后门等风险可能波及全球范围内工业领域的信息资产，成为超国界的存在。此外，工业信息安全风险具有不可感知性，即往往难以预测，不确定性强，诸多风险事件防不胜防。这对应急管理工作提出了挑战，需要在强化安全风险防范意识的同时努力提高各类事件应对能力。

（二）应急管理架构

应急管理是应对突发事件的过程性活动。从管理的基本要素来看，工业信息安全应急管理架构包含七大要素：

- 工业信息安全应急管理的客体，即明确要应对什么；
- 工业信息安全应急管理的主体，即明确由谁来应对，根据应急管理组织来确定；
- 工业信息安全应急管理的目标，即明确为何要应对，体现应急管理的价值；
- 工业信息安全应急管理的规范，即明确依据什么来应对，包括应急管理制度、标准等；
- 工业信息安全应急管理的保障，即明确利用哪些资源来应对；
- 工业信息安全应急管理的方法，即明确如何进行应对，包括应急管理技术、措施等；
- 工业信息安全应急管理的环境，即明确在什么情形下应对，体现应急管理文化。

这七大要素之间相互影响、相互作用、相互制约，共同构成了完整的工业信息安全应急管理架构，如图 3-2 所示。其中，管理目标具有先导性、决定性的作用，是开展应急管理系列活动的先导。管理主体承上启下，依据管理目标制定管理规范、管理保障和管理方法，具有实体性、能动性的作用。管理规范、保障、方法为应急管理提供各种基础条件，具有基础性、保障性的作用。管理环境对管理目标、主体、规范、保障及方法均具有影响作用。

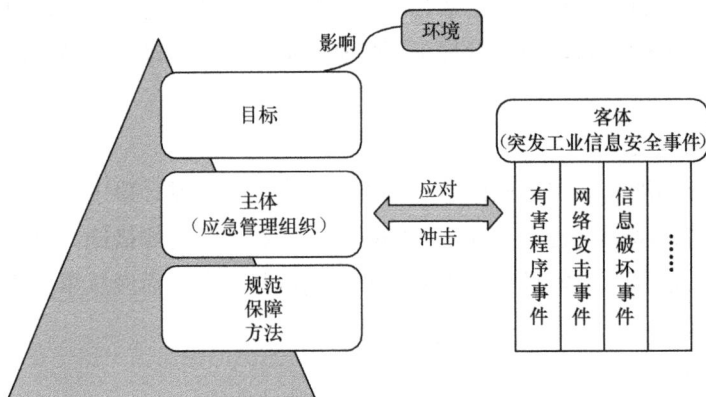

图 3-2　工业信息安全应急管理架构

1. 应急管理客体

工业信息安全应急管理客体指各种各样的突发工业信息安全事件，即给管理主体带来冲击、需要管理主体应对的事件。管理客体主要研究的是突发工业信息安全事件的属性，包括自然属性和社会属性。其中，自然属性主要指工业信息安全事件的大小、发生的频率、持续时间、涉及的区域范围等特征参数，社会属性主要指事件对经济社会、国家安全等造成或可能造成的影响。

2. 应急管理主体

在工业信息安全应急管理理论研究方面，应急管理主体表现为应急管理组织，其核心是依托应急管理组织结构及组成方式以实现应急管理任务和目标。科学、合理的管理组织有利于为突发工业信息安全事件应对工作提供坚实的组织保障。根据《突发事件应对法》的规定，我国实行的是"统一领导、综合协调、分类管理、分级负责、属地管理为主"的应急管理体制。

3. 应急管理目标

工业信息安全应急管理目标是指管理主体开展应急管理活动所期望达到的目的。一个国家或组织的应急管理目标是其应急管理价值的具体体现。党的十八大以后，我国提出"统筹发展和安全两件大事"的要求，强调实现发展和安全两个目标相互依存、相互促进。在工业领域，同样要坚持工业信息安全与工业产业发展并重的理念，在大力发展智能制造、推动制造业数字化转型的同时，做好工业信息安全应急准备等各项工作，实现以安全保发展、以发展促安全。

4. 应急管理规范

工业信息安全应急管理规范是指管理主体开展应急管理活动时所遵循的行为准则和基本依据，表现为应急管理法制，包括应急管理相关的法律、法规、规章、政策性文件、标准等。应急管理法制是在应急管理实践中逐渐形成和丰富完善的，同时可以为应急管理工作提供规范性和合法性保障。在应急管理实践过程中，既要制定科学合理、适用性强的应急管理规范，又要确保各项制度规范能够顺利实施与有效落地。

5. 应急管理保障

工业信息安全应急管理保障是指管理主体开展应急管理活动时所需的各种资源，包括人力资源、财力资源、物力资源等。其中，人力资源包括参与应急管理的各类人员，如应急运维人员、应急支撑队伍、应急管理专家等。财力资源主要包括财政资金、组织经费预算等。物力资源包括应急物资、应急装备或工具、应急场所等。各类应急资源的合理配置及高效使用，是有序、有力、有效应对突发工业信息安全事件的基本保障。

6. 应急管理方法

工业信息安全应急管理方法是指实现应急管理目标的措施与方法，主要依托应急管理技术。随着时代的发展与科技的进步，当前应急管理活动更加注重加强工业信息安全应急装备技术支撑和关键技术研发，充分发挥新一代信息技术对应急管理的支撑辅助作用。同时，积极发挥应急管理人员的主观能动性，做到科学决策，合理应用各项技术手段实现高效应急。

7．应急管理环境

工业信息安全应急管理环境是指对应急管理活动产生影响的各种内外条件的统称，其主要研究的是影响应急管理行为的环境，包括政治环境、经济环境、文化环境、自然环境等。例如，在信息技术发展日益迅猛的环境下，工业领域互联互通的趋势更甚，与封闭条件下相比，突发工业信息安全事件在互联互通条件下更易呈现跨域传播与级联效应，需要跨地区、跨部门、跨行业协同应对。

第二篇　应急体系

第四章　国家突发事件应急体系

本章概述我国突发事件应急体系的发展历程，并重点围绕应急预案体系、应急管理体制、应急管理机制、应急管理法制等，介绍我国突发事件应急体系的建设情况。通过对本章的学习，读者能够了解我国应急管理体系中最为关键的内容。

第一节　突发事件应急体系概述

在漫长的社会发展进程中，我国各类突发公共事件频繁发生，建立并不断完善突发事件应急体系是各级政府全面履行社会管理和公共服务职能的重要内容。从发展历程来看，自中华人民共和国成立以来，我国突发事件应急体系（以下简称"应急体系"）的发展主要经历了单项应对为主、综合应急为主、总体国家安全观为统领3个阶段。

（一）第一阶段：单项应对为主

1949—2003年，该阶段使用以单项应对为主的应急体系。

中华人民共和国成立初期，我国面临的突发事件种类较为单一，主要包括地震灾害、水旱灾害等自然灾害，以及传染病疫情（如肺结核）、动物疫情（如鼠疫）等公共卫生事件。为有效应对这些事件，我国建立了以部门为主的应急管理模式，针对单一类型灾害或突发事件成立专门的相关部门或机构，如成立了国家防汛抗旱总指挥部、中国地震局等。各级政府也组建了地震、水利、卫生等专职部门，负责各自职能管辖范围内的突发事件应急处置工作。基于这种单一灾害管理模式，在执行单项应急处置任务时，具有部门专业化程度较高的优点，但存在因应急力量分散、机构重叠、地方政府主观能动性难以充分发挥等造成任务执行效率较低、协同性较差等缺点。

迈入改革开放时期，伴随着工业化和城市化进程，工矿商贸等企业的各类安全事故、交通运输事故及社会群体性事件的发生频率显著增大，相关事故数量呈直线上升的趋势。为提高政府应对重特大突发事件的能力，我国在常设的各类管理机构之外设立了非常设机构（部门间议事协调机构），执行跨部门协调和临时的应急处置工作。例如，我国于1989年4月成立了中国国际减灾十年委员会，后于2005年更名为国家减灾委员会，负责灾害管理的协调组织工作，对应承担日常减灾工作的民政部的行政职能。该阶段采用了"专门机构+部门间议事协调机构"的应急管理模式，实行分散协调、临时响应，相较于仅采用"专门机构"的应急管理模式具有更好的协调性，但基本上没有摆脱单灾种应对模式，且存在忽视突发事件预防管理的问题。

总体来看，这个阶段应急体系的最大特点是应急管理模式趋于分散管理、单项应对，管理手段以应急处置为主，属于相对被动的管理模式。

（二）第二阶段：综合应急为主

2003—2012年，该阶段使用以综合应急为主的应急体系。

2003年抗击"非典"是我国应急管理工作非常重要的历史节点。"非典"事件是由"非典"疫情引发的从公共卫生到社会、经济、生活全方位受重大影响的突发公共事件，充分体现了以单项应对为主的应急体系难以有效应对各类突发事件，暴露了我国公共卫生的条块分割体制协调性不足、突发公共事件的信息发布制度缺失、财政资源与市场机制的统一调配动员机制缺乏、重医治轻预防准备等弊端。通过深刻总结抗击"非典"的经验和教训，科学分析全国公共安全形势，我国做出全面加强应急管理建设的决定，逐步形成了以建立健全应急预案体系、应急管理体制、应急管理机制、应急管理法制（简称"一案三制"）为核心的应急体系，将零散的单一类型灾害应急管理提升为政府层面的全类型突发事件综合应急管理。

2003年7月28日，在抗击"非典"取得胜利的表彰大会上，党中央、国务院首次明确提出，政府除了常态管理以外，更要高度重视非常态管理，"提出一案三制，争取用3年左右的时间，建立健全突发公共卫生事件应急机制，提高突发公共卫生事件应急能力"。这是首次从国家层面提出加快突发公共事件应急体制建设的重大课题。之后，党和国家多次召开会议专题研究，要求全面加强应急管理工作。

在该阶段，我国设立了综合应急管理机构，标志性事件为2006年4月，国务院办公厅设置了国务院应急管理办公室（国务院总值班室），承担国务院应急管理的日常工作和国务院总值班工作，履行值守应急、信息汇总和综合协调职能，发挥运转枢纽的作用。各省（区、市）政府也均组建了各自的应急管理办公室，与现有各专业应急指挥机构一起，初步形成了应急组织管理体系。该阶段采用了"政府应急管理机构+部门间议事协调机构"的管理模式，基本形成了综合应对四大类突发事件的格局。

总体来看，这个阶段应急体系的最大特点是应急管理模式以综合应急为主，管理手段为全流程应急管理，由应急处置转变为预防与处置并重，由政府统揽转变为政府主导、社会协同、公众参与，由单一地区响应转变为多地协调联动。

（三）第三阶段：总体国家安全观为统领

2012年至今，该阶段使用以总体国家安全观为统领的应急体系。

党的十八大以来，以习近平同志为核心的党中央更加重视公共安全与应急管理工作。

党的十八大提出了建立源头治理、动态监管、应急处置相结合的长效机制。2014年，习近平总书记创造性地提出了"总体国家安全观"，为构建国家安全制度体系提供了根本遵循。习近平总书记在中共中央政治局第二十三次集体学习时强调，要牢固树立安全发展理念，自觉把维护公共安全放在维护最广大人民根本利益中来认识，扎实做好公共安全工作，努力为人民安居乐业、社会安定有序、国家长治久安编织全方位、立体化的公共安全网。这表明我国将公共安全上升到了国家战略高度，我国的应急管理进入以总体国家安全观为统领的重要阶段。

在新时期，我国面临着突发事件数量增多、复杂度增加、破坏性增强等一系列挑战。例如，随着现代工业和信息技术的高速发展、工业化与信息化的深度融合，工业领域网络安全风险日益突出，互联网成为国内外敌对势力发起网络攻击、破坏关键信息基础设施等的重要手段。因此，社会安全事件的范畴也不断扩大，不仅包括恐怖袭击事件、经济安全事件和涉外突发事件等，还涵盖网络安全事件、工业信息安全事件。为了更好地应对各类突发事件，保障国家安全，我国于2013年11月成立了中央国家安全委员会，承担统筹协调涉及国家安全的重大事项和重要工作的职责。2018年4月，我国成立了应急管理部，将分散在多个部门的应急管理相关职能进行整合，开启了应急管理体制改革的新篇章，使应急管理工作迈上了新台阶。

总体来看，这个阶段应急体系的特点为强调国家安全、涵盖各类突发事件的管理体系，对"一案三制"进行了更深层次的丰富和发展。今后，为持续提升应急管理能力，需继续完善以"一案三制"为核心的应急体系，构建统一指挥、权责一致、权威高效的国家应急体系。

在"一案三制"中，应急管理体制是基础，应急管理机制是关键，应急管理法制是保障，应急预案体系是前提，它们具有不同的内涵特征和功能定位，是应急管理体系中不可缺少的核心要素。本章后面将分别针对"一案三制"的四大要素进行分析。

第二节　突发事件应急预案体系

（一）应急预案

1. 应急预案的概念

应急预案是指针对可能发生的事件，为了快速、有序开展应急行动，控制、减轻和消除突发事件引起的社会危害，政府等组织预先制定的行动方案，其中规定相关部门在紧急事态前、中、后的工作内容。应急预案也可称为应急计划、应急处置预案、应急救援预案等。应急预案应明确的内容包括：在什么情况下，有哪些部门和人员参与，使用哪些资源或方法，以及采取什么样的行动。

应急预案的内涵主要包括预防和应对两个方面：在常态下，通过识别威胁源和开展风险分析、加强安全培训等，采用技术和管理手段降低突发事件发生的可能性，预防突发事件的发生；而一旦突发事件发生，依据应急预案开展应急处置和恢复重建等工作，有效应对各类突发事件。

2. 应急预案的法律效力

政府及其有关部门制定的应急预案是依据国家相关法律法规和标准规范要求制定的，其本身是具有一定法律效力的文件，主要体现在其法规的强制力与问责制的实施上。应急预案的法律效力主要体现在 3 个方面。一是对相关机构和人员的法律效力。应急预案作为重要的规范性文件，被管辖的机构和个人必须执行其规定，按要求履行职责，否则将受到相应的行政处分或被依法追究刑事责任。二是对相关工作的法律效力。应急预案规定的应急预防与准备、预警响应、应急响应、调查与评估等工作，均必须严格按照其要求实施，否则相关机构和人员将承担相应的法律责任。三是具有时间和空间法律效力。大部分应急预案的生效日期为公布之日，终止日期由预案编制方另行宣布通知；应急预案的效力空间通常与预案编制方的权力相关，例如政府部门发布的应急预案，其效力空间一般与行政区划一致。

（二）应急预案体系

1. 应急预案体系的概念

应急预案体系是国家、地方、行业领域或企事业单位的全部应急预案所形成的有机整体，其目的是提高突发事件的处置效率。

根据责任主体的不同，我国的应急预案体系可以分为国家应急预案、地方应急预案、企事业单位应急预案，以及重大活动应急预案等，如图 4-1 所示。国家应急预案又包括国家总体应急预案、国家专项应急预案和国家部门应急预案。其中，国家总体应急预案是国家应急管理的行动纲要，也是全国应急预案体系的总纲，为各地区、各部门的预案提供了行为准则和基本思路。地方应急预案包括省级、市级和县级应急预案。根据预案的编制目的、具体内容和适用范围，各地区、各有关单位应急预案可以分为总体应急预案、专项应急预案和部门应急预案，各类应急预案的区别将在本书第七章进行具体介绍。

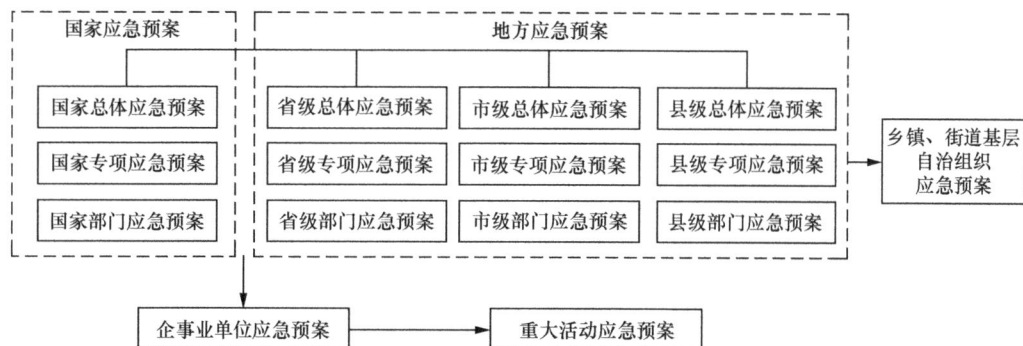

图 4-1 应急预案体系框架

2. 国家应急预案体系建设

2005 年，国务院正式下发了国家总体应急预案——《国家突发公共事件总体应急预案》，随后全国突发事件应急预案编制工作全面铺开。《国务院关于全面加强应急管理工作的意见》明确提出，"十一五"期间，我国将建成覆盖各地区、各行业、各单位的"横向到边、纵向到底"的应急预案体系。按照国务院的要求，各级政府和企事业单位总共编制了约 800 万件应急预案，基本做到了"横向到边、纵向到底"。本节后面将具体介绍我国的应急预案体系建设现状。

（1）国家总体应急预案

《国家突发公共事件总体应急预案》于 2005 年 1 月 26 日由国务院第 79 次常务会议通过，于 2006 年 1 月 8 日发布并实施，是我国突发事件应急预案中层级最高的一部预案，属于法规性文件。《国家突发公共事件总体应急预案》是我国处置突发事件的总纲，将突发事件分为 4 类、4 级（Ⅰ级为特别重大事件、Ⅱ级为重大事件、Ⅲ级为较大事件、Ⅳ级为一般事件）。该预案规定了国务院应对特别重大突发公共事件的组织体系、工作机制等内容，是指导预防和处置各类突发公共事件的规范性文件。该预案在应急管理方面明确了 5 点要求，主要包括：① 强化各地各部门的沟通联系，做好综合协调衔接，增强应急预案的系统性；② 突出规范编制，深入细致开展风险分析、应急资源调查和应急能力评估；③ 细化应急预案中各级政府及有关部门的职责任务，压实属地管理责任，强化部门分工负责，完善分级应对与分级响应等有关要求，增强预案的针对性和可操作性；④ 突出动态管理，建立应急预案定期评估制度，增强应急预案的时效性；⑤ 突出城乡社区，在党委政府的统一领导下，立足基层，齐抓共管，共同推进基层应急预案体系建设，务实高效开展各级各类应急演练。

（2）国家专项应急预案

我国陆续发布了事故灾难类、自然灾害类、突发公共卫生事件类、社会安全事件类等专项应急预案，如《国家地震应急预案》《国家自然灾害救助应急预案》《国家突发公共卫生事件应急预案》《国家网络安全事件应急预案》等。

其中，《国家网络安全事件应急预案》是国家突发公共事件应急预案体系中应对网络安全事件的专项应急预案，其平滑衔接《国家突发公共事件总体应急预案》，又兼顾了网络安全事件专业性、特殊性、复杂性的危机管控和处置要求。

（3）国家部门应急预案

国家部门应急预案是国务院有关部门根据国家总体应急预案、专项应急预案和部门职责为应对突发公共事件制定的预案。目前我国已经形成了覆盖各行各业的国家部门应急预案，如《铁路防洪应急预案》《国家森林草原火灾应急预案》《重大沙尘暴灾害应急预案》《公共互联网网络安全突发事件应急预案》等。

其中，《公共互联网网络安全突发事件应急预案》根据《国家网络安全事件应急预案》等制定，以进一步健全公共互联网网络安全突发事件应急机制，提升应对能力。

（4）地方应急预案

地方应急预案是区域性的应急预案，目前全国各个省（区、市）都建立了应急预案体系并持续完善，所有的地（市）、县政府都完成了突发事件应急预案的编制，大部分乡镇及街道基层自治组织也编制了应急预案。例如，北京市制定了《北京市突发事件总体应急预案》《北京市雪天交通保障应急预案》等专项预案。

（5）企事业单位应急预案

企事业单位应急预案是我国应急预案体系的主要组成部分。目前我国的各类企事业单位基本上都按照相关法律法规要求，制定了应急预案。

（6）重大活动应急预案

在举办大型会展和文化体育等方面的重大活动时，需要制定相应的重大活动应急预案。例如，在举办奥运会、世博会等重大赛事活动和大型会展时，活动主办方均专门编制了覆盖安全保障、交通运输、反恐、检验检疫、恶劣天气、医疗卫生等方面的应急预案。

第三节　突发事件应急管理体制

（一）应急管理体制的概念

体制有时也称为"领导体制""组织体制"。应急管理体制是指为保障安全，有效预防和应对突发事件，避免、减少和减缓突发事件造成的危害，消除负面影响而建立起来的以政府为核心，其他社会组织和公众共同参与的组织体系。

应急管理体制包括应急管理的领导指挥机构、专项应急指挥机构以及日常办事机构等不同层次。应急管理体制是否健全将直接影响整个应急管理系统运行的正常性与有效性，因此应急管理体制的建设具有重要意义。

"非典"事件后，《国务院关于全面加强应急管理工作的意见》提出，要"健全分类管理、分级负责、条块结合、属地为主的应急管理体制，落实党委领导下的行政领导责任制，加强应急管理机构和应急救援队伍建设"。2006 年 10 月，在党的十六届六中全会通过的《中共中央关于构建社会主义和谐社会若干重大问题的决定》中指出："完善应急管理体制机制，有效应对各种风险。建立健全分类管理、分级负责、条块结合、属地为主的应急管理体制，形成统一指挥、反应灵敏、协调有序、运转高效的应急管理机制，有效应对自然灾害、事故灾难、公共卫生事件、社会安全事件，提高危机管理和抗风险能力。"

总体来看，应急管理体制的基本原则主要包括以下 5 项。

① 统一指挥：突发事件应对处置工作，必须成立应急指挥机构统一指挥。有关各方都要在应急指挥机构的领导下，依照法律、行政法规和有关规范性文件的规定，展开各

项应对处置工作。

② 综合协调：在突发事件应对过程中，参与主体是多样的，既有政府及政府部门，又包含军地之间的协调联动，还包括社会组织、企事业单位、基层自治组织、公民个人，必须明确有关政府和部门的职责，形成各部门协同配合的工作局面。

③ 分类管理：由于突发事件有不同的类型，每个大类的突发事件应由相应的部门实行管理，建立一定形式的统一指挥体制。

④ 分级负责：对于突发事件的处置，不同级别的突发事件需要动用的人力和物力是不同的，应当由不同级别的部门负责，实现分级管理。

⑤ 属地管理为主：强调属地管理为主，是因为突发事件的发生地政府的迅速反应和正确、有效应对，能够有效遏制突发事件发生、发展。

（二）国家应急管理体制建设

在各级党委的统一领导下，国务院是国家层面突发事件应急管理工作的最高行政领导机关，统一负责全国范围内的应急管理工作。2018年，为防范化解重特大安全风险，健全公共安全体系，整合优化应急力量和资源，推动形成统一指挥、专常兼备、反应灵敏、上下联动、平战结合的中国特色应急管理体制，提高防灾减灾救灾能力，确保人民群众生命财产安全和社会稳定，我国进行了应急管理体制改革，对国务院、各级政府组成部门的应急管理职能进行了调整，将原国家安全生产监督管理总局的职责、国务院办公厅的应急管理职责、公安部的消防管理职责、民政部的救灾职责，自然资源部的地质灾害防治、水利部的水旱灾害防治、农业农村部的草原防火、国家林业和草原局的森林防火相关职责，中国地震局的震灾应急救援职责以及国家防汛抗旱总指挥部、国家减灾委员会、国务院抗震救灾指挥部、国家森林草原防灭火指挥部的职责进行了整合，组建了应急管理部，作为国务院的组成部门。从突发事件类型的角度来看，应急管理部主要整合了自然灾害和事故灾难这两类突发事件的绝大部分应急管理职能，但公共安全、社会安全类突发事件应急管理的全部职能仍由各有关专业部门处置和管理。例如，网络安全事件应急管理由中共中央网络安全和信息化委员会负责领导。

地方各级党委政府负责领导本行政区域范围内的应急管理工作。目前，我国31个省（区、市）均相继成立了应急管理领导机构，组建或明确了办事机构，完善了应急管理体制。

从机构设置来看，既有中央级的非常设应急指挥机构和常设办事机构，又有地方政府对应的各级应急指挥机构，逐步建立了"统一指挥、综合协调、分类管理、分级负责、属地为主"的应急管理体系，实现了协同应急。此外，具备应急救援能力的非政府组织也是应急力量的重要组成部分，是我国完善突发事件应急管理体系、提高应急救援效能的重要依托。

第四节　突发事件应急管理机制

（一）应急管理机制的概念

应急管理机制是指突发事件全过程中系统化、制度化、程序化、规范化和理论化的方法和措施。本质上，应急管理机制是以相关法律、法规和部门规章等为基础的政府应急管理工作流程，体现了政府应急管理的各项具体职能。应急管理机制以应急管理全过程为主线，包括预防与应急准备、监测与预警、应急处置与救援、善后恢复与重建等多个环节，能够帮助各部门和单位通过科学组织和协调各方面的资源和能力，以更好地防范与应对各类突发事件。总体而言，应急管理机制建设是实现科学决策的重要手段，也是提高政府应急管理能力的根本途径，对于应急体系建设具有重要影响。

（二）国家应急管理机制建设

2006年6月，国务院发布《国务院关于全面加强应急管理工作的意见》，强调要"构建统一指挥、反应灵敏、协调有序、运转高效的应急管理机制"。经过长期总结、积累、提炼应急管理实践经验、方法、手段和措施，我国已经形成了较为完善的应急管理机制。根据《突发事件应对法》的相关规定，结合应急管理工作流程，可把我国的应急管理机制分成四大部分，即围绕预防与应急准备、监测与预警、应急处置与救援、善后恢复与重建四大阶段的应急管理机制。

1. 预防与应急准备阶段

该阶段是防患于未然的阶段，也是突发事件应对最重要的阶段。该阶段的应急管理机制主要包括风险防范机制、应急准备机制、宣传教育机制、社会动员机制和社会管理机制等。例如，宣传教育机制通过不断加强对公众的突发事件应急知识科普教育，能够提高公众的社会参与度，加强危机发生时公众的自救、互救能力。

2. 监测与预警阶段

该阶段通过突发事件的早发现、早研判、早报告、早预警，能够有效预防、减少突发事件的发生。该阶段的应急管理机制主要包括监测机制、研判机制、信息报告机制、预警机制和国际合作机制等。例如，信息不对称是突发事件场景下决策者通常面临的重大挑战，信息报告机制通过畅通突发事件信息报送渠道、有效整合各类信息资源、规范信息传递方式等，能够帮助事件相关方及时交流事件信息，实现互联互通。

3. 应急处置与救援阶段

该阶段是应对突发事件最关键的阶段，能够最大限度地减少突发事件所造成的损失。该阶段的应急管理机制主要包括先期处置机制、快速评估机制、决策指挥机制、协调联动机制和信息发布机制等。例如，决策指挥机制能够实现科学果断、综合协调、经济高效的应急决策和处置。

4．善后恢复与重建阶段

该阶段的主要目的在于尽快恢复正常的生产、生活、工作和社会秩序，其关键在于提高突发事件防灾减灾能力和应急管理能力。该阶段的应急管理机制主要包括恢复重建机制、救援补偿机制、调查评估机制、责任追究机制等。例如，调查评估机制通过开展突发事件发生原因分析、灾后损失和应急需求等方面的评估，以查找、发现工作中的问题和薄弱环节，提出防范和改进措施，不断完善应急管理工作。

第五节　突发事件应急管理法制

（一）应急管理法制的概念

应急管理法制是针对突发事件及其引起的紧急情况，制定或认可的处理国家权力之间、国家权力与公民权利之间、公民权利之间各种社会关系的法律规范和原则的总称。建立应急管理法制的最终目的是实现应急法治，保证应急管理有法可依、"依法应急"。近年来，我国应急管理法律法规体系不断完善，形成了以《中华人民共和国宪法》（以下简称《宪法》）为依据，以《突发事件应对法》为核心，以单项法律法规为配套的法律法规体系，范围涵盖自然灾害、事故灾难、公共卫生事件、社会安全事件等，应急管理迈入了法治化轨道。我国的应急管理法律规范体系如图4-2所示。

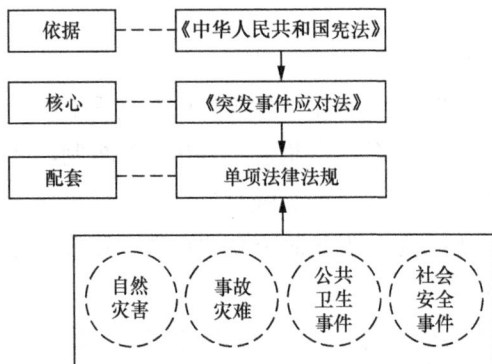

图 4-2　我国的应急管理法律规范体系

应急管理法制的基本原则主要包括以下5项。

① 法治原则：应急状态必须且仅能够根据《宪法》和法律规定予以启动和结束，所有的应急管理法律规范均必须由具有立法权限的机关制定，在紧急状况下行使的任何权力均必须具有明确的法律依据，若没有明确的依据，则须在行使权力后及时获得有权机关的追认，否则必须承担相应的法律责任。法治原则是应急管理法制的首要原则。

② 权力优先原则：在应急管理过程中，当国家权力与公民权利的关系无法平衡时，

会向国家权力一方相对倾斜。例如，在紧急状况下，为了维护重大的公共利益和国家利益，国家机关可以采取措施限制和终止某些公民权利。

③ 人权保障原则：国家实施应急管理的终极目的是最大限度地实现对公民权利的保护。通常情况下，可以通过将公民权利保障确立为应急管理的最高价值、限定克减公民基本权利的条件并明确底线、突出强调对某些公民基本权利的保护、为受到违法应急管理行为侵害的公民权利提供救济等措施，保障公民权利。

④ 比例原则：国家机关在行使紧急权力时应当全面权衡有关的公共利益和个人权益。例如，国家机关为实现某一职能目标，若不得不对公民权利进行限制和干预时，应当选择造成损害最小的方式。

⑤ 信息公开原则：公开突发事件应急过程中的政府信息，不仅能够有效地满足公众的知情权，还能确保行政应急权力正当行使、避免谣言散布等。信息发布应当及时、准确、客观、全面。

（二）国家应急管理法制建设

1. 应急管理法制的基本内容

完整的应急管理法律规范体系应当包括以下 5 个方面的内容。

一是《宪法》中的紧急权条款。我国《宪法》中的紧急权制度仅适用于战争状态和能够引起平常《宪法》秩序发生重大改变的特大非战争危机，不适用于普通突发事件的应急管理。

二是应急管理基本法。应急管理基本法适用于全部或大部分突发事件，覆盖了突发事件应急管理的全部或大部分阶段，但其应对各类突发事件时的适用顺序次于应急管理单项法律法规。我国现有的应急管理基本法是《突发事件应对法》。

三是各种应急管理单项法律法规，包括某类突发事件、规范应急管理某个环节或规范某类突发事件应急管理某个环节的法律。目前我国的应急管理单项法律法规主要为适用于某类突发事件的法律，属于"一事一法"。部分为了实施法律而制定的法规、部门规章等适用于规范某类突发事件应急管理的某个环节，属于"一事一阶段一法"。用于规范应急管理某个环节的法律则比较少。

四是应急管理相关法，指其他法律中有关应急管理的制度和规范。例如，《中华人民共和国环境保护法》《中华人民共和国治安管理处罚法》《中华人民共和国劳动法》《中华人民共和国公益事业捐赠法》等均有应急管理相关条款。

五是有关应急管理的国家条约和协定。例如针对恐怖袭击、海难、空难等突发事件的国家条约和协定。

2. 国家应急管理法制的主要内容

《突发事件应对法》是我国首部应对各类突发事件的综合性法律，确立了我国应急管理工作的法治化方向，是全面推进应急体系建设、有效实施应急管理、规范突发事件应对活动的重要法律保障。《突发事件应对法》确立了预防为主、预防与应急相结合的原则。自此，对突发事件的预防与应急准备逐步成为应急管理的核心。

围绕四大类突发事件，我国已经出台了多部应急管理相关法律法规，见表 4-1。其中，社会安全事件应急管理法律法规包括《中华人民共和国网络安全法》《工业控制系统信息安全事件应急管理工作指南》等。

表 4-1 突发事件应急管理法律法规

突发事件类别	法律	行政法规	部门规章
自然灾害	《中华人民共和国防洪法》《中华人民共和国防震减灾法》《中华人民共和国气象法》等	《中华人民共和国防汛条例》《森林防火条例》《破坏性地震应急条例》等	《水库地震监测管理办法》《地质环境监测管理办法》等
事故灾难	《中华人民共和国安全生产法》《中华人民共和国消防法》《中华人民共和国矿山安全法》等	《生产安全事故报告和调查处理条例》《生产安全事故应急条例》《危险化学品安全管理条例》等	《海洋石油安全生产规定》等
公共卫生事件	《中华人民共和国传染病防治法》《中华人民共和国食品安全法》等	《重大动物疫情应急条例》《突发公共卫生事件应急条例》等	《中华人民共和国国境卫生检疫法实施细则》等
社会安全事件	《中华人民共和国国家安全法》《中华人民共和国国防法》《中华人民共和国网络安全法》等	《农药管理条例》《中央储备粮管理条例》等	《民用爆炸物品安全管理条例》《工业控制系统信息安全事件应急管理工作指南》等

第五章　工业信息安全应急体系

工业信息安全事件属于社会安全类突发事件。本章重点围绕工业信息安全应急预案体系、应急管理体制、应急管理机制、应急管理法制等，介绍我国工业信息安全应急体系的框架结构。

第一节　工业信息安全应急预案体系

工业信息安全应急预案体系是国家、地方、行业领域或企事业单位的工业信息安全事件相关应急预案所形成的有机整体。工业信息安全事件作为突发公共事件，其应急预案体系同样包括国家应急预案、地方应急预案、企事业单位应急预案，以及重大活动应急预案等。本节重点介绍国家应急预案和省级应急预案。

（一）国家应急预案

目前，我国尚未出台专门针对工业信息安全事件的国家级应急预案。与工业信息安全事件应急预案密切相关的国家应急预案包括《国家突发公共事件总体应急预案》《国家网络安全事件应急预案》和《公共互联网网络安全突发事件应急预案》。

其中，国家总体应急预案《国家突发公共事件总体应急预案》是所有突发事件应急预案的上位预案，其相关内容已经在第四章进行了介绍，本节不做具体介绍，此处仅介绍国家专项应急预案和国家部门应急预案。

1. 国家专项应急预案

《国家网络安全事件应急预案》由中共中央网络安全和信息化委员会办公室（以下简称"中央网信办"）于 2017 年 1 月 10 日印发，上位预案是《国家突发公共事件总体应急预案》。《国家网络安全事件应急预案》是在认真总结我国以往处置网络安全事件经验和借鉴国外有益做法的基础上，紧密结合我国国情，按照依法行政要求，经过集思广益、科学民主的决策过程而形成的。其适用范围定位于国家网络安全事件（含工业信息安全事件）应急处置机制，是网络安全领域的国家专项应急预案，属于部门规章。

《国家网络安全事件应急预案》兼顾了安全管理和应急处置的要求，明确了中央和国家各部门、各省（区、市）在网络安全事件预防、监测、报告和应急处置工作中的职责，提出了特别重大网络安全事件的应急响应流程，既有指导性，又有可操作性，既是各地区、各部门、各单位开展网络安全应急工作的依据，又是国家层面组织各地区、各部门应对特别重大网络安全事件应急处置行动的方案。

《国家网络安全事件应急预案》的编制框架结构与《国家突发公共事件总体应急预案》基本保持一致，其要求的应急工作主要围绕事件预防、监测与预警、应急处置、调查评估与追责、保障措施等展开，相关规定为开展工业信息安全事件应急工作提供了重要指导，具体如下。

（1）事件预防

《国家网络安全事件应急预案》明确提出了"坚持预防为主，预防与应急相结合；坚持谁主管谁负责、谁运行谁负责，充分发挥各方面力量共同做好网络安全事件的预防和处置工作"的工作原则，要求各地区、各部门做好日常预防工作，规定的预防工作主要包括风险评估、日常管理、演练、宣传、培训。具体包括制定完善相关预案，健全信息通报机制，做好网络安全检查、风险评估和容灾备份，开展演练、宣传、培训等活动，以提高应对安全事件的能力，减少和避免安全事件的发生及降低危害。

（2）监测与预警

《国家网络安全事件应急预案》将安全事件预警等级分为4级，由高到低依次以"红、橙、黄、蓝"标识，其中红色预警为Ⅰ级，对应将要发生或可能发生的特别重大网络安全事件。监测预警体系涵盖国家、部门、地区、企事业单位等多级单位。《国家网络安全事件应急预案》对应急办、各省（区、市）网信部门、重点行业主管监管部门和各单位建立监测预警机制，开展网络安全监测、情况报告、事件研判、信息共享、发布预警、预警响应以及预警解除等方面做了规定和要求。例如，在安全监测方面，明确提出"各单位按照'谁主管谁负责、谁运行谁负责'的要求，组织对本单位建设运行的网络和信息系统开展网络安全监测工作。重点行业主管或监管部门组织指导做好本行业网络安全监测工作。各省（区、市）网信部门结合本地区实际，统筹组织开展对本地区网络和信息系统的安全监测工作。各省（区、市）、各部门将重要监测信息报应急办，应急办组织开展跨省（区、市）、跨部门的网络安全信息共享"。

（3）应急处置

启动应急预案实施应急处置是应对安全事件的最后防线。《国家网络安全事件应急预案》规定，根据事件的级别启动不同级别的应急响应流程。安全事件应急响应分为4级，分别对应特别重大、重大、较大和一般网络安全事件。Ⅰ级为最高级别响应，由国家组织实施，其中国家网络安全应急办公室承担网络安全应急跨部门、跨地区协调工作和指挥部的事务性工作，组织指导国家网络安全应急技术支撑队伍做好应急处置的技术支撑工作；Ⅱ级响应由有关省（区、市）和部门组织实施；Ⅲ级、Ⅳ级响应由事件发生地区和部门组织实施。地方政府部门需要遵循《国家网络安全事件应急预案》的原则，结合本地区、本行业、本部门的特点和实际情况，制定相应的应急预案，以有效开展较大和一般安全事件的应对工作。

（4）调查评估与追责

按照职责权限，各地区、各部门在重大网络安全事件处置结束后，要开展调查评估，向中央网信办提交总结调查报告。《国家网络安全事件应急预案》明确提出"总结调查报告应对事件的起因、性质、影响、责任等进行分析评估，提出处理意见和改进措施"。

（5）保障措施

网络安全事件的应急处置是一项在非常时期、特殊环境、特定条件下的非常行动，需要相应的资源及保障措施予以支撑，《国家网络安全事件应急预案》对网络安全事件应急处置中可能动用的应急机构和人员、技术支撑队伍、专家队伍、社会资源、基础平台、技术研发和产业促进、国际合作、物资保障、经费保障等资源及保障措施提出了相应的要求，并强调网络安全事件应急处置工作实行责任追究制。

2. 国家部门应急预案

《公共互联网网络安全突发事件应急预案》由工业和信息化部于 2017 年 11 月 14 日印发，上位预案是《国家网络安全事件应急预案》，范围聚焦公共互联网领域，属于部门规章。《公共互联网网络安全突发事件应急预案》明确规定其适用于面向社会提供服务的基础电信企业、域名注册管理和服务机构、互联网企业（含工业互联网平台企业）发生网络安全突发事件的应对工作。工业互联网安全是工业信息安全的重要内容，其应急工作涉及工业企业、工业互联网平台企业、标识解析企业等多个主体，因此《公共互联网网络安全突发事件应急预案》也是工业信息安全应急预案体系的重要组成部分。

《公共互联网网络安全突发事件应急预案》主要针对的是人为网络攻击行为以及其他需要电信主管部门采取应急处置措施予以应对的网络中断、系统瘫痪、数据泄露、病毒传播等网络安全事件。这些网络安全隐患通常可被基础电信企业、域名注册管理和服务机构以及互联网企业提前监测到并及时发布预警，因此《公共互联网网络安全突发事件应急预案》规定相关网络运营者应当及时完善监测预警机制，履行特定义务，并明确了事件分级、监测预警、应急处置、预防与应急准备、保障措施等内容。具体而言，《公共互联网网络安全突发事件应急预案》根据事件危害程度划分了预警等级与事件分级，其等级划分与《国家网络安全事件应急预案》保持一致。在预警监测方面，《公共互联网网络安全突发事件应急预案》要求基础电信企业、域名注册管理和服务机构、互联网企业、网络安全专业机构、网络安全企业通过多种途径监测和收集漏洞、病毒、网络攻击最新动向等网络安全隐患和预警信息，对发生突发事件的可能性及其可能造成的影响进行分析评估。认为可能发生特别重大或重大突发事件的，应当立即报告工业和信息化部网络安全应急办公室。

（二）省级应急预案

目前，我国大部分省（区、市）已经制定了工业信息安全相关的应急预案。例如，内蒙古自治区工业和信息化厅发布了《内蒙古自治区工业信息安全事件应急预案》，湖南省工业和信息化厅发布了《湖南省工业控制系统信息安全事件应急预案》，贵州省工业和信息化厅印发了《贵州省工业控制系统信息安全事件应急预案》，海南省工业和信息化厅发布了《海南省工业控制系统信息安全事件应急预案（试行）》，江西省工业和信息化厅发布了《江西省工业控制系统信息安全事件应急预案（征求意见稿）》等。下面以《内蒙古自治区工业信息安全事件应急预案》为例，分析省级应急预案的特点。

（1）结合实际

省级应急预案应充分结合本地区面临的工业信息安全风险、可能发生的工业信息安全事件类型、现有的应急物资与资源分布情况等制定。例如，为指导自治区内工业企业做好工业信息安全事件应急管理相关工作，同时减少内蒙古自治区内工业信息安全突发事件造成的损失和危害，保障工业控制系统运行平稳、安全、有序、高效，内蒙古自治区工业和信息化厅依据《国家网络安全事件应急预案》的要求，结合内蒙古自治区的工业信息安全实际情况制定了《内蒙古自治区工业信息安全事件应急预案》。

（2）与国家预案有效衔接

省级应急预案在事件分级上与国家应急预案一致，在事件报告、指挥机构、处置流程等方面与国家应急预案有效衔接。例如，《内蒙古自治区工业信息安全事件应急预案》综合考虑重要工业网络和工业控制系统遭受的系统损失，重要敏感信息和关键数据丢失或被窃取、篡改、假冒等对公共安全、社会稳定构成的威胁，对社会秩序、经济建设、生态环境和公众利益构成的威胁，恢复系统正常运行和消除安全事件负面影响所需付出的代价这4个方面的因素，将工业信息安全事件分为特别重大（Ⅰ级）、重大（Ⅱ级）、较大（Ⅲ级）和一般（Ⅳ级）4个级别，与国家应急预案保持一致。在预警分级方面，将工业信息安全事件预警等级分为4级：由高到低依次用红色、橙色、黄色和蓝色表示，分别对应发生或可能发生的特别重大、重大、较大和一般工业信息安全事件。在应急处置方面，包括事件研判和上报、应急响应、事件级别调整、应急结束等内容。

在制定市级、县级应急预案及企事业单位应急预案时，均须与上级预案保持衔接。例如，企事业单位在制定应急预案时，不仅要遵循国家应急预案，还需注重与所在地区（包括省、市、县）应急预案的衔接性，并重点描述在本单位能力范围内可开展的应急处置工作，对于超出能力范围的工作，如特别重大、重大、较大工业信息安全事件的应急响应工作，不必在本单位应急预案中做细致介绍，明确严格遵循相关上级应急预案的规定、在上级部门的指挥下开展应对工作即可。

第二节　工业信息安全应急管理体制

工业信息安全应急管理体制是应对突发工业信息安全事件的主要载体，使得事件应对工作有了组织保障。目前我国工业信息安全应急管理体制主要由中央网络安全和信息化委员会办公室、工业和信息化部网络安全和信息化领导小组领导，工业和信息化领域相关部门与地方政府各负其责，并发动社会组织与人民群众广泛参与。工业信息安全应急办事机构既有常设机构，又有非常设机构，层级涵盖了从中央到地方的各个阶层。当突发工业信息安全事件时，还能成立现场应急指挥部。工业信息安全应急管理体制同样遵循"统一指挥、综合协调、分类管理、分级负责、属地管理为主"的基本原则。

（一）国家应急组织指挥体系

特别重大工业信息安全事件的应急响应由国家层面组织实施。对于重大工业信息安全事件，其应急响应可以由国家层面组织实施，主要针对的是工业信息安全事件影响范围跨多个省（区、市），需要国家层面进行统一指挥与协调的情况。具体而言，国家应急组织指挥体系包括国家应急领导机构与国家应急办事机构。

1. 国家应急领导机构

工业信息安全领域的国家应急领导机构主要包括中央网络安全和信息化委员会办公室、工业和信息化部网络安全和信息化领导小组。

（1）中央网络安全和信息化委员会办公室

为了应对日益严峻的网络与信息安全形势，2014 年 2 月 27 日，中央网络安全和信息化领导小组正式成立，负责统筹协调涉及经济、政治、文化、社会及军事等各个领域的网络安全和信息化重大问题，研究制定网络安全和信息化发展战略、宏观规划和重大政策，推动国家网络安全和信息化法治建设，不断增强安全保障能力，后于 2018 年 3 月改为中央网络安全和信息化委员会，其办事机构为中央网络安全和信息化委员会办公室（简称"中央网信办"）。中央网信办成立后，各省、自治区、直辖市也先后成立了省网信办，网信办主任多由省（区、市）委宣传部副部长兼任，初步形成了网络安全和信息化全国统一谋划、统一部署、统一推进、统一实施的组织架构。

在突发工业信息安全事件应对工作中，中央网信办负责统筹协调特别重大工业信息安全事件的应急管理工作。例如，研判可能发生特别重大工业信息安全事件时，通常由中央网信办下设的国家网络安全应急办公室统一发布红色预警。

（2）工业和信息化部网络安全和信息化领导小组

工业和信息化部网络安全和信息化领导小组负责统一领导突发工业信息安全事件的应急管理工作，负责特别重大工业信息安全事件的统一指挥和协调。工业信息安全事件的 I 级响应根据国家有关决定或经工业和信息化部网络安全和信息化领导小组批准后启动，由工业和信息化部网络安全和信息化领导小组统一指挥、协调。

在必要情况下，可以成立国家应急指挥部，履行特别重大工业信息安全事件应急处置工作的统一领导、指挥、协调职责。

2. 国家应急办事机构

工业信息安全领域的国家应急办事机构主要为工业和信息化部网络安全应急办公室，其具体工作由工业和信息化部网络安全管理局承担。在国家网络安全应急办公室的统筹协调下，在工业和信息化部网络安全和信息化领导小组的统一领导下，工业和信息化部网络安全应急办公室负责工业信息安全应急管理的事务性工作，包括及时报告突发工业信息安全事件情况，提出特别重大工业信息安全事件的应对措施建议，负责重大工业信息安全事件的统一指挥和协调，并根据需求协调较大和一般安全事件应对工作。

（二）地方应急组织指挥体系

地方应急组织指挥体系包括地方政府对应的各级应急领导机构和应急办事机构。与国家应急组织指挥体系类似，地方应急办事机构为地方领导办事机构下设的专门负责工业信息安全工作的办事机构。通过强化各级职能机构的主体责任，有利于发挥地方各级人民政府履行本行政区域应急管理工作行政领导机关的职能作用，促进应急处置工作责任制落实。对于重大、较大和一般工业信息安全事件，通常分别由有关省（区、市）、部门和事发地区、部门组织实施事件应对分工部署。

具体而言，对于重大工业信息安全事件，若不涉及跨多个省（区、市）、不需要由工业和信息化部网络安全应急办公室协调，则通常由重大工业信息安全事件发生所在地的省（区、市）级工业和信息化主管部门负责统一指挥、协调。省（区、市）级工业和信息化主管部门一般为省（区、市）工业和信息化厅，少部分省（区、市）的主管部门为省（区、市）经济和信息化厅。

对于较大工业信息安全事件，若不涉及跨多个地区、不需要由省（区、市）级工业和信息化主管部门协调，则通常由较大工业信息安全事件发生所在地的市级工业和信息化主管部门负责统一指挥、协调。市级工业和信息化主管部门一般为市工业和信息化局，少部分地区的主管部门为市经济和信息化局。

对于一般工业信息安全事件，若不涉及跨多个地区、不需要由市级工业和信息化主管部门协调，则通常由一般工业信息安全事件发生所在地的县级工业和信息化主管部门负责统一指挥、协调。县级工业和信息化主管部门通常为县工业和信息化局，少部分地区的主管部门为市经济和信息化委员会。

（三）非政府应急组织

非政府应急组织包括发生工业信息安全事件的企事业单位及参与应急处置的技术支撑机构、专家队伍等。发生工业信息安全事件的企事业单位需要遵循"谁运行谁负责"的原则，积极做好工业信息安全事件的预防和处置工作，在发生工业信息安全事件时，应及时上报事件信息，同步开展先期处置，在消除事件安全隐患后，还需做好事件调查与评估，按照相关要求及时提交总结报告等。参与应急处置的技术支撑机构、专家队伍等通常由各级政府部门负责评选、组建。

第三节 工业信息安全应急管理机制

我国的工业信息安全应急管理机制与国家突发事件应急管理机制一致，围绕预防与应急准备、监测与预警、应急处置与救援、善后恢复与重建四大阶段，主要包括风险防范机制、应急准备机制、宣传教育机制、社会动员机制、社会管理机制、监测机制、研判机制、信息报告机制、预警机制、国际合作机制、先期处置机制、快速评估机制、决策指挥机制、协调联动机制、信息发布机制、恢复重建机制、救援补偿机制、调查评估机制、责任追究机制等应急管理机制。

相关工业信息安全应急管理机制已经在国家政策文件中做了明确规定。例如,《工业控制系统信息安全事件应急管理工作指南》针对信息报告机制,明确要求"应急响应状态下,实行'7×24'小时值守,加强信息监测、收集与研判,做好信息跟踪报告";针对监测机制,提出"工业和信息化部指导国家工业信息安全发展研究中心等技术机构,组织开展全国工控安全风险监测、预警通报等工作,提升情报搜集、态势分析、风险评估和信息共享能力。地方工业和信息化主管部门组织开展本地区工控安全风险监测工作。工业企业组织开展本单位工控安全风险监测工作"等。

第四节　工业信息安全应急管理法制

我国工业信息安全应急管理法制除了《宪法》《突发事件应对法》等基本法和核心法外,还涵盖了系列与工业信息安全应急管理紧密相关的法律法规文件,形成了由法律法规、行政规章、标准规范等组成的工业信息安全应急管理法律法规体系。其中,行政规章包括国家级和地方/行业级行政规章,标准规范包括国家标准、地方标准、行业标准、团体标准等。工业信息安全应急管理法制框架如图 5-1 所示。

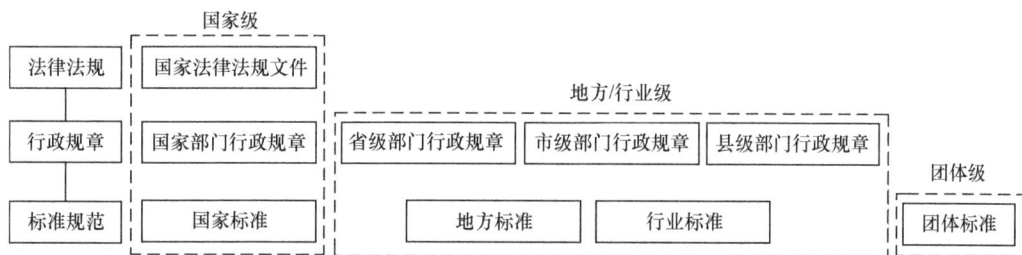

图 5-1　工业信息安全应急管理法制框架

(一)法律法规

在我国工业信息安全应急管理中,《网络安全法》《数据安全法》《关键信息基础设施安全保护条例》的地位至关重要,相关介绍如下。

首先,《网络安全法》专门设置了"监测预警与应急处置"一章,明确提出"负责关键信息基础设施安全保护工作的部门应当制定本行业、本领域的网络安全事件应急预案,并定期组织演练""定期组织关键信息基础设施的运营者进行网络安全应急演练,提高应对网络安全事件的水平和协同配合能力"。其中,涉及监测预警与应急处置的内容包括以下几条。

第五十一条 国家建立网络安全监测预警和信息通报制度。国家网信部门应当统筹协调有关部门加强网络安全信息收集、分析和通报工作，按照规定统一发布网络安全监测预警信息。

第五十二条 负责关键信息基础设施安全保护工作的部门，应当建立健全本行业、本领域的网络安全监测预警和信息通报制度，并按照规定报送网络安全监测预警信息。

第五十三条 国家网信部门协调有关部门建立健全网络安全风险评估和应急工作机制，制定网络安全事件应急预案，并定期组织演练。

负责关键信息基础设施安全保护工作的部门应当制定本行业、本领域的网络安全事件应急预案，并定期组织演练。

网络安全事件应急预案应当按照事件发生后的危害程度、影响范围等因素对网络安全事件进行分级，并规定相应的应急处置措施。

第五十四条 网络安全事件发生的风险增大时，省级以上人民政府有关部门应当按照规定的权限和程序，并根据网络安全风险的特点和可能造成的危害，采取下列措施：

（一）要求有关部门、机构和人员及时收集、报告有关信息，加强对网络安全风险的监测；

（二）组织有关部门、机构和专业人员，对网络安全风险信息进行分析评估，预测事件发生的可能性、影响范围和危害程度；

（三）向社会发布网络安全风险预警，发布避免、减轻危害的措施。

第五十五条 发生网络安全事件，应当立即启动网络安全事件应急预案，对网络安全事件进行调查和评估，要求网络运营者采取技术措施和其他必要措施，消除安全隐患，防止危害扩大，并及时向社会发布与公众有关的警示信息。

第五十六条 省级以上人民政府有关部门在履行网络安全监督管理职责中，发现网络存在较大安全风险或者发生安全事件的，可以按照规定的权限和程序对该网络的运营者的法定代表人或者主要负责人进行约谈。网络运营者应当按照要求采取措施，进行整改，消除隐患。

第五十七条 因网络安全事件，发生突发事件或者生产安全事故的，应当依照《中华人民共和国突发事件应对法》《中华人民共和国安全生产法》等有关法律、行政法规的规定处置。

第五十八条 因维护国家安全和社会公共秩序，处置重大突发社会安全事件的需要，经国务院决定或者批准，可以在特定区域对网络通信采取限制等临时措施。

其次，《数据安全法》对包括工业数据在内的数据处理活动进行了规范，以保障数据安全。《数据安全法》明确提出了建立数据安全应急处置机制，有效应对和处置数据安全事件，其中涉及监测预警和应急处置的内容主要包括以下几条。

第十八条　国家促进数据安全检测评估、认证等服务的发展，支持数据安全检测评估、认证等专业机构依法开展服务活动。

国家支持有关部门、行业组织、企业、教育和科研机构、有关专业机构等在数据安全风险评估、防范、处置等方面开展协作。

第二十二条　国家建立集中统一、高效权威的数据安全风险评估、报告、信息共享、监测预警机制。国家数据安全工作协调机制统筹协调有关部门加强数据安全风险信息的获取、分析、研判、预警工作。

第二十三条　国家建立数据安全应急处置机制。发生数据安全事件，有关主管部门应当依法启动应急预案，采取相应的应急处置措施，防止危害扩大，消除安全隐患，并及时向社会发布与公众有关的警示信息。

第二十九条　开展数据处理活动应当加强风险监测，发现数据安全缺陷、漏洞等风险时，应当立即采取补救措施；发生数据安全事件时，应当立即采取处置措施，按照规定及时告知用户并向有关主管部门报告。

最后，《关键信息基础设施安全保护条例》强调"国家对关键信息基础设施实行重点保护，采取措施，监测、防御、处置来源于中华人民共和国境内外的网络安全风险和威胁，保护关键信息基础设施免受攻击、侵入、干扰和破坏"；要求关键信息基础设施运营者设置专门的安全管理机构，组织推动网络安全防护能力建设，开展网络安全监测、检测和风险评估，并按照国家及行业的网络安全事件应急预案，制定本单位的应急预案，定期开展应急演练，处置网络安全事件，按照规定报告网络安全事件和重要事项；第二十四条要求"保护工作部门应当建立健全本行业、本领域的关键信息基础设施网络安全监测预警制度，及时掌握本行业、本领域关键信息基础设施运行状况、安全态势，预警通报网络安全威胁和隐患，指导做好安全防范工作"，第二十五条要求"保护工作部门应当按照国家网络安全事件应急预案的要求，建立健全本行业、本领域的网络安全事件应急预案，定期组织应急演练；指导运营者做好网络安全事件应对处置，并根据需要组织提供技术支持与协助"等。

（二）行政规章

行政规章相比法律法规更加灵活，也更具有前瞻性。部分政策在得以进行良好实践后，往往能转化为正式的法律法规。

适用于突发工业信息安全事件的国家部门行政规章主要有工业和信息化部发布的《工业控制系统信息安全事件应急管理工作指南》《工业控制系统信息安全防护指南》《加强工业互联网安全工作的指导意见》《工业互联网企业网络安全分类分级管理指南（试行）》《工业数据分类分级指南（试行）》等；还有部分行政规章尚未正式出台，如工业和信息化部发布的《工业和信息化领域数据安全管理办法（试行）》、公安部发布的《网络安全等级保护条例（征求意见稿）》等，见表5-1。

表 5-1　工业信息安全应急相关国家部门行政规章

国家部门行政规章	应急管理相关内容
《工业控制系统信息安全事件应急管理工作指南》	为加强工控安全应急工作管理，建立健全工控安全应急工作机制，提高应对工控安全事件的组织协调和应急处置能力，预防和减少工控安全事件造成的损失和危害，保障工业生产正常运行，维护国家经济安全和人民生命财产安全而制定，适用于工业和信息化主管部门、工业企业开展工控安全应急管理工作。其明确了应急组织机构与职责、工作机制、监测通报、敏感时期应急管理、应急处置等要求及保障措施
《工业控制系统信息安全防护指南》	要求工业控制系统应用企业应从 11 个方面出发做好工控安全防护工作，其中第七条为"安全监测和应急预案演练"，具体要求包括"（一）在工业控制网络部署网络安全监测设备，及时发现、报告并处理网络攻击或异常行为。（二）在重要工业控制设备前端部署具备工业协议深度包检测功能的防护设备，限制违法操作。（三）制定工控安全事件应急响应预案，当遭受安全威胁导致工业控制系统出现异常或故障时，应立即采取紧急防护措施，防止事态扩大，并逐级报送直至属地省级工业和信息化主管部门，同时注意保护现场，以便进行调查取证。（四）定期对工业控制系统的应急响应预案进行演练，必要时对应急响应预案进行修订"
《加强工业互联网安全工作的指导意见》	强调构建责任清晰、制度健全、技术先进的工业互联网安全保障体系，覆盖工业互联网规划、建设、运行等全生命周期，形成事前防范、事中监测、事后应急的能力。要求围绕工业互联网安全应急处置等方面建立健全安全管理制度和工作机制，强化对企业的安全监管，"推动研制面向典型行业工业互联网安全应急处置、安全事件现场取证等工具集，加强工业互联网安全资源储备"
《工业互联网企业网络安全分类分级管理指南（试行）》	强调主体责任，要求"工业互联网企业承担本企业网络安全主体责任，主动开展自主定级、安全建设、风险评估、安全整改和应急保障等工作""工业互联网企业应当制定本企业网络安全应急预案，定期开展应急演练。发现重大网络安全风险和事件，应及时向属地工业和信息化主管部门、通信管理局报告"
《工业数据分类分级指南（试行）》	要求"工业数据遭篡改、破坏、泄露或非法利用时，企业应根据事先制定的应急预案立即进行应急处置。涉及三级数据时，还应将事件及时上报数据所在地的省级工业和信息化主管部门，并于应急工作结束后 30 日内补充上报事件处置情况"
《工业和信息化领域数据安全管理办法（试行）》	要求工业领域数据处理者根据应对数据安全事件的需要，制定应急预案，并定期进行演练。针对应急管理，专设第四章"数据安全监测预警与应急管理"，涵盖工业数据安全监测预警机制、信息上报和共享、应急处置等内容
《网络安全等级保护条例（征求意见稿）》	强调"国家建设网络安全等级保护专家队伍和等级测评、安全建设、应急处置等技术支持体系，为网络安全等级保护制度提供支撑"，要求"第三级以上网络的运营者应当按照国家有关规定，制定网络安全应急预案，定期开展网络安全应急演练"

　　适用于突发工业信息安全事件的地方行政规章主要由各级工业和信息化主管部门制定。例如，重庆市经济和信息化委员会等 6 个部门发布了《重庆市工业信息安全管理实施办法（试行）》，广东省工业和信息化厅、广东省通信管理局联合印发了《广东省加强工业互联网安全和工业控制系统信息安全工作实施方案（2021—2023 年）》等。

（三）标准规范

突发工业信息安全事件处理中涉及的标准规范包括国家标准、地方标准、行业标准和团体标准等。

（1）国家标准

工业信息安全应急相关国家标准主要包括国家推荐标准（GB/T）和国家指导标准（GB/Z）。全国信息安全标准化技术委员会（TC260）近年来组织开展了一系列应急响应相关标准制定工作，发布了《信息安全技术　信息系统灾难恢复规范》（GB/T 20988—2007）、《信息安全技术　信息安全应急响应计划规范》（GB/T 24363—2009）、《信息安全技术　网络安全预警指南》（GB/T 32924—2016）、《信息技术　安全技术　信息安全事件管理　第 1 部分：事件管理原理》（GB/T 20985.1—2017）、《信息安全技术　工业控制系统信息安全分级规范》（GB/T 36324—2018）、《信息安全技术　网络安全事件应急演练指南》（GB/T 38645—2020）、《信息安全技术　网络安全事件分类分级指南》（GB/T 20986—2023）等标准规范，为开展工业信息安全应急响应工作、提升我国的工业信息安全应急响应能力奠定了基础，发挥了重要作用。

（2）地方标准

例如，北京市地方标准《信息安全技术　网络安全事件应急处置规范》（DB 11/T 1654—2019）规定了网络安全事件的分类与分级、调查处置、日常监测和应急工作准备。

（3）行业标准

例如，通信行业标准《网络安全应急处理小组建设指南》（YD/T 1826—2008）为网络安全应急处理小组的组建过程、职责定位、服务对象和小组间协作等内容提供了指导。

（4）团体标准

例如，由国家工业信息安全发展研究中心牵头制定的团体标准《工业信息安全应急处置工具箱》（T/CPUMT 001—2022）规定了工业信息安全应急处置工具箱的组成与型号、技术要求、试验方法、检验规则及标牌、包装、运输和存储等，为研发应急处置技术工具提供参考与指导。

第六章 工业信息安全应急准备体系建设

应急准备体系是应急体系的重要组成部分，也是其最基础的环节，是一种系统的体系。建设应急准备体系是为了能迅速、有效地应对可能发生的各类突发事件而事先所做的一切体系化的准备和措施，以防范化解各类风险挑战，最大限度地降低突发事件带来的负面影响。本章重点介绍工业信息安全应急准备的基本概念、应急准备的实施，以及应急准备评估的主要流程。

第一节 工业信息安全应急准备体系概述

（一）工业信息安全应急准备的基本概念

1. 应急准备的概念

应急准备是指通过计划、组织、装备、培训、演练、评估、改进等过程，建立和维持各类组织与个人的必要能力，以使其能够积极主动地采取行动，对突发事件进行预防、减灾、监测预警、应急响应、恢复重建，从而避免和减少突发事件可能造成的损失。相应地，工业信息安全应急准备可以理解成为了迅速响应、有效应对可能发生的工业信息安全事件而事先采取的一系列预防准备行动，包括但不限于编制工业信息安全事件应急预案、开展应急演练、实施风险评估、建设应急队伍、搭建工业信息安全应急技术平台、加强人才培训、做好物资保障及提供经费支撑等。

应急准备体系是指由应急准备相关的各类主体、各种任务与能力，以及开展应急准备的过程等共同组成的统一的体系结构，是一种系统的系统，拥有共同的目标策略、协同的行动方案等，以完成特定的使命或达到特定的结果。

在公共安全领域，国内外已有相关法律法规、标准文件对应急准备做出了描述。

美国的《总统政策第 8 号指令：国家应急准备》（PPD-8）针对自然灾害、流行疾病、化学品泄漏、恐怖袭击和网络攻击等美国国内综合性国家安全问题，确立"全社会参与"的理念，把每个人作为应急准备的主体，要求以应急计划、运作与协调、风险和灾害恢复能力评估等 32 项核心能力为基础，预防、保护、减轻、应对、恢复综合性国家安全问题。该指令提出的应急准备工作包括识别和评估风险、评估应对风险的能力水平、建立并维持用以应对灾害的能力水平、制定并实施达到所需能力水平的计划、验证计划和能力是否有差距、审核和更新所需能力等。

我国的《突发事件应对法》中，第二章"预防与应急准备"从应急预案、设备设施、检查监控、调查登记、隐患排查、队伍建设、资金物资、培训演练、风险评估、公益宣传等方面详细阐述了预防与应急准备。我国国务院原参事、国务院原应急管理专家组组长闪淳昌表示，应急准备是针对可能或一定要发生的突发事件必须做的准备，主要有思想准备、体制机制准备、预案准备和工作准备。

在网络安全领域，《网络安全法》围绕建立健全网络安全监测预警和信息通报制度、建立健全网络安全风险评估和应急工作机制、制定应急预案与开展应急演练等方面，对网络安全应急准备相关内容做出了规定。同时，《国家网络安全事件应急预案》从组织机构与职责、监测与预警、应急处置、调查与评估、预防工作和保障措施 6 个方面对网络安全应急准备的相关内容进行了阐述。

在工业信息安全领域，工控安全是最早被关注的关键领域。工业和信息化部发布的《工业控制系统信息安全事件应急管理工作指南》将应急预案、应急演练、专家队伍建设、应急装备和工具的储备、调整升级硬件工具、技术研发、机构建设、平台建设、物资保障和经费支持等作为应急保障措施。

2. 应急准备的范围

应急准备的范围指应急准备工作涉及的过程。

工业信息安全应急准备贯穿于预防、保护、响应和恢复的应急全过程。例如，在各个环节都需要做好应急资金保障。此外，不同的应急环节还有特殊的应急需求，因此应急准备内容十分丰富。在预防环节，应急准备内容包括应急思想准备、组织机构准备（明确人员分工）等；在保护环节，应急准备内容包括建立风险评估、监测预警制度等；在响应环节，为了更有效地开展应急处置工作，应理顺应急响应工作流程，并保障应急处置工作所需的人员、物资等，因此应急准备内容包括制定应急预案、开展应急演练、建立技术队伍、筹备物资等；在恢复环节，应急准备内容包括事件调查评估等。

（二）工业信息安全应急准备体系结构

工业信息安全应急准备体系包括应急准备对象、应急准备能力、应急准备主体、应急准备内容、应急准备过程以及应急准备的社会环境，如图 6-1 所示。其中，应急准备体系的社会环境和其他内容相互影响、相互作用，应急准备体系的其他内容构成闭环。

（1）应急准备对象

工业信息安全应急准备对象为各类突发工业信息安全事件，包括工业互联网安全事件、工控安全事件、工业大数据安全事件、工业云平台安全事件等。工业信息安全威胁主要包括针对设备、网络、数据等的威胁，如工业网络协议漏洞、工业控制设备漏洞、操作系统漏洞及操作系统承载的应用程序漏洞，工业数据的越权访问、非法篡改、窃取或泄露等。

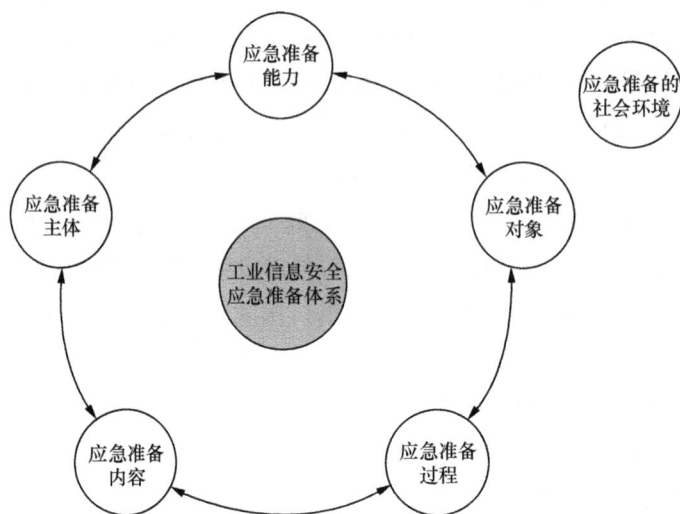

图6-1　工业信息安全应急准备体系框架

（2）应急准备内容

工业信息安全应急准备内容是指为了避免突发工业信息安全事件、保护工业控制系统和工业数据等重要资产、减少或消除安全事件带来的负面影响等而采取的一系列准备措施，包括但不限于制定完善的工业信息安全制度、明确工业信息安全职责分工、构建工业信息安全技术防线等。

（3）应急准备主体

工业信息安全应急准备主体主要包括工业企业、工业互联网平台企业、工业控制系统厂商、工业信息安全企事业单位、工业信息安全专家队伍、政府部门等。应急准备强调全社会的参与，因此各类应急准备主体都应共同参与工业信息安全应急准备体系的建设。

（4）应急准备的社会环境

工业信息安全应急准备的社会环境包括完善的法律环境、政治环境、经济环境、文化环境等，从而为工业信息安全应急准备提供政策支撑、资金保障、人才资源等。

（5）应急能力单元

应急能力单元包括物质要素和非物质要素：物质要素主要包括人力（队伍建设）、装备和物资等；非物质要素主要包括应急规划、组织领导、教育培训、演练和评估等。

工业信息安全应急对象的处置过程复杂度高，对应急能力单元的要求也较高。例如，在人力（队伍建设）方面需要培养实战技能强的工业信息安全专业人才、在装备和物资方面需要提供充足的技术软件和硬件设施、在应急演练方面需要针对各类可能发生的工业信息安全事件开展应急准备检验等。

（6）应急能力集成

工业信息安全应急能力集成通常是通过编制应急预案、建立并完善应急能力单元而实现的。其中，编制应急预案、方案、指南、手册等应急规划文件，能够推动完善应急组织体系、职责分工、资源配置和运行机制等，实现各应急能力单元的协调统一，使应急能力集成效果最大化。

（7）应急准备过程

工业信息安全应急准备过程是开展应急准备的具体操作过程，主要包括风险评估与战略预测、能力需求与差距分析、应急能力单元构建、应急能力集成与配置、应急能力应用与验证、评估和改进等，具体如下。

① 确定工业信息安全应急准备对象，针对工业生产系统、工业互联网、工业数据等开展风险评估与战略预测，构建可能出现的突发工业信息安全事件。

② 分析可能出现的各类突发工业信息安全事件所需的应急能力，对照目前的实际能力分析能力差距，明确应急准备的能力目标。

③ 补足所需的应急能力，构建应急能力单元，并确定应急能力的集成与配置。

④ 通过定期开展工业信息安全应急演练、评估应急资源和评审应急预案等方式，对应急能力进行应用和验证，并对应急能力的薄弱环节进行改进。

第二节 工业信息安全应急准备实施

工业信息安全应急准备主要包括组织准备、思想准备、制度准备、预案准备、机制准备、资源准备、防护准备和工作准备等要素（如图6-2所示）。

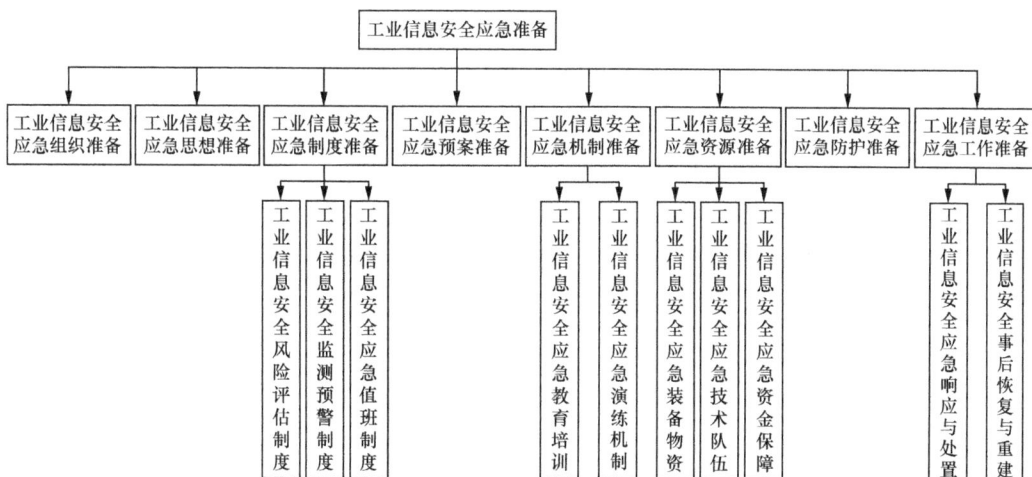

图6-2 工业信息安全应急准备要素

（一）工业信息安全应急组织准备

工业信息安全应急组织准备是开展应急行动的前提，是做好各类工业信息安全风险应对工作的"第一把斧头"。工业信息安全应急组织准备的关键内容是建立健全应急组织机构，包括明确负责日常应急管理工作和突发事件应对工作的应急组织机构与应急管理职责。工业信息安全应急组织机构是开展应急准备工作的组织保障，有利于各项工业信息安全应急准备工作的有序推进，并提高突发工业信息安全事件的应急响应效率，减轻突发事件造成的影响。

开展网络安全管理最有效的方法之一是采用自上而下的方式，这需要企业负责人或高级管理人员的直接参与。首先，无论是《网络安全法》《数据安全法》等法律文件，还是《工业控制系统防护指南》等部门规章，都规定企业主要负责人或实际控制人是工业信息安全的第一责任人。其次，工业信息安全工作责任重大，相关工作可能影响到企业的正常生产运行，必须得到上层的授权，对于突发的工业信息安全事件，往往需要得到迅速响应，因此企业高层的直接参与有助于大幅提升企业的网络安全能力。再次，安全防护体系建设本身不带来直接的经济效益，安全管理更像是企业高层管理人员的责任，它也被认为是业务操作问题，而不是 IT 管理问题，更不是仅靠安全运营部门推动的。最后，安全防护体系建设过程中需要进行大量的跨部门协调工作，企业高层的参与将有效提高工作效率，减少协调成本。

因此，工业信息安全应急组织准备建设工作是"一把手工程"，只有得到高层领导的亲自参与，做到统一领导、合理分配、权责明确，才可能切实推动工业信息安全工作。工业信息安全应急组织准备工作主要包括如下内容。

① 建立健全工业信息安全应急管理组织体系，结合组织自身情况，建立工业信息安全应急工作责任制，明确应急管理领导小组的统一领导，构建纵向分层负责、横向联动协作的应急组织机构。

② 明确工业信息安全应急组织机构相关人员的职责任务，包括合理分配组织机构任务，明确工业信息安全制度制定、应急预案体系建设、应急教育与培训、安全风险评估、应急保障能力建设等日常应急管理工作的具体任务分工；围绕突发工业信息安全事件应急响应、应急指挥、应急处置、应急恢复等各环节，明确职责分工，细化落实到岗位。

例如，在组织建设上，可以成立由企业高层领导及相关部门负责人组成的安全管理委员会或领导小组，用于决策、监督、指导工业信息安全工作。各部门负责人负责具体实施企业的整体安全策略。安全运营部门负责完善工业信息安全相关管理制度，实施工业信息安全防护、应急、培训等工作。企业员工作为最终用户，则要遵守企业的所有安全管理制度，接受安全运营部门的服务、检查和监督。

（二）工业信息安全应急思想准备

《左传》指出，"居安思危。思则有备，有备而无患"。在日常的工业生产运营活动中，做好工业信息安全应急思想准备，指引开展各项应急准备工作，有利于快速、高效地应对工业信息安全事件，减少事件可能造成的损失。

要做好工业信息安全应急思想准备，应该树立安全发展的红线意识和风险防控的底线思维，坚持安全与发展同步推进，杜绝侥幸心理，并主要围绕如下内容展开应急准备工作。

① 结合工业信息安全需求，科学设定工业信息安全应急工作指标，制定有效的风险防控措施，化解重大工业信息安全风险，防止特、重大工业信息安全事件发生。

② 以人为中心，培育良好的工业信息安全应急准备文化氛围，增强相关人员的工业信息安全风险防范意识和应急意识。

③ 明确工业信息安全相关法律法规、标准规范等文件的要求，并及时将其转化为适用于自身的工业信息安全应急管理制度、方案等，细化需采取的各项工作措施，严格依法依规开展各项工业信息安全应急工作。

④ 研究国内外典型的工业信息安全事件、所属行业领域发生的工业信息安全事件等，分析这些事件凸显出的应急准备不足之处，积极吸取经验教训，加强自身应急准备。

⑤ 秉持居安思危、与时俱进的安全意识，结合工业信息安全威胁的发展趋势，充分考虑如何应对各类新威胁、消减新风险。

（三）工业信息安全应急制度准备

没有规矩，不成方圆。工业信息安全应急制度建设是企业各项战略规划、工作计划顺利实施的重要保证。好的制度具有指导性和约束性、鞭策性和激励性、规范性和程序性等，能够规范工作行为、激发工作热情，确保正确地创建、实施工业信息安全策略。同时，编制相关制度文件时，要兼顾全面性、一致性、有效性和易操作性，确保制度顺利实施。

1. 技术管理制度

在工业信息安全应急制度建设方面，可以参照《信息安全技术　网络安全等级保护基本要求》（GB/T 22239—2019）管理部分的通用及扩展要求，重点开展以下管理制度的编制与实施工作。

① 安全战略制度，包括明确企业安全战略、重点防护对象、防护目标等。

② 日常管理制度，包括机房管理、内部人员管理、外部人员管理、介质保护、审计与问责等。

③ 技术管理制度，包括软硬件管理、访问控制、口令管理、运维管理等。

④ 供应链管理制度，包括规划、设计、建设、运维、评估等环节的服务商管理。

⑤ 数据安全管理制度，包括数据分类分级、数据共享、数据防护。

⑥ 预算评估制度，明确预算支出与收益量化计算、评价方法与指标。

⑦ 应急预案制度，包括企业级、部门级、系统级应急预案的编制工作，明确预案修订周期、应急演练周期等。

⑧ 应急值班制度。工业信息安全应急值班制度可以在重大活动等特殊时期给予应急保障。应急值班制度主要包括两个方面的内容：一是确定应急值班制度人员安排，做到合理分配，相关人员应具备相应的工业信息安全应急知识与技能；二是确定值班人员应急规范流程，如明确突发工业信息安全事件信息报告程序和要求，一旦发生工业信息安全事件，按照规范流程及时上报事件信息、开展应急处置。

2. 典型的技术规范

除了一般的、通用的应急技术管理制度外，工业信息安全应急制度准备还包括一些典型的技术规范，如风险评估制度、监测预警制度等。

（1）风险评估制度

工业信息安全风险评估是指针对可能遭受的各类工业信息安全威胁和可能存在的工业信息安全风险进行评估，明确工业信息安全防护工作存在的薄弱环节和脆弱程度，以增强应急准备工作的针对性，尽量减少工业信息安全事件的发生。

建立健全工业信息安全风险评估制度，包括明确风险评估范围、评估频率、评估方法等。风险评估范围一般应涵盖工业信息安全领域的各类资产，如工业控制系统、信息系统、工业数据、相关人员等，以完整而全面地确定工业信息安全的薄弱点；风险评估制度应规定评估频率，并严格按照制度要求定期开展风险评估。具体而言，工业信息安全风险评估工作主要包括工业信息安全风险识别、风险分析、风险评价、情景构建等内容。

① 工业信息安全风险识别。运用风险矩阵等方法，辨识工业信息安全风险源、风险因素，分析可能发生的工业信息安全事件。

② 工业信息安全风险分析。基于风险识别，开展风险分析。分析方法分为定性方法和定量方法两大类，可以结合实际情况选择合适的评估方法开展风险分析，如定性、定量或定性、定量相结合的方法，分析工业信息安全风险后果的严重性、发生的可能性等，为风险评价和应对提供支持。

③ 工业信息安全风险评价。首先应明确工业信息安全风险评价标准，可综合考虑风险的发生频率、严重程度等，建立统一的脆弱性评价指标。然后按照风险评价标准，对风险进行分级和排序，根据可接受的风险程度，提出针对性的风险防控措施。

④ 工业信息安全情景构建。依据工业信息安全风险分析与评价结果，筛选出具有较大可能性发生工业信息安全事件的情景。参考工业信息安全领域的典型事件案例，推演筛选出的事件的情景演化过程，确定事件可能造成的最大影响，并开展情景应用，制定能够有效防范事件发生、消除或减轻事件影响的工业信息安全应急响应策略及安

全防控措施。

（2）监测预警制度

工业信息安全监测预警是指对可能发生的突发工业信息安全事件进行实时监测、动态预警，以在突发事件发生前，根据监测到的异常，预测可能存在的威胁，并发出预警信号，助力相关人员及时发现问题并立即处置，从而在异常攻击行为造成实质性危害之前，便迅速消减风险。

开展工业信息安全监测预警工作，可基于工业信息安全风险评估结果，针对风险等级较高的薄弱点进行重点监测，以实现对关键环节的重点保护。建立工业信息安全监测预警制度，主要包括如下内容。

① 建立实时监测的长效化机制。在日常运营中，对薄弱点进行实时监测，全面检查，实时监测异常行为，对监测信息进行鉴别、分类、处理、分析，评估发展趋势，及时发出警报。

② 建立预警分级准则。依据相关应急预案，按照突发工业信息安全事件的紧急程度、发展势态和可能造成的危害程度，建立预警分级准则。具体而言，预警等级分为 4 级，由高到低依次用红色、橙色、黄色和蓝色表示，分别对应可能发生的特别重大、重大、较大和一般工业信息安全事件。

③ 制定各级预警措施。为快速、有效消减各类工业信息安全风险，应提前针对不同等级的预警制定对应的预警措施，明确开展各级预警行动所需协调的应急资源、调动的应急力量等。同时，在工业信息安全风险得到有效控制后，及时解除预警。

（四）工业信息安全应急预案准备

工业信息安全应急预案准备是为了健全工业信息安全事件应急保障和恢复工作机制，提高突发工业信息安全事件组织指挥和应急处置能力，科学、有序、迅速地应对突发事件而事先制定的工作方案。

工业信息安全应急预案准备是应急准备的重要部分，主要包括如下内容。

① 明确工业信息安全事件应急预案编制要求。根据国家法律法规和工业信息安全相关政策法规文件制定应急预案。工业信息安全应急预案的制定还应做到符合实际、注重实效，可结合风险评估结果和应急资源准备情况，以突发工业信息安全事件应急处置为核心，细化应急保障措施。

② 严格预案管理程序。做到动态管理，全方位、全覆盖、多层级地建立应急预案管理体系。当组织面临的工业信息安全风险发生变化，预案所依据的法律、法规、规章、标准及上位预案中的有关规定发生重大变化，或组织应急指挥机构及其职责发生调整时，应及时更新和修订预案，保证应急预案的时效性和科学性。此外，应急预案发布前一般应先由专家进行评审。

（五）工业信息安全应急机制准备

1．工作协同机制

与安全生产一样，工业信息安全工作并不是也不该是某个部门、某个负责人独立处理的工作，需要整个组织、单位自上而下地实现各个部门的协同配合，如图 6-3 所示。

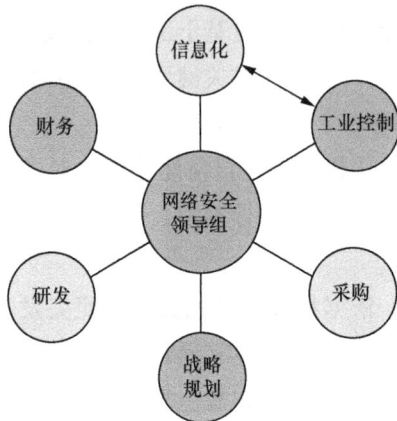

图 6-3　协同联动的工业信息安全工作机制

工业信息安全工作作为重要的专项工作，建立专门负责安全管理与建设的团队或部门也是十分必要的。对于有能力的企业，还可以设置首席信息安全官（Chief Information Security Officer，CISO）等高级管理岗位，协调整合企业的安全管理资源，以更有效地解决跨部门、跨业务问题。

完善的工作协同机制应该包括但不限于以下几个方面。

① 安全投入测算的机制。安全投入成本是企业必须考虑的问题，既包括安全技术、产品、服务的采购费用，又包括企业的安全管理费用，因此需要建立有效的支出与收益分析机制，确保安全投入成本带来的收益高于企业因遭受网络攻击造成的损失及承担的监管风险。

② 有效的应急处置机制，确保在发生工业信息安全事件后，各部门能够迅速响应、协同处置，同步解决技术处置、资金支持、舆论宣传、商誉维护、法律合规等问题，全面减少企业损失。

③ 针对工业领域供应链攻击多发和生产系统三方运维依赖度较高的问题，应加强供应链安全管理。

④ 结合工业领域当前信息化管理与工业生产现场独立运营管理的现状，进一步建立两个部门间的联动机制，切实实现企业内部网络安全与工业信息安全的融合。

2．应急教育培训

工业信息安全应急教育培训是为了应对突发工业信息安全事件，对相关人员在工业信息安全应急意识、应急知识、应急技能等方面开展的教育培训，其目的是使受教育对象增强工业信息安全意识、拓展应急知识、熟悉应急预案、掌握处置技术、增强应急能力等。应急教育培训主要包括如下内容。

① 定期组织工业信息安全应急知识教育和技能培训。

② 分级分类开展定向教育培训。针对工业信息安全相关从业人员及准备就业人员，除了通过开展安全意识教育、在思想上统一增强各方的安全意识外，还应针对不同人员在应急管理过程中应掌握的不同技能开展有针对性的教育培训。

③ 培训考核与记录。教育培训结束后，应对相关人员进行考核，及时掌握相关人员的学习情况，并对培训考核信息予以记录归档。

3．应急演练机制

工业信息安全应急演练机制应明确定期组织开展应急演练、建立演练台账、做好演练评估和改进记录等，其主要内容如下。

① 按照相关法律法规、政策标准、应急预案等要求，明确工业信息安全应急演练频率，定期组织开展应急演练。

② 依据工业信息安全事件应急预案，科学开展应急演练。在演练过程中，可邀请工业信息安全应急管理和应急技术领域专家参与，对演练准备、实施等情况进行评估，并围绕完善应急预案、强化应急人员技术能力、健全应急工作机制等内容提出改进建议。

③ 注重工业信息安全应急演练成果的运用。针对演练过程中发现的问题、专家提出的改进建议等进行认真研究分析，明确相应的整改措施和时限要求，持续强化应急准备。

（六）工业信息安全应急资源准备

工业信息安全应急资源准备包括应急装备物资准备、应急资金保障准备、应急技术队伍准备，如图 6-4 所示。

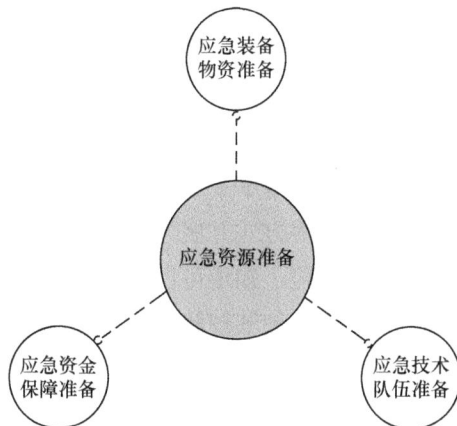

图 6-4　工业信息安全应急资源准备

1．应急装备物资准备

工业信息安全应急装备物资是工业信息安全事件应急响应工作中所需要的应急装备及物资，其储备和积累是长期、动态的过程。

工业信息安全应急装备物资准备应做到储备结构化、形式多样化、布局合理化等，包括分级分类对工业信息安全应急装备物资进行盘点，保证软硬件的多样性以避免因应急工具单一而难以有效应对安全事件，合理布局应急装备物资，以实现应急效果最大化。应急装备物资准备主要包括如下内容。

① 加强对工业信息安全应急装备物资的储备。

② 及时调整、升级软硬件工具。

③ 为应对新风险或新威胁，及时部署新的技术工具，不断增强应急技术支撑能力。

④ 建立工业信息安全应急装备物资资产台账清单，完善应急装备物资的出入库管理。

2．应急技术队伍准备

工业信息安全应急技术队伍是开展应急响应工作的重要主体，包括工业信息安全应急技术支撑队伍和专家队伍。其中，应急技术支撑队伍是应对网络攻击、开展应急处置的关键技术力量，应急专家队伍在支撑研判分析事态发展趋势、辅助做出合理应急决策等方面发挥"智囊"的作用。

在应急技术队伍的组成与来源方面，信息系统特别是工业控制系统运维外包是工业企业普遍采取的方式，主要原因是专业人才稀缺。但对于企业来说，信息安全外包并不是明智的选择，特别是对于工业控制系统，很多都是远程运维，进一步增加了企业的安全风险。目前，越来越多的企业开始重视安全问题，培养自己的人才队伍，如电力、金融等领域已经基本实现了自主的安全运维管理。但对于大部分企业，特别是工业企业，由于建设专业的应急技术队伍成本过高，第三方的安全外包公司仍不可或缺。从这个角度来看，当前的重点工作是针对企业信息化运维人员开展持续性的安全培训，以增强运维人员的安全意识，使其具备基本的工业信息安全事件处理能力。

开展安全培训，首先要增强员工的安全意识，使其深刻理解工业信息安全的重要性，至少让加强工业信息安全防护体系建设成为领导层及安全管理部门的共识。在此基础上，可以对相关运维人员开展专项的培训，如 CISP、CISSP、工业信息安全应急管理工程师培训等，帮助其掌握一定的基础知识。对于企业其他的工作人员，可以通过政策标准宣贯、知识竞赛、海报宣传、应急演练等方式开展一般性、扫盲式的安全教育，帮助其了解工作中可能存在的工业信息安全风险，知道可以做什么、不可以做什么，营造良好的企业工业信息安全应急体系建设氛围，使其理解并积极配合安全管理部门共同做好工业信息安全防护体系建设工作。

3．应急资金保障准备

应急资金是做好工业信息安全应急准备工作的前提。为保障工业信息安全应急工作具有合理有效的经费支撑，应建立应急资金保障制度和可靠的保障体系，保障并落实工业信息安全风险评估、监测预警、教育培训、预案管理、应急演练、物资装备、技术队伍建设等各环节所需的资金预算准备。同时，建立应急资金监管机制，使资金管理公开化、透明化，保障应急资金效用最大化。

（七）工业信息安全应急防护准备

做好工业信息安全应急防护准备是实施工业信息安全应急工作的前提。通过开展工业信息安全防护、检测等工作，减小工业信息安全事件发生的概率，减轻应急压力。建设全面、系统的工业信息安全防护、检测系统是抵御各类安全威胁、预防安全事件发生的关键手段。在设计安全防护方案时，可以重点参考《工业自动化和控制系统安全》（IEC 62443）、《OT网络安全指南》（NIST SP 800-82）、《信息系统和组织的安全和隐私控制》（NIST SP 800-53）、《信息安全技术 工业控制系统安全控制应用指南》（GB/T 32919—2016）等标准，同时还可以借鉴相关的安全防护模型。

1. 安全防护模型

（1）木桶原理与海因里希法则

木桶原理是网络安全从业人员熟知的原理，指网络的整体安全水平由安全级别最低的部分所决定，该原理也是开展工业信息安全防护体系建设的重要依据。工业信息安全防护体系建设是系统性工程，需要进行综合考虑、规划和设计，并动态调整安全策略和措施，因此安全"木桶"的短板也不是一成不变的。然而，在实际的工作中，特别是在工业领域中，很多安全管理人员、负责人由于经验不足，系统思维不够，如将有限的安全投入集中在一个或两个安全薄弱环节上，大部分薄弱环节仍存在安全短板，导致出现"一长多短"的现象；有的则只在发现的问题上采取针对性措施，治标不治本；有的则因为怕麻烦或过度信任安全技术和防护产品而忽略了安全管理，导致安全设备形同虚设。

近年来，一些安全专家在经典的木桶原理之上又提出了新的观点，认为最终能保存多少水，除了需关注最短的木板之外，还需关注底板是否结实、木板间是否有缝隙。其中，底板表示安全防护的基础性工作，包括安全架构、管理制度、安全机制等，这进一步凸显了安全防护体系建设中整体的规划、完善的制度、规范的流程等的重要性；木板间的缝隙则被视为安全防护体系中技术、管理与运营间，不同安全产品间、企业内部与外部间的协同程度，如果木板间的缝隙过大，即使每根单独的木板都很长，也无法容纳很多水，也就意味着安全防护工作仍不到位。目前安全市场推广和网络安全等级保护中提出的安全运营中心（Security Operations Center，SOC）就是用于解决安全产品间协同的问题。

海因里希法则（如图6-5所示）又称海因里希安全法则，由美国著名的安全工程师海因里希提出，指在机械生产过程中，每起重大事故的背后，平均有29起轻伤或故障和

300 起隐患或违章。海因里希认为，发生安全事故的原因主要有两个，一是人的不安全行为，二是物（设备）的不安全状态，而这两个原因又都是人在日常管理和操作中的不规范所造成的。因此，海因里希认为，与其在发生重大事故后采取补救措施，不如日常加强管理，评估和消除可能造成事故的风险。海因里希法则虽然主要应用在安全生产中，但其思想在工业信息安全中同样适用。首先，典型的工业信息安全事件的诱因包括管理漏洞、产品漏洞等，而且区别于传统的网络安全事件，工业信息安全事件往往诱发停产停工等，它在一定程度上也属于安全生产事故；其次，当前的工业信息安全工作还处于发展阶段，工业企业的安全意识相对薄弱，技术产品相对单一，更多的工作应该是加强对人和事的管理，这与海因里希提出的应加强管理的理念不谋而合。

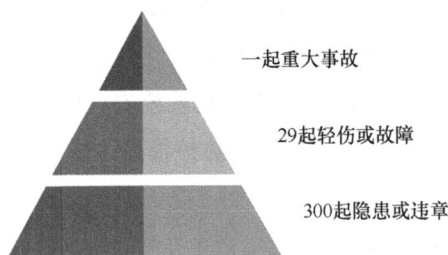

图 6-5　海因里希法则

因此，在工业信息安全防护体系建设中，除了需要加强对安全设备、服务的投入外，还应更加关注完善安全架构、管理制度、安全机制，加强安全评估、应急演练等以人为主的安全工作。

（2）工业控制系统 ATT&CK 技术矩阵

2013 年，美国麦特（MITRE）公司发布了 ATT&CK 框架。ATT&CK 框架作为一个综合性知识库，从攻击的视角来分析攻击中各阶段用到的技术模型，常见的应用场景和模型包括网络红蓝对抗、网络安全渗透、网络防御差距评估、网络威胁情报收集等。其通过对攻击全流程中各阶段的实际恶意行为进行理解与分类，进而为人们采取相应的安全措施提供参考。随着厂商及企业对该框架的采用，以及该框架本身的不断调整，ATT&CK 已被公认为了解攻击者所使用的攻击技术的重要模型与技术权威。

为应对工业领域面临的日益严峻的安全威胁，2020 年麦特公司专门发布了 ATT&CK for ICS 模型，同样从网络攻击者的角度梳理其攻击工业控制系统时所使用的技术和手段，为工业控制系统使用方和管理方开展网络风险评估、安全加固等工作提供了参考。工业控制系统 ATT&CK 技术矩阵涵盖了组织、软件、资产、战术和技术五大维度。

（3）PDRR 模型

网络安全体系建设是一项复杂的系统工程，需要将安全组织体系、安全技术体系和安全管理体系等手段进行有机融合，构建一体化的整体安全屏障。国内外提出了多个网络安全体系模型，其中美国国防部提出的 PDRR 模型就是典型的代表。PDRR 模型由防护（Protection）、检测（Detection）、响应（Response）、恢复（Recovery）4 部分组成（如图 6-6 所示）。

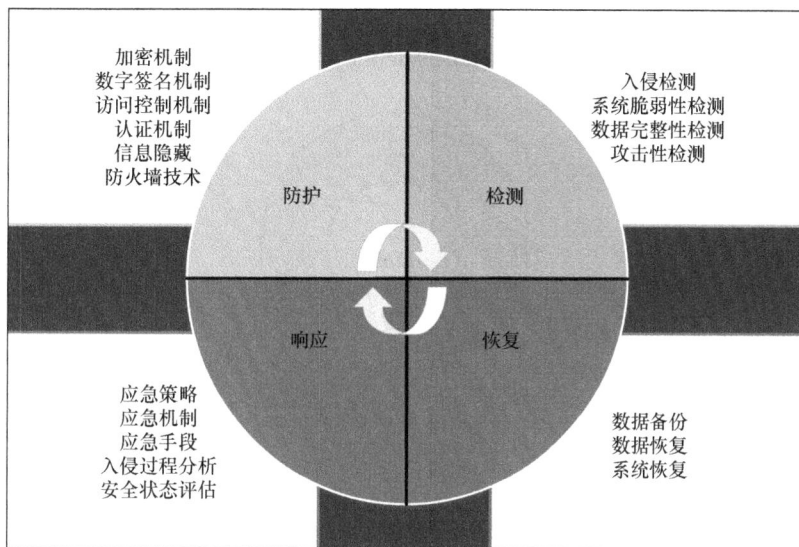

图 6-6　PDRR 模型

其中，防护指通过加密、数字签名、访问控制、防火墙等技术手段保护信息系统的安全；检测指通过相关技术产品如 IDS、入侵防御系统（Intrusion Prevention System，IPS）、安全探针、安全监测产品，以及检查评估等来排查信息系统的风险点，及时发现、阻断、防御网络攻击行为；响应指依据相应的应急预案、处置策略与机制进行及时响应，阻止事件的影响范围进一步扩大，并分析入侵过程，评估安全状态；恢复指实现系统的恢复、数据的恢复、数据的备份，同时基于安全事件总结经验，进一步指导开展安全防护工作。因此，防护、检测、响应和恢复组成了一个系统的、动态的安全闭环，可不断提升信息系统的安全防护水平。

P2DR（策略、防护、检测和响应）是另一套经典的动态模型，它由 PDRR 发展而来，如图 6-7 所示。与 PDRR 相比，该模型增加了策略（Policy），它用于确立信息系统的总体安全规划和原则，以及监控周期、恢复机制、网络访问控制策略等。策略是整个模型的核心，其余的工作都是围绕策略展开的；同时，策略将 PDRR 中的响应和恢复合并成新的响应。

WPDRRC（预警、保护、检测、响应、恢复和反击）是我国提出的一套信息系统动态安全模型，其思路基本与 PDRR 一致。但是增加的预警与反击两个部分，更加强调态势感知与主动反击的重要性，这对于开展网络安全研究具有很高的参考价值，更加适合当前日益复杂的网络安全环境。

在工业信息安全防护工作中，主要可以参考 PDRR 模型，原因如下：一是因为 PDRR 是更基础的安全模型，能够满足当前工业信息安全防护体系建设的需求；二是工业信息安全防护建设过程中对管理部分和技术部分分别进行了讨论，P2DR 中的"策略"也属于管理的范畴，因此采用 PDRR 更加符合将其作为开展技术体系建设参考的初衷；三是安全模型主要用于指导工业企业开展工业信息安全防护建设，其当前的安全需求与能力远未达到 WPDRRC 模型中的预警与反击的水平，PDRR 模型已经足够。

图 6-7　P2DR 模型

2. 安全防护

随着网络安全形势、攻击手段等不断演进，安全体系建设的内涵、外延都有拓展，传统的仅靠部署边界防护、安装杀毒软件、进行安全加密与身份认证等方式已经不能满足安全防护与政府监管的需求。在技术上，除了统一的安全管理中心，网络安全监测、主动防御、应急响应等技术的重要性也不断凸显。工业信息安全防护主要围绕主机安全、系统安全、应用安全、数据安全、网络安全等展开，其中使用的杀毒软件、防火墙、堡垒机、日志审计、IDS、密码产品等都是我们耳熟能详的产品。传统网络安全中的很多防护思路（如身份认证、安全审计、访问控制等）可被用于工业信息安全防护中。同时，针对工业信息安全本身的可用性、完整性、保密性，还需要实施一些差异化的防护措施，如图 6-8 所示。

共性要求
身份认证
做好设备的安全配置
安全冗余
视频监控，专人值守
安全审计
访问控制（最小特权原则）

主机防护（工控）
拆除或封闭主机上不必要的USB、光驱等接口，对临时接入工控的设备，采取病毒查杀等安全措施，非必要不开通HTTP、FTP、Telnet等高风险网络服务（一般主机同样适用），安装防病毒软件或应用程序白名单软件

数据保护
数据采集、存储、传输过程中进行保护
对数据信息进行分级分类管理
定期备份关键业务数据
对测试数据进行保护

边界防护
工业安全防护设备对工控网区域隔离
工业控制网络、企业网、互联网之间隔离
分离工业控制系统的开发、测试和生产环境

DMZ（工控）
通过防火墙制造办公网与控制网之间的多个隔离区，使办公网和控制网之间不再直接通信，转而都以隔离区为通信目标

安全管理中心
形成一个独立统一的安全管理中心，实现统一管理、统一监控、统一审计、综合分析且协同防护

图 6-8　工业信息安全防护的内容

在主机防护方面，更应该注意物理及网络接口的安全，需要拆除或封闭主机上不必要的通用串行总线（Universal Serial Bus，USB）、光驱等，关闭非必要的 HTTP、FTP、Telnet 等高风险网络服务，同时在安装防病毒软件、应用补丁之前，需要对其进行严格的验证评估，确保安装后不影响主机中工业应用的正常运行。

在边界防护方面，除了要注意生产网络与管理网络的隔离（很多使用网闸实现），还应考虑不同产线、车间之间的网络隔离。

在数据保护方面，当前虽然还处在起步阶段，但已得到政府和业界的高度关注，在开展防护工作中可以根据当前安全监管与企业内部管理的要求，做好分类管理、分级防护的工作。

此外，在工业信息安全方面，可以设置一个 DMZ 用于解决办公网与控制网之间的数据访问问题。通过防火墙制造办公网与控制网之间的多个隔离区，使办公网和控制网之间不再直接通信，而均以隔离区为通信目标。图 6-9 展示了 NIST SP 800-82 标准中推荐的一种经典的网络安全防护框架。

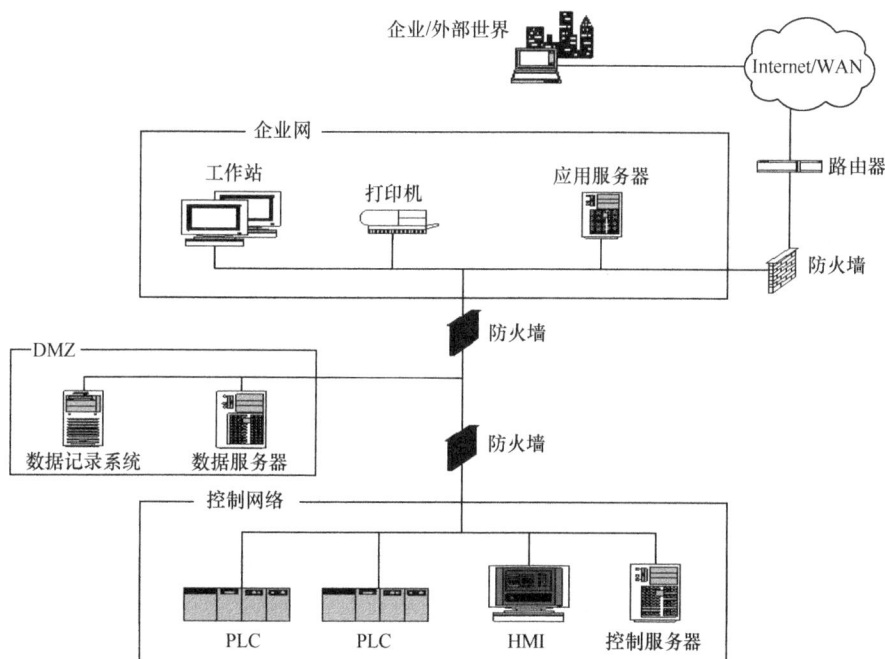

图 6-9　NIST SP 800-82 标准中推荐的网络安全防护框架

同时，需要注意的是，在竞争日益激烈的安全市场中，企业的安全管理人员可能会受产品供给侧销售策略的影响，过度追求某些新技术、高级产品，而忽视了安全的初衷。例如，2017 年爆发的 WannaCry 勒索病毒到了 2022 年仍在感染工业主机，而市面上任何一款合格的 IDS、杀毒软件等相关产品都能防御这种攻击，因此在工业领域，很多情况下所谓的低配、通用产品和图 6-9 所示的经典框架就已经能够满足大部分安全生产的需求。

3．安全检测

安全检测指通过相关技术产品（如 IDS、IPS、安全探针等安全产品）以及检查评估等来排查信息系统的风险点，及时发现、阻断、防御网络攻击行为。安全检测工作可以分为利用产品的持续性检测和检查评估类的专项检测。

持续性检测指通过部署、利用 IDS、IPS、保护主机等终端的安全检测类产品持续开展安全网络监测，及时发现来自网络的攻击行为。应用在工业生产领域的安全检测类产品除了要识别出针对工业专有协议的攻击行为外，通常还要具有较强的防尘、防潮、防静电等功能。

检查评估是当前政府和企业验证安全防护能力的重要手段，有众多的政策标准可供参考，如《工业控制系统信息安全防护能力评估工作管理办法》《工业控制系统信息安全防护能力评估方法》《信息安全技术 工业控制系统风险评估实施指南》（GB/T 36466—2018）、《信息安全技术 工业控制系统安全检查指南》（GB/T 37980—2019）、《信息安全技术 网络安全等级保护测评要求》（GB/T 28448—2019）等。在实际工作中，政府组织开展了多种类型的检查评估工作，如工业和信息化部的工控安全检查评估、国家互联网信息办公室的关键信息基础设施网络安全检查，以及等级保护测评、密码测评、风险评估等都属于检查评估的范畴。对于更加了解自身情况的工业企业，认真组织开展自检查评估工作具有很强的实际意义。在开展自检查评估工作的过程中，企业可以根据需求博采众长，制定有效的评价标准，综合采用人员访谈、文档查阅、人工核查、工具检测等手段定期开展自检查评估工作。常态化开展自检查评估工作有助于清楚地了解管理体系与技术防护体系建设的整体情况，是建设完善的工业信息安全防护体系的重要保障。

（八）工业信息安全应急工作准备

虽然企业开展各项安全防护工作是为了避免安全事件的发生，但不可否认的是，网络安全事件仍不可避免，且工业领域是网络安全事件的重灾区。应急响应作为网络安全的最后一道防线，其目标就是保障在网络安全事件发生的第一时间进行响应处置和恢复重建，有效地限制或遏止事态的发展，最大限度地降低事件的影响范围。对于应急响应的阶段，有多种不同的划分方法，如在 CISSP 教材中，它分为监测、响应、抑制、报告、恢复、补救和总结教训 7 个阶段；在《计算机安全事件响应指南》（NIST SP 800-61）中，它分为准备，监测和分析，遏制、根除和恢复，事件后活动 4 个阶段，但基本都涵盖了事前准备、事中处置和事后总结的内容，只是根据关注点的不同将其中的某些元素进行了强化或弱化。典型的应急响应阶段如图 6-10 所示，具体如下。

准备阶段
系统：监测、防护、审计、工具箱
工作：风险评估、检查、等级保护
人员：本公司、外部协助
资金保障

跟踪阶段
编制总结报告，完善恢复手册，
总结经验
重新开展安全评估
开展经验技术培训

应急响应

检测/启动阶段
判定依据：监测、防护、观察现象（内存、文件）
初步处理：查看日志、判断范围、核心系统恢复

恢复阶段
系统恢复、数据恢复、网络恢复
安全配置、全面加固、完善恢复手册

抑制与根除阶段
抑制：防止事态蔓延，关闭系统、断网
分析溯源：异常行为分析、日志分析，是否需要外部协助
根除：清除病毒、修补漏洞

图 6-10　工业信息安全事件应急响应阶段

在准备阶段，完成为实现高效应急处置而开展的准备工作，既包括前文中提到的安全防护、检测等工作，又包括应急预案、应急技术队伍以及一些常用的应急处置工具、方法、框架等。

在检测/启动阶段，在工业信息安全事件发生的第一时间做出响应，初步研判事件影响，分析事件原因，在一些特殊的工业领域，还需要第一时间恢复核心系统。

抑制与根除阶段旨在通过关闭系统、断开网络等方式防止事件的蔓延，同时对信息系统进行全面的排查，彻底根除安全风险，避免在系统恢复后遭受二次伤害。一般情况下，在此阶段基本能够确定事件造成的损失和影响，若达到一定的危害程度，应及时向相关主管部门报告。

在恢复阶段，对数据、系统进行全面的恢复，使其回到正常的工作状态。具体工作包括：开展应急评估和事件调查，确保事件风险可控或已经消除，防止次生、衍生事件发生；查明事件的发生经过和原因，调查事件的影响，确定事件范围、造成的信息泄露程度、经济损失等；重新建立或恢复遭受攻击的工业生产系统等，确保其能正常工作。

跟踪阶段可以理解为总结与安全加固阶段，其主要目的是总结本次事件发生的原因和处置过程中的经验教训，及时开展补丁修复、版本更新等安全加固工作，及时补充、更新应急装备物资、应急资金等应急资源，更新修订应急预案，组织开展预案演练，将相关经验融入安全防护、安全检测及应急准备工作中。

当然，在实际生产中，依靠真实的工业信息安全事件来提升应急响应能力是不现实的，因此需要常态化地开展应急演练，不断完善应急预案、优化工作机制，提升应急处理技术能力。关于应急演练的具体内容，将在后续内容中详细介绍。

第三节　工业信息安全应急准备评估

（一）工业信息安全应急准备评估概述

1．应急准备评估的概念

应急准备评估是对应急准备工作开展分析的过程。

工业信息安全应急准备评估是在全面了解并合理分析企业所有资源和资料的基础上，对工业信息安全应急准备工作做出客观、公正评估的过程，主要围绕各项工业信息安全应急准备要素，评估应急准备能力是否能为突发工业信息安全事件应对工作提供有效保障。应急准备评估结果能为优化应急准备工作提供方向指引，助力组织完善工业信息安全应急管理体系、应急预案、应急演练制度、监测预警制度、应急资源等，逐步建立完善的应急准备体系。

2．应急准备评估指标

构建工业信息安全应急准备评估体系应兼顾客观性、可行性和全面性。在开展应急准备评估时，可参考如下指标体系（如图6-11所示）。该指标体系由13个一级指标和34个二级指标构成。

其中，一级指标包括思想准备、组织机构、风险评估、监测预警、值班制度、应急预案、教育培训、应急演练、装备物资、技术队伍、资金保障、响应与处置、恢复与重建。

二级指标包括应急意识、法律法规转化；组织体系、职责分工；风险识别、风险分析、风险评价、情景构建；突发事件监测、突发事件预警；应急值班、应急规范流程；预案编制、预案管理；培训要求、培训内容、培训考核记录；演练要求、组织和实施、评估和改进；装备物资储备、装备物资管理；技术支撑队伍、专家队伍；资金保障制度、资金监管机制；事件报告、应急指挥、监测与评估、应急处置、信息发布；系统恢复重建、事件调查与评估、应急准备恢复。

（二）工业信息安全应急准备评估流程

1．成立评估工作组

成立工业信息安全应急准备评估工作组，明确参加评审的单位及人员。评估工作组组长一般由单位负责人或分管网络安全的领导担任，评估工作组成员一般由工业信息安全应急管理人员、具有相应能力的技术专家等组成。评估工作组的主要职责如下。

① 制订工业信息安全应急准备评估工作计划，明确评估目的、评估范围、评估方法、评估工具、评估工作日程安排等内容。

② 收集工业信息安全准备的相关信息，开展评估工作。

工
业
信
息
安
全
应
急
准
备
评
估
指
标

- 思想准备
  - 应急意识
  - 法律法规转化
- 组织机构
  - 组织体系
  - 职责分工
- 风险评估
  - 风险识别
  - 风险分析
  - 风险评价
  - 情景构建
- 监测预警
  - 突发事件监测
  - 突发事件预警
- 值班制度
  - 应急值班
  - 应急规范流程
- 应急预案
  - 预案编制
  - 预案管理
- 教育培训
  - 培训要求
  - 培训内容
  - 培训考核记录
- 应急演练
  - 演练要求
  - 组织和实施
  - 评估和改进
- 装备物资
  - 装备物资储备
  - 装备物资管理
- 技术队伍
  - 技术支撑队伍
  - 专家队伍
- 资金保障
  - 资金保障制度
  - 资金监管机制
- 响应与处置
  - 事件报告
  - 应急指挥
  - 监测与评估
  - 应急处置
  - 信息发布
- 恢复与重建
  - 系统恢复重建
  - 事件调查与评估
  - 应急准备恢复

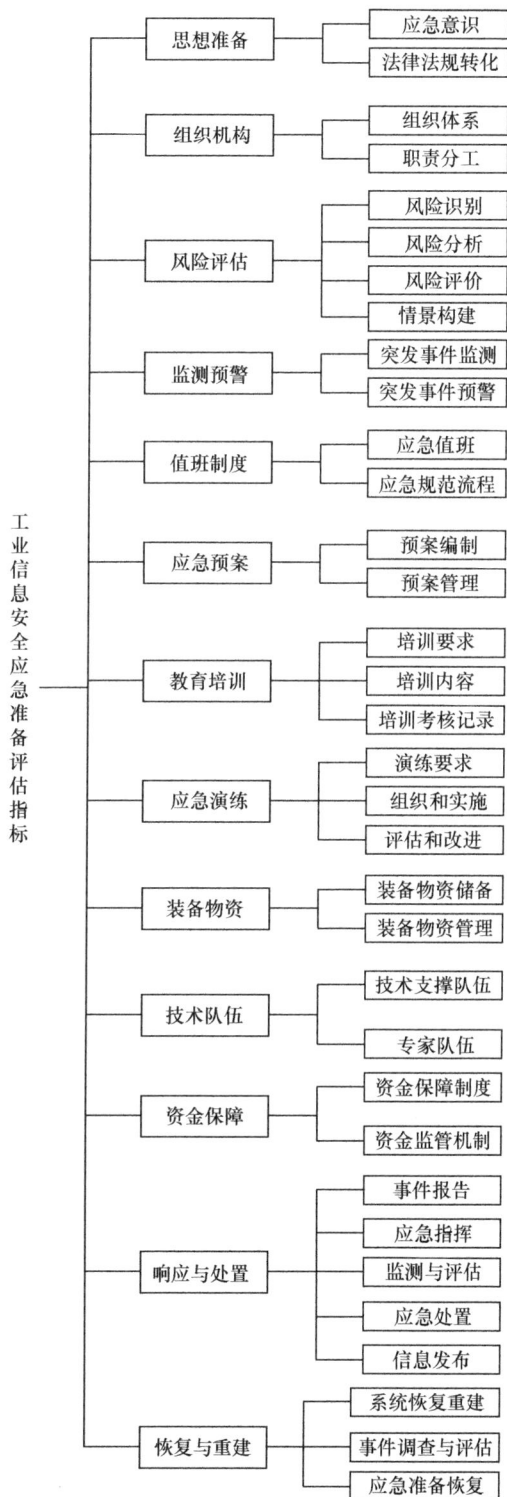

图 6-11　工业信息安全应急准备评估指标体系

③ 结合工业信息安全应急准备评估工作情况，编写评估报告。

2．应急准备评估实施

在工业信息安全应急准备评估实施过程中，可以综合运用资料分析、人员访谈、现场审核、推演论证等方法。

（1）资料分析

结合工业信息安全应急准备评估指标，收集相关资料。资料主要分为两类：一是需要评估的资料，包括风险评估报告、应急预案、应急制度文件、应急资源台账和应急演练资料、突发事件应急处置报告等；二是工业信息安全应急管理相关法律、法规、标准等规范性文件。

在资料分析过程中，应根据应急准备评估指标，分析应急准备工作是否符合要求。例如，查阅应急演练评估报告，分析是否定期开展应急演练，检验演练成果运用效果；查阅应急处置总结报告，分析应急处置过程是否科学、有序；查阅风险评估报告，分析相关风险项是否完成整改并实施安全加固措施；收集相关政策法规文件，对照评估应急预案，分析是否存在不符合法律法规标准的要求、预案内容衔接性差、可操作性差等问题。

（2）人员访谈

人员访谈是指通过抽样访谈或座谈研讨等方式，进一步了解单位的应急准备情况。主要内容包括询问相关人员是否建立了明确的工业信息安全应急组织架构并进行了职责分工，是否定期组织召开应急教育培训，是否了解本单位的应急装备物资分布情况等。

（3）现场审核

现场审核是指采用现场检查、操作检验等方式，检查工业信息安全应急装备物资是否与应急装备物资清单一致、是否满足应急响应工作的需求；通过要求应急管理人员演示修改防火墙配置、实施漏洞修补等安全防护技术操作，验证相关人员的工业信息安全技术与技能水平等。

（4）推演论证

采用开展工业信息安全事件应急演练的方式，基于假定的事件情景，对应急组织与职责、应急响应步骤、应急协调能力、应急处置措施、应急资源完备程度等进行评估。

在评分过程中，可以采取定性、定量的评分方法。如将分析结果划分为达标或不达标，属于定性分析；按照一定的标准进行打分，以分数评估应急准备情况，属于定量分析。

3．应急准备评估总结

应急准备评估总结包括编写评估报告和提出改进建议。评估工作组汇总评估过程中发现的问题，得出公正客观、意见一致的评估意见及评估结论，编写应急准备评估报告，提出改善工业信息安全应急准备的具体意见和建议。

评估报告一般包括如下内容。

① 评估工作组人员组成及情况，包括评估工作组人员的基本情况和所承担的任务情况。

② 评估对象情况，包括单位性质、基本概况、主要风险等。

③ 评估内容，包括评估方法、评估指标、评估结果、组织应急准备工作现状及存在的问题。

④ 整改内容。针对存在的问题，提出相应的改进措施和建议。

⑤ 评估结论。结合所有评估情况，形成评估结论。

被评估单位应参照评估报告中提出的问题、整改措施、意见建议等，完善工业信息安全应急准备体系，提升应急准备能力。

第七章　工业信息安全应急预案编制

工业信息安全应急预案编制有助于高效开展工业信息安全应急处置工作，以及防范工业信息安全风险。本章重点介绍工业信息安全应急预案编制的基本程序和多种应急预案的编制内容。

第一节　工业信息安全应急预案编制的意义

在工业信息安全应急管理的各项工作中，应急预案是最为基础的核心内容，它是为规范工业信息安全事件应急响应工作而预先制定的方案。应急预案是否科学合理，对应急管理的各项工作（特别是突发工业信息安全事件的应急处置工作）有着决定性影响。应急预案的意义主要体现在以下 4 个方面。

第一，明确基本应急要求，使应急处置工作有章可循。

第二，明确各方职责、应急流程等，有利于快速、准确地启动响应。

第三，建立与上级单位的应急衔接关系，有利于协调处置超出本级管辖范围和处置能力的事件。

第四，明确宣传、培训演练的内容，有利于增强应急人员的风险防范意识。

工业信息安全是网络安全的重要组成部分，因此在制定工业信息安全应急预案时，需要遵循上位预案《国家网络安全事件应急预案》。《国家网络安全事件应急预案》的贯彻实施全面提高了我国工业信息安全事件预防和应急处置能力，强化了各级政府和相关主管部门的职能作用，对于增强全社会的工业信息安全意识具有重要意义。《国家网络安全事件应急预案》发布后，各地区、部门和行业也都纷纷制定了本地区、部门和行业的网络安全事件应急预案，普遍加强了特别重大事件组织指挥、信息上报等内容同《国家网络安全事件应急预案》的衔接性，在指导各级、各类网络安全事件的应急处置方面起到了积极作用。然而，当前大部分地区、部门和行业的工业信息安全应急预案还不能满足工业信息安全事件预防和应急处置的需求，主要表现在如下 3 个方面。

① 事件分级、预警分级、响应分级、预警发布机构、响应启动条件等规定同《国家网络安全事件应急预案》的衔接不够紧密，同时缺少与下级预案的接口。特别是《国家

网络安全事件应急预案》明确了特别重大网络安全事件的处置和调查、红色预警的发布等由应急办负责，少数地区、部门和行业的有关规定与上述相关规定不一致。

② 部分预案存在照搬照抄《国家网络安全事件应急预案》的现象，事件分级、预警响应、应急响应等规定缺乏针对性。

③ 部分地区、部门和行业预案的可操作性不强，缺少与综合应急预案配套的专项预案、实施办法等相关文件，缺少信息报送、应急处置等文档模板和应急通讯录、资产清单等应急处置所需的资料。

第二节　工业信息安全应急预案编制的基本程序

预案编制的基本程序可以分为两个步骤：预案编制准备、预案编制与修订。预案编制准备环节主要包括成立编制工作组，开展资料收集、资产整理、风险评估、应急资源和应急能力分析等工作。预案编制准备就绪后，可以开始预案编制、评审和发布，以及预案修订等工作。此外，预案修订完成后，还需要重新进行预案评审，审核通过后，应重新开展预案发布和备案工作。本节对各环节的内容进行具体介绍。

（一）应急预案编制准备

各地区、部门、行业和单位在编制工业信息安全应急预案前，应做好预案编制准备，包括组织成立预案编制工作组，开展资料收集、资产整理、风险评估、应急资源储备、处置能力分析等工作。

1. 成立编制工作组

预案编制工作是一项复杂的系统工程，涉及面广，专业性强。预案编制的组织者应该具有较强的组织协调能力，充分熟知本地区、部门、行业和单位的基本情况，尤其是本地区、部门、行业的工业信息安全状况，应能够充分调动编制人员的积极性，坚持合理分工、相互配合，使团队形成有机整体。预案编制工作组通常由工业信息安全、工程技术、组织管理等方面的专业人员组成，为预案编制提供充足的专业支撑。

各地区、部门、行业和单位应结合内部机构职能和分工，成立以地区、部门、行业和单位的工业信息安全工作主要负责人为组长，相关人员参加的应急预案编制工作组，明确工作组成员的工作职责和任务分工。预案编制工作组应制订工作计划，有序推进应急预案编制工作。同时，预案编制工作组还应充分利用专家力量，积极吸纳应急管理专家对预案提出的意见和建议。

2. 资料收集

应急预案编制人员在着手编写预案前，应充分收集与预案编制工作相关的法律法规、技术标准、应急预案，国内外工业信息安全应急工作相关资料，以及本地区、部门、行业和单位工业信息安全相关规章制度、技术资料、应急资源等有关资料。通过分析，从其中筛选出对预案编写工作具有价值的信息，作为预案编制的参考。

3. 风险评估

应急预案编制人员在编制预案前，应开展本地区、部门、行业和单位工业信息安全风险评估工作，并形成风险评估报告。风险评估报告的主要内容应该涵盖以下 3 个方面。

第一，分析本地区、部门、行业和单位存在的工业信息安全威胁因素，梳理潜在的工业信息安全风险。按照威胁的来源，工业信息安全威胁主要包括外部威胁和内部威胁：外部威胁主要来自组织外部的攻击，可能表现为网络攻击、DoS 攻击、网络监听、网络钓鱼、网页篡改、信息窃取等；内部威胁主要来自内部人员的恶意攻击、操作失误、越权或滥用职权等。

第二，分析可能发生的工业信息安全事件类型及后果，并总结可能产生的连锁连片反应。工业信息安全事件是指由于人为、软硬件缺陷或故障、自然灾害等，对工业控制系统、工业数据、工业互联网等造成或者可能造成严重危害，影响正常工业生产的事件。在生产制造、交通运输、城市供热供气供水等关键领域，工业信息安全事件往往会引发连锁连片反应，导致生产停滞、交通瘫痪、供热供气供水中断，甚至导致人员伤亡。各地区、部门、行业和单位应特别注意，并认真梳理可能存在的连锁连片反应。

第三，评估工业信息安全风险的危害程度和影响范围，提出风险防控措施。各地区、部门、行业和单位应根据工业信息安全风险可能造成的系统中断、经济损失等影响程度，可能影响的范围，以及导致的连锁连片反应，提出加强工业信息安全监测、及时进行系统漏洞修补等风险防控措施。

4. 应急资源和处置能力分析

编制的预案要与本地区、部门、行业和单位所具有的应急资源和应急能力相适应。因此，需要对应急资源和应急能力进行分析，并形成分析报告。

应急资源和处置能力分析的目的就是明确本地区、部门、行业和单位应急处置所需要的各种资源，分析已有的应急资源和能力，重点明确应急资源和能力存在的不足，为应急队伍的建设、应急资源的规划、应急装备的配备、应急预案的编制提供支撑。

应急资源和处置能力分析包括但不限于以下内容。

① 应急技术队伍数量、专长。

② 应急专家队伍数量、专长。

③ 应急设备、装备的数量、型号。

④ 应急物资的种类和数量。

⑤ 保障经费情况。

⑥ 应急协调机制运转情况。

⑦ 应急处置流程情况。

⑧ 应急处置和恢复措施情况。

（二）应急预案编制与修订

在应急预案编制准备工作完成后，预案编制工作组正式开始预案编制与修订工作，具体包括编制、评审及修订等环节。

1. 应急预案编制

预案编制工作组在充分考虑本地区、部门、行业和单位的工业信息安全现状，参考借鉴应急资料的基础上，根据本地区、部门、行业和单位的工业信息安全风险评估及应急资源和处置能力分析结果，组织编制应急预案。

在预案编制过程中，应注重与国家预案、地方预案、行业预案、上级预案以及相关部门的预案的衔接；明确参与人员的应急预案编制职责，确保相关人员的广泛参与。

2. 应急预案评审

为确保应急预案的科学、合理，预案编制单位或管理部门应该依据《突发事件应急预案管理办法》，组织开展预案评审，形成送审稿并送有关部门审批、备案。

评审分为内部评审和外部评审，内部评审由本地区、部门、行业和单位的工业信息安全工作主要负责人组织有关部门和专家进行。经过内部评审，并对预案进行修订后，由上级或有关部门、专家进行外部评审。应急预案评审合格后，按照《突发事件应急预案管理办法》等有关规定进行审批、发布，并予以备案管理。

3. 应急预案修订

应急预案需要进行动态管理，适时进行内容修订。有以下情形之一的，应及时对预案进行修订。

① 应急预案依据的法律法规和有关标准更新，或上级有关部门预案已修订。

② 应急指挥机构及其职责发生重大调整。

③ 面临的风险发生重大变化。

④ 重要应急资源发生重大变化。

⑤ 预案中的其他重要信息发生变化。

⑥ 在应急演练评估或实际应急响应中，发现预案存在问题，需要进行重大调整。

⑦ 应急预案编制单位认为应当修订。

⑧ 预案修订完成后，需要重新进行预案评审，审核通过后，重新开展预案发布和备案工作。

第三节　工业信息安全应急预案的内容

根据应急预案的编制目的、具体内容和适用范围，各地区、部门、行业和单位的工业信息安全应急预案可以分为综合应急预案、专项应急预案和现场处置方案：综合应急预案主要从总体上阐述工业信息安全事件的应急工作原则，为应急工作提供综合指导；

专项应急预案是各地区、部门、行业和单位为应对某一类型或某几种类型的安全事件，或者保护重要对象和特定系统、保障重大活动等重要专项工作而制定的应急预案；现场处置方案是针对具体场所、系统或设备所需的应急处置措施而制定的方案，用于指导现场人员规范、恰当地进行应急操作。

各地区、部门、行业和单位应根据本地区、部门、行业和单位的组织管理体系、组织规模、风险情况、保障对象，以及可能发生的工业信息安全事件等确定应急预案类型，并应根据本地区、部门、行业和单位的实际情况，制定相应的预案。

（一）工业信息安全综合应急预案

工业信息安全综合应急预案从总体上阐述工业信息安全事件的应急方针、政策，涵盖应急组织机构及其相关的应急职责，应急行动、措施和保障等基本要求和程序，是各地区、部门、行业和单位应对工业信息安全事件的综合性指导文件。作为各地区、部门、行业和单位应急预案体系的总纲，综合应急预案主要从总体上阐述工业信息安全事件的应急工作原则，包括各地区、部门、行业和单位的应急组织机构与职责、监测与预警、应急处置、调查与评估、预防工作、保障措施、预案管理等内容。原则上，各地区、部门、行业和单位都应该制定本地区、部门、行业和单位的工业信息安全综合应急预案，为应急工作提供综合指导。

1. 综合应急预案框架

综合应急预案框架包含的主要要素见表 7-1，各地区、部门、行业和单位在制定本级综合应急预案时，可根据需要自行调整。

表 7-1　综合应急预案的组成要素

序号	组成要素	
1	总则	（1）编制目的
		（2）编制依据
		（3）适用范围
		（4）事件分级
		（5）工作原则
2	组织机构与职责	（1）领导机构与职责
		（2）办事机构与职责
		（3）相关部门职责
3	监测与预警	（1）预警分级
		（2）预警监测
		（3）预警研判和发布
		（4）预警响应
		（5）预警解除

续表

序号	组成要素	
4	应急处置	（1）事件报告
		（2）应急响应
		（3）应急结束
5	调查与评估	
6	预防工作	（1）日常管理
		（2）演练
		（3）宣传
		（4）培训
		（5）重要活动期间的预防措施
7	保障措施	（1）机构和人员明确
		（2）应急技术队伍组建
		（3）应急专家队伍组建
		（4）平台组建
		（5）物资储备
		（6）经费保障
		（7）责任与奖惩落实
8	附则	（1）预案管理
		（2）预案解释
		（3）预案实施时间
9	附件	

2．综合应急预案的主要内容

按照表 7-1，综合应急预案的主要内容如下。

1．总则

（1）编制目的

不同地区、部门、行业和单位综合应急预案编制的具体目的不尽相同，但一般情况下，编制目的应包括如下内容。

① 贯彻落实《网络安全法》等相关法律法规和政策文件。

② 建立健全工业信息安全应急工作机制，提高工业信息安全事件的应急反应效率和协调水平，增强工业信息安全事件的综合处置能力。

③ 预防和减少工业信息安全事件造成的损失和危害，保护公众利益，维护国家安全、公共安全和社会秩序。

（2）编制依据

编制依据中应明确，预案根据《突发事件应对法》《网络安全法》《国家突发公共事件总体应急预案》《突发事件应急预案管理办法》《国家网络安全事件应急预案》《信息安

全技术 信息安全事件分类分级指南》等法规标准以及本地区、部门、行业和单位的有关规定编制。

（3）适用范围

应明确预案适用的区域范围、适用对象（系统、网站或企业），适用的工业信息安全事件级别等。也可说明不适用的情况，并对涉及的名词术语进行解释说明。

（4）事件分级

应根据工业信息安全事件的影响范围、严重程度和危害程度，结合定性和定量的指标对事件分级进行描述。事件通常分为 4 级，各地区、部门、行业和单位可根据各自工业信息安全的实际情况进行扩充。事件分级是预案编制的重点、难点，事件级别的划分结果对预警、事件处置具有重要影响。事件级别的划分还应注意以下要点。

① 针对性。事件分级结果应充分反映本地区、部门、行业和单位工业信息安全应急工作的实际情况，不能照搬照抄上级预案的事件分级有关内容。

② 一致性。预案中，事件分级、预警分级和响应分级应保持一致。若对事件分级进行扩充，也应同时对预警分级和响应分级进行扩充。

③ 衔接性。应明确本级预案事件分级与上级预案事件分级的对应关系，同时考虑与相关预案的衔接关系。

（5）工作原则

工业信息安全应急工作应遵循"预防为主，预防与处置相结合""谁主管、谁负责，谁运行、谁负责"等工作原则，一般应体现以下内容。

① 预防为主。各地区、部门、行业和单位应高度重视工业信息安全应急工作，常抓不懈，防患于未然；增强忧患意识，坚持预防与应急相结合、常态与非常态相结合，加强监测，提高应对能力，做好应对各级事件的准备工作。

② 统一领导，分级负责。在工业信息安全应急工作主管部门的统一领导下，建立健全工业信息安全应急管理体制，各部门、机构按照各自的职责和权限，密切配合，充分发挥专业技术优势，提高快速反应能力，采取得力措施，把危害降到最低。

2. 组织机构与职责

健全、高效的工业信息安全应急组织机构是预案有效实施的组织保障，更是落实工业信息安全事件应急预案的关键。因此，在编制应急预案的过程中必须着重健全应急组织机构，明确应急组织形式、构成单位或人员，明确应急指挥机构总指挥、副总指挥、各成员单位及其相应的职责。应急指挥机构根据事件类型和应急工作需要，设置相应的应急工作小组，并明确各小组的工作任务及职责。组织机构与职责中应明确应急领导机构、办事机构、工作机构及其相应的职责。

（1）领导机构与职责

应根据工业信息安全应急工作的实际情况和相关部门的职责，明确应急领导机构的责任人及职责。如果需要设立应急指挥部，则应明确总指挥、副总指挥、组成部门及联络员等。

（2）办事机构与职责

应根据工业信息安全应急工作的实际情况和相关部门的职责，明确办事机构及其职责。

（3）相关部门职责

应根据相关部门的职责，明确工作机构等相关部门的职责。

3. 监测与预警

监测与预警包括预警分级、预警监测、预警研判和发布、预警响应、预警解除等内容。应明确工业信息安全风险和事件的监测及预防手段，明确信息监测、报告与预警的具体程序。

（1）预警分级

工业信息安全事件预警等级的划分应与事件等级划分保持一致，同时还应与上级预案相对应。为区别于事件分级，预警分级一般用红色、橙色、黄色、蓝色等表示。

（2）预警监测

应明确预警监测工作的具体内容，如监测对象、事件类型、监测范围、时间间隔等。

（3）预警研判和发布

预警研判机构应充分分析事件可能的危害程度、紧急程度和发展态势，结合本地区、部门、行业和单位的实际情况，对监测信息进行判断。根据预警研判结果，在各地区、部门、行业和单位管辖范围内发布相应级别的预警信息。其中，红色预警由应急办统一发布。各地区、部门、行业和单位依据各自的职责，发布橙色及以下级别的预警信息。

（4）预警响应

根据工业信息安全隐患和威胁的严重程度、紧急程度和可能波及的范围进行预警响应，详细描述预警响应的动作，包括但不限于以下内容。

① 明确预警响应的组织机构、参与机构，以及预警响应的协调联动方式。

② 明确信息监测、应急值班、信息报告及其他预警响应动作。

③ 明确应急技术队伍的预警响应动作要求。

（5）预警解除

明确预警解除的机构和条件。

4. 应急处置

应急处置应包括事件报告、应急响应、应急结束等程序和措施。

（1）事件报告

事发单位应组织开展先期处置，明确具体的处置措施。在开展先期处置的同时，安排相应人员进行事件报告，明确信息报告的时限、方式和内容要求。

（2）应急响应

针对不同级别工业信息安全事件的处置要求，进行相应的分级响应。应急响应措施包括但不限于以下内容。

① 启动指挥体系。根据响应级别启动相应的应急指挥体系，组织开展应急处置方案制定、应急组织协调和应急资源调度等工作。

② 监测事件变化。应急机构根据各自的职责，加强事件监测，及时报告事件发展变化情况，受影响的部门开展隐患排查，确定事件影响范围。

③ 开展应急处置。根据应急指挥机构的应急处置方案，开展事态控制、系统恢复、信息发布等工作。

应急响应是综合应急预案最重要的内容之一。根据应急职责，各地方、部门、行业和单位主要负责处置的事件级别不同，主要负责的应急响应级别也不同。各地方、部门、行业和单位在制定综合应急预案时，应着重做好本级负责的应急响应级别的说明。在描述应急流程时，最好附上应急处置流程图进行详细说明。

（3）应急结束

应明确应急结束的条件和通报范围。

5. 调查与评估

确定参与总结评估的机构，明确总结报告的内容要求，如事件发生的经过和原因、应急处置工作评价、改进措施，明确提交总结报告的机构和时限。

6. 预防工作

预防工作包括日常管理、演练、宣传、培训和重要活动期间的预防措施等。

（1）日常管理

明确工业信息安全事件的日常预防工作要求，主要包括以下两点。

① 制定并完善应急预案等工业信息安全应急管理文件。

② 做好工业信息安全隐患排查、风险评估和容灾备份等预防措施。

（2）演练

预案应明确应急演练的规模、方式、频次、范围、内容、评估和总结等要求。

（3）宣传

明确工业信息安全知识和技能的宣传内容和渠道。

（4）培训

明确工业信息安全应急培训的目的，确定应急培训的对象、培训内容和方式。

（5）重要活动期间的预防措施

明确重要活动期间的具体保障措施。根据重要活动保障工作的整体要求，结合本地区、部门、行业和单位的工业信息安全特点，详细列出预防措施。原则上，重要活动期间应提高预警级别，启动高一级别的应急响应措施。

7. 保障措施

保障措施包括机构和人员明确、应急技术队伍和专家队伍组建、平台建设、物资储备、经费保障、责任与奖惩落实等。

（1）机构和人员明确

各地区、部门、行业和单位应根据实际的工业信息安全应急需求，明确应急组织机构和人员，建立健全并落实工业信息安全应急工作责任制。

（2）应急技术队伍组建

应明确工业信息安全应急技术队伍的组建和管理要求；加强应急人员的培训教育，提高技术人员的应急能力。

（3）应急专家队伍组建

应明确工业信息安全应急专家队伍的组建和管理要求。

（4）平台建设

应做好工业信息安全应急技术平台和管理平台的建设工作，为应急工作提供有力的支撑。

（5）物资储备

应明确应急装备、工具储备的具体类型、数量情况，同时明确物资的管理制度和管理条件等要求。具体要求包括但不限于应急需要使用的应急物资和装备的类型、数量、性能，存放的位置，管理、使用、维护和更新的责任人及其联系方式等内容。

（6）经费保障

应急经费包括应急管理运行和应急响应中各项活动的开支。综合应急预案应明确应急专项经费来源、使用范围、数量和监督管理措施等。

（7）责任与奖惩落实

应落实责任追究制，明确工业信息安全事件应急处置中的责任与奖惩要求。

8. 附则

（1）预案管理

明确预案评估的频次和修订工作的负责机构，以及下级预案编制的相关要求。

（2）预案解释

明确预案解释的机构。

（3）预案实施时间

明确预案发布以及生效的具体时间。

9. 附件

综合应急预案的附件包括但不限于如下内容。

（1）名词术语

对综合应急预案中出现的名词术语进行解释说明。

（2）文档模板

应细化预警信息单、事件报告单、事件处置单、事件总结报告等模板，形成规范的格式文本。

（3）指挥机构信息

应明确应急指挥机构领导及人员的联系方式。

（4）技术队伍、专家队伍和相关部门联系信息

应明确应急技术队伍的人员名单及联系方式，以及应急处置专家名单和联系方式，明确相关单位、部门、组织机构或人员的名称及联系方式。

（5）重要信息系统的信息

明确重要保护目标的基本信息及系统之间的关系。

（6）其他操作性资料

例如，事件分级表、应急响应任务表、预警信息发布流程图、事件响应流程图等资料。

（二）工业信息安全专项应急预案

工业信息安全专项应急预案侧重工业信息安全事件风险分析、应急指挥机构及职责、处置程序和措施等内容。各地区、部门、行业和单位可根据应急工作的实际需要，组织开展工业信息安全专项应急预案编制工作。

1．专项应急预案概述

工业信息安全专项应急预案的编制程序和要求与综合应急预案的编制程序和要求相似，可作为综合应急预案的附件，与综合应急预案配套使用，也可作为独立的预案使用。编制过程中应注重体现地区、部门、行业和单位专项应急预案的针对性，做好与综合应急预案的衔接。

专项应急预案主要分为以下两类。

一是针对事件的专项应急预案。此类专项应急预案是针对某类或某几类工业信息安全事件而制定的特定应急预案。此类预案应明确事件级别、应急组织机构及其职责，预警级别划分与预警响应，以及应急响应与处置措施等。

二是针对保障目标的专项应急预案。此类专项应急预案是针对重要目标和系统、重大活动保障等制定的特定工业信息安全应急预案。此类预案应充分总结保障目标、重大活动期间可能遭受的工业信息安全事件类型，明确应急组织机构及其职责，信息监测、预警发布和响应要求，以及信息报告流程、应急响应与处置措施等。

2．资产整理

在充分理解所收集资料的基础上，预案编制工作组应着手整理本地区、部门、行业或单位的基础网络、门户网站、业务系统、办公终端以及数据资源等网络和信息资产。

3．专项应急预案的主要内容

专项应急预案应明确应急响应流程和应急处置措施。专项应急预案的内容包括但不限于总则、事件类型和影响分析、事件分级、应急组织机构及职责、监测与预警、信息报告、应急响应、应急保障及附则。

1．总则

应说明专项应急预案的编制目的、编制依据、适用范围等内容。

2．事件类型和影响分析

（1）分析工业信息安全事件或系统的风险来源和特点等。

（2）针对可能发生的工业信息安全事件风险，分析事件发生的可能性以及严重程度、影响范围等。

3. 事件分级

根据工业信息安全事件的危害程度和影响范围，依据国家法律法规、上级预案等对工业信息安全事件进行分级。事件分级应注重与本级综合应急预案、上级预案的衔接。

4. 应急组织机构及职责

（1）明确应急组织机构及职责，以及组织机构组成人员的具体分工。

（2）应急组织机构可根据需要细分应急处置工作小组，明确各小组的工作任务及主要负责人职责。

5. 监测与预警

（1）明确监测工作的责任人、相关监测手段和监测内容。

（2）明确信息报告程序。

（3）明确预警分级、预警发布程序和相关要求。

（4）明确预警响应措施。

6. 信息报告

（1）明确机构的 24 小时应急值班电话。

（2）明确机构内部信息报告的程序、方式、内容和时限。

（3）明确向上级有关部门和应急办报告的程序、方式、内容和时限。

7. 应急响应

根据事件响应的不同级别，分别明确以下内容。

（1）应急响应启动条件。

（2）先期处置：明确事发部门的先期处置步骤和措施。

（3）响应组织：包括召开应急会议、派出现场工作组等。

（4）响应措施：各有关部门按照响应级别和职责分工开展应急行动，包括制定应急响应方案、开展事件监测、做好应急资源调配和应急恢复工作。

（5）应急结束程序：明确不同级别响应的结束条件。

（6）后期处置：明确应急工作调查和总结的组织及参与机构。

8. 应急保障

明确应急技术队伍、应急物资、应急经费等具体内容与要求。明确预案培训和演练的要求等。

9. 附则

说明预案备案、预案修订、预案解释与实施等事项。

（三）工业信息安全现场处置方案

工业信息安全现场处置方案侧重明确现场组织指挥机制、应急人员分工、应急措施、应急流程、应急物资保障等内容。各部门和单位可根据应急工作的实际需要，组织开展工业信息安全现场处置方案的制定。

1．现场处置方案概述

现场处置方案应简明、具体，具有较强的可操作性。现场处置方案应有利于应急工作人员在应对突发事件时快速反应和正确处置。

2．现场处置方案的主要内容

1. 总则

说明现场处置方案的编制目的、编制依据、适用范围等内容。

2. 工业信息安全事件影响分析

（1）分析事件类型，事件发生的地点，影响的范围、系统或设备。

（2）分析事件发生的可能时间、事件的危害程度、严重程度及影响范围。

（3）分析事件发生前可能出现的征兆，明确事件发生条件。

（4）分析事件可能引发的连锁连片反应。

3. 组织机构和职责

（1）明确应急组织机构的组成和职责、分工。

（2）明确应急人员的职责。现场应急组织机构及人员的具体职责应同在岗人员工作职责紧密结合，并明确相关岗位工作人员的应急工作职责。为确保应急工作顺利开展，每个应急岗位都应该做好正、副岗人员配备。

4. 应急处置措施

（1）明确应急处置启动、应急处置过程的组织与协调机制。

（2）明确应急处置流程。根据可能发生的事件类别及现场情况，说明应急处置步骤和处置要点，确定事件报告的基本要求和内容。

（3）处理好现场处置方案与综合应急预案、专项应急预案、上级预案等的衔接关系。

5. 附件

附件包括但不限于以下内容。

（1）现场处置应急联系人名单和联系方式。

（2）现场设备运维单位应急联系人、联系方式。

（3）现场应急处置装备清单。

第四节　工业信息安全应急预案的检验

应急预案修订完成后应对其合规性、覆盖面、准确性、针对性和可操作性进行检验。

合规性检验标准主要包括 3 个方面。① 预案内容与国家相关法律、标准、规范和制度要求是否相符。② 预案与部门相关管理制度是否矛盾、抵触或衔接。③ 预案与地方政府预案、上级主管单位以及相关部门的预案是否矛盾、抵触或衔接。

覆盖面检验标准主要包括 4 个方面。① 是否覆盖所有重要信息系统及其相关基础设施。② 是否完整覆盖可能的安全事件、威胁源、危害。③ 是否具备明确的组织体系和岗位职责。④ 是否具备完整的预案体系。

准确性检验标准主要包括 6 个方面。① 对安全事件、威胁源、危害的严重性、相关性的判断是否准确。② 是否准确描述所需的应急设备、资源、技术。③ 是否准确描述组织体系、人员、岗位、职责、制度、机制。④ 是否准确描述流程图、相关操作、措施、信息报送渠道、内容。⑤ 是否准确描述事件等级、预警等级、响应等级。⑥ 预案其他内容的准确性。

针对性检验标准主要包括 6 个方面。① 事件与危害、威胁源的匹配度。② 组织体系、管理制度、人员岗位设置等与事件的匹配度。③ 预警流程、响应流程与事件、危害的匹配度。④ 操作流程、操作内容、命令等与事件预警、响应的匹配度。⑤ 应急物资、设备、支援力量与事件预警、响应的匹配度。⑥ 预案其他内容的针对性。

可操作性检验标准主要包括 5 个方面。① 是否根据行业、机构、单位属性、人员配置情况，合理设置应急预案体系、岗位分工、人员职责。② 是否针对可能发生的安全事件配备相应的监测与预警手段。③ 预警流程、响应流程、处置措施、恢复重建方法、培训、演练是否简明扼要、可操作性强。④ 预警、应急、处置启动条件的合理性，应急资源、支援力量的可获得性。⑤ 预案其他内容的可操作性。

第八章 工业信息安全应急演练实施

应急演练是增强应急预案可操作性、完善应急准备工作、提升应急保障能力的重要抓手。在当前工业信息安全事件层出不穷的形势下，组织开展工业信息安全事件应急演练，对于尽可能预防事件发生、减轻事件影响等具有重要意义。应急演练已经引起了世界各国、各级政府、企事业单位等的高度重视。理解工业信息安全应急演练基本理论、掌握应急演练实施方法，已成为工业信息安全应急管理领域待就业人员和就业人员的必备技能。

第一节 工业信息安全应急演练概述

（一）基本概念

2009年9月，国务院原应急管理办公室印发的《突发事件应急演练指南》明确了突发事件应急演练的定义，即各级人民政府及其部门、企事业单位、社会团体等组织相关单位及人员，依据有关应急预案，模拟应对突发事件的活动。

工业信息安全应急演练是指工业领域各行业主管部门、企事业单位、社会团体等演练组织单位，组织相关单位及人员，依据有关工业信息安全应急预案（如工控安全事件应急预案、工业数据安全事件应急预案等），模拟应对工业信息安全突发事件的活动。

在组织开展工业信息安全应急演练时，应围绕工业信息安全事件的事前、事发、事中、事后全流程展开，模拟事件发生前、事件发生初期、事件处置过程中、事件处置完成后等各环节的应急管理工作。具体内容包括如下4个方面。

在事前环节，主要模拟开展工业信息安全风险防范、应急准备、宣传教育、社会动员等工作。

在事发环节，主要模拟开展工业信息安全风险监测、风险研判、信息报告、风险预警等工作。

在事中环节，主要模拟开展工业信息安全事件先期处置、快速评估、决策指挥、协调联动、信息发布等工作。

在事后环节，主要模拟开展工业控制系统等恢复重建、事件调查评估、责任追究等工作。

（二）国内政策

近年来，我国对工业信息安全应急演练愈加重视，出台了系列政策法规文件明确要求开展应急演练。在《网络安全法》《条例》《国家网络安全事件应急预案》等法律法规文件中，均要求关键信息基础设施运营者等定期组织开展网络安全事件应急演练。聚焦工业信息安全应急演练领域，《工业控制系统信息安全防护指南》《工业控制系统信息安全事件应急管理工作指南》《工业和信息化领域数据安全管理办法（试行）》等文件明确提出了工业企业等应定期组织开展工控安全事件应急演练、工业数据安全事件应急演练，提升工业信息安全应急保障能力。

（三）演练的作用

通过定期开展工业信息安全应急演练，能够及时发现工业信息安全应急工作体系和工作机制存在的问题，助力有针对性地提高应急保障能力，一旦发生工业信息安全突发事件，便能迅速、有效地控制事件，防止事件进一步恶化，缩小事件影响范围，减轻事件影响程度。从总体来看，开展应急演练主要起到以下五大作用。

1. 检验预案

应急演练是依据相关应急预案开展的，因此，通过开展应急演练，能够检验应急预案的有效性，查找应急预案中存在的问题并予以改进。以突发公共卫生事件为例，新冠疫情暴发之初，便暴露出了我国公共卫生事件应急管理体系存在很多薄弱环节，如农村、社区等基层防控能力明显不足，突发事件报告机制不健全等，相关应急预案在应对重大突发公共卫生事件时未能有效发挥作用。针对疫情暴露出来的问题，目前我国也正在开展《国家突发公共事件总体应急预案》的修订工作。工业信息安全应急演练通过模拟突发事件发生，以演练代替事件检验工业信息安全应急预案，能够提前发现问题，提高应急预案的实用性和可操作性。

2. 完善准备

通过开展应急演练，可以检验工业信息安全应急响应的准备情况，如从事工业信息安全应急处置工作的应急队伍是否充足，应急响应过程中涉及的应急车辆、应急通信设施等物资是否完备，已有的工业信息安全恶意代码分析工具、病毒查杀工具、安全加固工具等技术设备是否能够有效应对工业信息安全事件等。针对应急演练过程中发现的不足之处，及时予以调整补充，做好应急准备工作。

3. 锻炼队伍

应急演练能有效锻炼参加应急演练的人员（以下简称"参演人员"）的应急响应能力。一方面，能提高参演人员对工业信息安全应急预案的熟练程度，助力相关人员在真实突发事件处置过程中能迅速按照应急预案展开应急响应工作。另一方面，通过模拟实际场景、设置真实的应急处置任务，以练代训，提高参演人员应对工业信息安全突发事件的应急处置技术能力。

4．磨合机制

工业信息安全突发事件预警响应、应急响应涉及的主体众多，可能包括工业企业、各级工业和信息化主管部门、中央网信办等，而且响应流程复杂，不同等级事件的响应程序各有差异。通过开展应急演练，能够进一步明确相关单位和人员在应急响应工作中的职责、任务，理顺应急响应的工作关系，完善各类、各级工业信息安全事件的应急联动机制。

5．宣传教育

通过开展应急演练，除了能锻炼参演人员外，还能以生动、丰富、直观的形式，普及工业信息安全应急知识，帮助观摩人员更加深刻地体会事件危害性、了解应急响应工作应采取的正确做法、认识做好安全防护的重要性，提高观摩人员的工业信息安全风险防范意识，起到较好的宣传教育作用。

（四）演练的分类

在设计工业信息安全应急演练方案时，可以结合演练的实际需求和客观条件，选择不同的演练类型。具体而言，应急演练有不同的分类方式，可以按照演练的组织形式、演练内容、目的作用、组织范围等不同维度来划分，见表 8-1。此外，不同类型的演练也可以相互组合，如开展综合性实战演练、检验性专项演练等。

表 8-1　工业信息安全应急演练分类

分类维度	演练类型	特点
组织形式	桌面演练	根据应急预案，针对事先假定的演练情景开展演练，重点验证应急预案的有效性
	实战演练	利用工业控制系统等真实生产环境模拟场景，重点检验和提高临场组织指挥、应急处置和保障能力
演练内容	专项演练	针对特定系统或应急响应功能的演练活动
	综合演练	针对多项或全部应急响应功能的演练活动
目的作用	检验性演练	检验应急预案的可行性、应急准备的充分性、应急机制的协调性、相关人员的处置能力
	示范性演练	向观摩人员展示应急能力或提供示范教学。政府部门一般采用此类演练
	研究性演练	为试验新方案、新技术、新装备而组织的演练。研究机构、安全企业等一般采用此类演练

续表

分类维度	演练类型	特点
组织范围	企业内部演练	由企业总体牵头或某一部门牵头组织的演练活动
	行业内部演练	由行业主管部门牵头组织的演练活动，演练参与方涉及单个行业
	跨行业演练	演练参与方涉及多个行业，如钢铁、制造、化工等
	跨地域演练	演练参与方涉及多个地域，如不同的省、市、县等

第二节 工业信息安全应急演练实施方法

工业信息安全应急演练主要包括演练准备、演练实施、演练总结、成果运用 4 个阶段，如图 8-1 所示。在应急演练各阶段，均应遵循一定的演练原则。

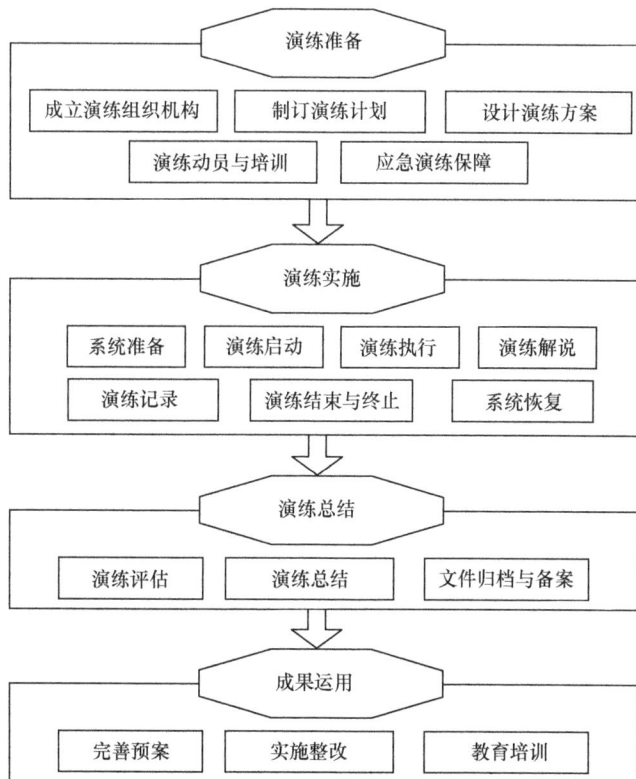

图 8-1 工业信息安全应急演练实施流程

（一）演练原则

组织开展工业信息安全应急演练应遵循符合规定、结合实际、讲究实效、确保安全等原则。

（1）符合规定

开展工业信息安全应急演练必须遵守相关法律、法规、标准和应急预案的规定。例如，工业企业开展应急演练，应遵守《网络安全法》《国家网络安全事件应急预案》等国家级政策文件，所属行政区域内工业和信息化主管部门出台的工业信息安全应急预案等区域级政策文件，以及企业自身制定的应急预案相关要求。

（2）结合实际

应结合工业信息安全应急管理工作的实际需求，明确应急演练的目的、方式和规模。由于不同行业、不同企业容易遭受的网络攻击类型不同，如对于制造业，勒索软件是首要的攻击类型，而对于能源行业，数据窃取和泄露是首要的攻击类型，演练组织单位要结合可能发生的工业信息安全事件的类型、特点，确定开展应急演练的目的，并根据资源条件等确定应急演练的方式和规模。

（3）讲究实效

工业信息安全应急演练应以切实提高应急指挥协调能力、应急队伍处置能力等为着眼点，设计演练场景。在演练过程中，应重视发挥演练评估的作用，观察相关人员在演练各环节的表现情况，及时记录不足之处和值得推广之处，并针对发现的问题予以充分整改，总结好的经验并持续扩大应用范围，促进演练发挥实际效用。

（4）确保安全

工业信息安全应急演练应在确保安全的前提下执行。一方面是演练系统的安全，由于工业生产系统具有稳定性需求高等特点，在开展应急演练，尤其是实战演练的过程中，应确保不影响实际生产系统的稳定运行，保证演练单位的安全生产和正常运营。另一方面是演练人员的安全，应做好参演人员、观摩人员等的人身安全保障。

（二）演练准备

工业信息安全应急演练的准备阶段是确保演练成功的关键，包括成立演练组织机构、制订演练计划、设计演练方案、演练动员与培训、应急演练保障等方面。

1. 成立演练组织机构

演练准备的第一步是成立演练组织机构。按照职责分工的不同，演练人员主要分为领导小组、策划小组、保障小组、评估小组、督导小组、观摩小组 6 个小组，分别负责应急演练的组织领导、演练方案策划、技术设施调试与后勤保障、演练评估并提出意见建议、监督指导、观摩学习等，各小组的具体职责见表 8-2。其中，评估小组一般由工业信息安全应急管理专家组成。观摩小组可结合演练实际情况设置，如工业和信息化主管部门牵头组织的工业信息安全应急演练通常会邀请辖区内的工业企业观摩学习；而工业企业内部开展的应急演练通常会组织从事工业信息安全工作的员工观摩，以提高人员的安全意识。

表 8-2　演练组织机构及其职责

组织机构	职责
领导小组	为应急演练工作提供必要的资源（人、财、物等）支持；审核并批准应急演练方案；审批决定应急演练相关重大事项；部署、检查、指导和协调应急演练各项筹备工作；指挥、调度应急演练现场工作；在演练实施过程中，宣布应急演练开始、结束或终止；组织开展演练总结；指导推进演练成果运用工作
策划小组	制定应急演练方案，包括演练工作计划、演练脚本、演练宣传方案等；结合演练各环节执行情况及评估小组提出的意见，撰写演练评估报告；撰写演练总结报告
保障小组	负责准备演练过程中需要的各项设备，如工业设备、计算机、麦克风、音响等；提供演练场地保障，调试演练过程需要的各项器材，并做好通信、调度等技术支撑保障；负责演练现场的安全保障工作
评估小组	记录应急准备过程中相关人员的表现；记录演练过程中参演人员的应急响应活动；评价演练效果；针对在演练各环节发现的问题，及时向相关人员提出意见建议
督导小组	督查演练准备活动是否符合应急演练的规划要求；现场监督指导应急演练实施工作；跟踪演练成果运用情况
观摩小组	观摩学习演练实施过程

2. 制订演练计划

在制订演练计划阶段，应确定开展应急演练的目的；在风险评估的基础上，梳理工业信息安全防护薄弱环节，分析应急演练需求，确定需锻炼的应急处置技术、需检验的应急协调能力等；结合应急演练需求、演练经费预算、演练场地和演练时间等条件，确定演练方式、演练事件类型、演练范围及人员等；明确演练方案编写、演练物资准备、演练实施环节的时间安排等。

3. 设计演练方案

演练方案一般包括演练人员手册、演练脚本、演练评估方案、演练宣传方案等。

其中，演练人员手册要发放给所有参加演练的人员，即涵盖观摩人员，因此一般不涉及细节信息。演练人员手册的主要内容包括工业信息安全应急演练组织单位、演练参演单位、演练议程安排、演练场景概述、演练目的、注意事项等。

演练脚本是指导应急演练实施的详细工作文件，因此是最为核心的演练方案。演练脚本仅提供给具有演练角色的参演人员，主要描述整个演练细节，包括演练事件场景及发展趋势、演练执行人员需要采取的应急处置行动、详细的演练指令与对白、旁白人员的解说词等。为了便于参演人员使用，演练脚本一般采用表格形式展示，见表 8-3。

表 8-3　演练脚本示例

演练阶段	序号	场景	角色	指令/报告/应答内容
介绍流程	1	旁白	主持人	介绍演练科目，请总指挥下达演练开始指令
演练开始	2	指挥现场	总指挥	宣布应急演练正式开始
情景引入	3	旁白	主持人	介绍演练初始场景
事件发现	4	工厂	演练单位	展示如何发现工业信息安全事件
……	……	……	……	……

演练评估方案是开展演练评估的关键基础，通常包括演练信息、评估内容、评估标准、评估程序等内容。其中，演练信息即工业信息安全应急演练的目的、情景描述等。评估内容涵盖演练准备和演练实施两大环节，重点评价演练效果。评估标准指演练各环节应达到的目标评判标准，应重点围绕演练目标来设计，可以采用定性、定量等评估方法，如评估"应急指挥"这个目标项，设计的评估指标可以包括现场是否迅速成立了应急指挥部、应急指令的有效性可以打多少分等。评估程序重点阐述演练评估工作的主要步骤及任务分工。

演练宣传方案通常包括宣传目标、宣传方式、传播途径、主要任务及分工、技术支持、通信联络方式等内容。

4．演练动员与培训

在演练正式开始前，需要开展演练动员与培训，确保所有参演人员熟知工业信息安全应急演练情景、明确各自的演练角色和职责分工、掌握应急演练的规则等。必要情况下，可以通过提前开展应急演练（前期预演）的方式培训相关参演人员。

5．应急演练保障

为了保障应急演练顺利开展，还需要做好应急演练人员、场地、基础设施、经费及安全保障等准备工作。如确保相关人员按时参加演练、保质保量地完成演练任务；确保演练场地满足演练需求，其中桌面推演可选择在应急指挥中心、会议室等场地开展，实战演练可选择在中控室、机房、生产线等场地实施；确保演练过程中需要用到的电力、通信网络、应急处置技术工具等基础设施完备；确保演练经费充足、合理，并做到专款专用、节约高效等；确保演练安全进行，对于大型或高风险应急演练，需要针对应急演练制定专门的应急预案。

（三）演练实施

演练实施阶段是应急演练的实际操作阶段，也是演练的核心环节，包括系统准备、演练启动、演练执行、演练解说、演练记录、演练结束与终止、系统恢复等内容。

① 系统准备：在工业信息安全应急演练正式启动前，应做好系统备份等安全保护措施，避免在演练过程中因出现意外情况导致系统数据丢失等。

② 演练启动：一般由演练总指挥宣布演练开始并启动演练活动。

③ 演练执行：正式模拟整个工业信息安全应急响应流程，包括演练总指挥对演练全程进行指挥控制；参演人员按照演练脚本开展演练场景模拟；参演人员结合演练场景事态发展，实施不同的应急处置措施，并通过特定的声音、界面、视频等将处置过程传递给演练总指挥；负责信息报送与通报的演练人员按照相关应急预案要求，将工业信息安全事件的发现及处置情况及时向演练总指挥报告等。

④ 演练解说：对于示范性应急演练，现场一般都会安排观摩人员观看学习。为了便于观摩人员更好地理解演练初始场景、演练进展等，一般需要安排专门的解说人员（通

常由主持人担任）对演练过程进行解说。解说内容一般包括演练背景描述、演练进程讲解、演练案例介绍等。

⑤ 演练记录：演练记录是后续开展演练评估、演练总结，以及文件备案的一项重要素材。因此，在演练实施过程中，还要注意做好演练记录，可以采用文字、照片和音像等手段记录演练实施情况。其中，文字记录主要包括演练实际开始与结束时间、演练过程中参演人员的表现、出现的意外情况及其处置等内容。

⑥ 演练结束与终止：所有事件场景演练完成后，由演练总指挥宣布演练结束。若演练实施过程中出现真实突发工业信息安全事件，或短时间内不能妥善解决的意外情况，可以提前终止演练，避免情况进一步恶化。

⑦ 系统恢复：演练正式结束之后，需要对演练系统进行认真恢复，保证系统正常运行。若演练系统出现异常情况，则应及时按照预案要求进行事件报告。

（四）演练总结

演练总结阶段是对应急演练的全面回顾，重点是为了归纳问题和总结经验，包括演练评估、演练总结、文件归档与备案等内容。

① 演练评估：按照演练准备阶段制定的演练评估方案，结合演练实施阶段的演练记录情况，对演练过程进行评估并形成评估报告。报告内容主要包括演练目标的实现情况、参演人员的应急协调能力、参演人员的应急处置技术能力、演练所用的技术工具装备的适用性等。

② 演练总结：为了系统梳理、全面总结应急演练的重点发现与工作成效，一般需要结合演练记录、演练评估报告、应急预案等材料，撰写演练总结报告。报告内容主要包括演练方案概述，演练实施概况，发现的问题与原因、经验和教训，以及对改进应急管理工作的建议等。

③ 文件归档与备案：及时做好各类演练文件的归档保存，一方面是按照上级有关部门要求进行备案，另一方面是为今后开展工业信息安全应急演练工作提供参考。如本次应急演练中未涉及的工业控制系统、未锻炼的应急能力，可以在下次开展应急演练时予以重点检验。

（五）成果运用

演练成果运用是在演练总结的基础上，对问题和经验的运用，是演练发挥实效的关键步骤。该阶段具体包括完善工业信息安全应急预案，对演练过程中暴露出来的安全防护薄弱环节实施整改加固，针对相关人员开展工业信息安全应急教育培训、提升应急保障能力等。

第三节 国外工业信息安全应急演练分析

（一）国外的政策法规体系

美国、英国、加拿大等发达国家高度重视包括工业信息安全应急演练在内的网络安全应急演练，近年来已出台多项政策法规文件（见表 8-4），注重发挥应急演练的效用，加快提升国家应急保障能力。其中，美国在应急演练政策法规体系建设方面起步较早。

在应急演练组织架构方面，美国《网络安全和基础设施安全局法案》明确了工业信息安全应急演练工作主要由 CISA 承担。

在应急演练成果应用方面，美国注重以演练促进预案完善。美国于 2010 年首次发布了《国家网络事件响应计划》（NCIRP），明确提出了要定期开展网络安全应急演练。通过开展"网络风暴 V"应急演练，美国发现 NCIRP 中提出的"预防保护—侦测—分析—响应—解决"5 个程序化步骤的应急工作思路存在应急响应效率偏低的弊端，并将相关发现积极应用于完善应急预案，于 2016 年发布了新版 NCIRP。新版 NCIRP 采取多途径并行的高效应急响应思路，同步开展资产响应、威胁响应、情报支持和受影响实体响应等应急工作，将应急响应与态势感知、打击网络犯罪相结合，三管齐下打造更加立体的应急保障体系。

同时，美国还将应急演练视为检验并提高关键基础设施应对网络攻击的准备与恢复能力的重要手段。例如，2021 年 5 月，在美国燃油管道公司科洛尼尔因遭遇勒索软件攻击导致美国东海岸燃油断供的事件发生后，美国意识到能源等领域关键基础设施危机重重，难以有效应对重大工业信息安全事件。为此，美国于当月紧急出台了《CISA 网络演习法》，要求 CISA 制订国家网络演习计划，定期针对关键信息基础设施开展应急演练，并强调发挥演练的评估作用，及时消除应急演练过程中发现的安全风险，提高国家关键基础设施的安全防护能力。

表 8-4 国外应急演练相关政策法规文件

国家	时间	文件	主要内容
美国	2010 年 9 月 2016 年 12 月	《国家网络事件响应计划》（NCIRP）	新版 NCIRP 结合应急演练和安全事件相关经验、教训等，更新完善了应急预案的内容
	2018 年 11 月	《网络安全和基础设施安全局法案》	将国土安全部的国家保护和计划司升级为联邦级别的领导机构——CISA，主要职责包括保护工业控制系统安全、开展演习与培训
	2021 年 5 月	《CISA 网络演习法》	要求 CISA 制订国家网络演习计划，针对关键信息基础设施应对网络攻击的准备与恢复能力开展定期演练和评估

续表

国家	时间	文件	主要内容
英国	2019年6月	《响应与恢复：小企业指南》	强调应对网络威胁的第一步做好应急准备，其中包括制定应急预案，并通过开展应急演练测试组织的网络弹性和应急准备情况
	2019年9月	《网络评估框架指南》	提供系统、全面的风险管理方法，提出14项网络安全原则，其中包括定期开展演练，记录结果并用于改进响应计划和保护安全
	2020年2月	《组织网络演习的有效步骤》	提供了开展网络安全事件应急演习的9个关键步骤，指导中小企业快速有效地检测并响应网络事件，建立高效的事件响应计划与规范
加拿大	2020年4月	《加拿大政府网络安全事件管理计划》	为应急响应提供指导框架，要求定期开展网络安全事件应急演练

（二）美国的"网络风暴"

1．演练概况

自2006年起，美国国土安全部每两年举行一次代号为"网络风暴"（Cyber Storm）的网络安全应急演练，具体由其下设的CISA负责。

"网络风暴"侧重于考察在关键信息基础设施遭到网络攻击的情况下，跨国家、政府机构、私营组织等应对网络安全事件的应急协调能力。近年来，"网络风暴"涉及的行业包括关键制造、能源、交通、水利、化学等工业领域，着力提升工业信息安全应急响应能力。

"网络风暴"系列演练主要检测和提高以下4个方面的能力：一是检验各国政府机构、私营组织等演练参与方准备、防御和响应网络攻击潜在影响的能力；二是检验网络安全事件应急响应过程中，政府机构的战略决策和跨部门间应急协调的能力；三是检验网络安全态势感知、响应和恢复信息的收集与传达能力，包括不同机构之间的信息共享关系是否明确、信息共享渠道是否畅通等；四是检验在不损害国家利益的情况下，跨境和跨部门共享敏感信息的方式与流程。

2．演练特点

（1）重视应急演练各个环节

为了保证演练的实施效果和应用效果，美国十分注重演练准备、演练评估等环节。如"网络风暴Ⅴ"演练的正式实施阶段只包括3天（2016年3月8～10日）的现场演练，但整个演练过程围绕规划、实施和评估等内容，历时共计18个月。演练过程具体可划分为6个阶段，其中前3个阶段均为演练准备环节。

① 确定演练范围。在该阶段，美国重点建立概念框架，包括探讨"网络风暴"演练的目标、计划和执行时间表、招募目标及参与程度、情景主题，以及演练结构和设计原则等。其中，往届"网络风暴"活动的参与者是重点考虑的招募目标。

② 设计和开发演练场景。该阶段为演练准备的关键环节，演练策划小组将确定演练目标，设计演练场景和敌对方（如敌对国家的 APT 组织、勒索软件团伙），并结合实际条件创建初始演练场景。此外，演练策划人员每月还将接受"网络风暴"虚拟培训，以促进演练场景开发。

③ 演练培训。该阶段为演练准备的重点环节，演练策划小组将提供规划师培训课程和参演者培训课程。其中，规划师主要负责演练评估，因此规划师培训课程将为规划师提供观察演练发挥效果的指导方针，并描述了他们的角色与责任。演练策划小组要求参演者重点熟悉演练内容和时机、跨社区信息共享等，因此参演者培训课程重点介绍演练场景、参演者的作用以及在演练中可使用的资源。

④ 演练实施。在该阶段，正式执行"网络风暴"演练，将汇聚来自美国及其盟友的政府机构、行业组织、私营部门实体等。除了参演者，演练参与者包括规划人员和演练控制人员代表。

⑤ 演练评估。在该阶段，演练策划小组实施各种机制来观察参演者行为及评估输入。在演练结束后，国土安全部鼓励所有参与者完成并提交"事后行动问卷"。该问卷收集了围绕关键重点领域的答复，例如，经验教训和改进领域；信息共享和协调；网络事件响应政策、计划和程序的实施；政府实体的作用和能力；演练和执行反馈等。演练策划小组还为利益相关者提供了单独的问卷。

⑥ 成果运用。该阶段主要基于演练目标和演练评估结论，将关键发现应用于提升应急保障能力。如"网络风暴Ⅴ"演练的主要目标包括检验《国家网络事件响应计划》（NCIRP），并基于此次演练成果，完成了对 NCIRP 的更新完善。"网络风暴Ⅶ"（2020年 8 月举办）发现核心互联网设施长期存在漏洞，并提出制定漏洞事件响应手册。基于该发现和建议，美国于 2021 年 11 月发布了《网络安全事件和漏洞响应手册》。

（2）演练内容持续迭代完善

"网络风暴"演练注重以网络安全格局变化为基础，不断迭代演练场景。当前网络威胁形势日益复杂，设计的攻击场景也越来越多。

例如，2018 年 4 月举办的"网络风暴Ⅵ"演练，基于物联网安全威胁、OT 设备安全威胁愈发严峻的背景，设计场景为：一个嵌入式微处理器中的模拟漏洞被海外国家级对手利用，针对关键制造、汽车行业、政府机构等发起大规模网络攻击，导致工厂车间的机器人出现异常行为、大量汽车无法启动、物联网设备攻击企业或政府网络等。

针对当前勒索软件、数据泄露、供应链攻击等新威胁层出不穷的局面，"网络风暴Ⅶ"演练设计的攻击源包括 DNS 漏洞、证书颁发机构（CA）漏洞、BGP 漏洞，设计的演练场景为两个海外国家级勒索软件团伙利用勒索软件即服务（Ransomware as a Service，RaaS）模式，与附属公司、"脚本小子"等共享上述漏洞的利用工具，造成美国各地的政府和私营部门组织遭遇大规模的网络攻击，具体包括如下攻击场景。

- 遭遇大规模网络钓鱼攻击，附件为伪造的证书。对手可发起中间人攻击、勒索攻击等。

- 利用 DNS 协议漏洞，重定向或阻止流量入境。
- 在信任链中引入了错误配置的证书，预加载的受损证书允许安装恶意软件。
- 利用 BGP 漏洞劫持流经敌对国家的流量，造成 DoS 攻击、中间人攻击、窃取流量信息等。

（三）北约的"锁定盾牌"

1．演练概况

自 2010 年以来，北约网络合作防御卓越中心（Cooperative Cyber Defence Centre of Excellence，CCDCoE）每年牵头组织西欧、北美等诸多西方发达国家开展"锁定盾牌"（Locked Shields）应急演练，近年来还吸引了多家重量级技术公司和研究机构深度参与，包括西门子、微软、思科、Stamus Networks、新加坡科技设计大学 iTrust 研究中心、芬兰 VTT 技术研究中心等。该演练是当前全球最大规模的"红蓝对抗"网络攻防实战演练。

"锁定盾牌"的主要演练地点设在爱沙尼亚塔林，关注关键信息基础设施的网络攻击与防护，其中国防工业、电力、水利等行业是历届演练的重点领域。"锁定盾牌"演练旨在增强关键信息基础设施保护，加强各国之间的沟通协调，促进信息共享，提升应急处置能力，并为保护国家关键基础设施系统的安全专家提供培训机会。

2．演练特点

（1）演练体系化对抗性持续增强

在演练环境搭建方面，"锁定盾牌"系列演练搭建与真实环境相同的关键信息基础设施作为演练系统，使演练的真实性大大增强。如 2021 年 4 月 13～16 日举办的"锁定盾牌 2021"，基于爱沙尼亚国防军管理的网络防御平台"Cyber Range"开展。演练取材于现实生活的攻防场景，在电信运营商、西门子等关键信息基础设施服务提供商的支持下，搭建了与现实世界相同的电网 PLC 工业控制系统、变电站、4G 通信系统等仿真环境。演练主要模拟虚拟国家"Berylia"（"贝里里亚"）遭受大规模网络攻击，攻击导致其军事防空、卫星任务控制、水净化、电网及其他关键信息基础设施严重受损的情形，主要考察了参演国在大规模网络攻击下的技术防御能力、维持关键信息基础设施正常运转的能力、面对复杂情况的战略决策能力和协同作战能力。

在演练场景设计方面，"锁定盾牌"注重深入研究新技术、新模式、新业态背景下的网络安全问题。如"锁定盾牌 2021"首次将卫星任务控制系统纳入演练场景，还研究了深度伪造等新技术如何影响金融行业的网络安全、新冠疫情下远程办公和自动化等带来的更大范围安全漏洞等。

（2）注重科学评价与全方位试练

"锁定盾牌"重在训练"蓝队"（防御方）的防守能力，十分重视科学评价"蓝队"

的攻防技术能力，以及事件报告、沟通协作、信息共享、法律媒体应对等战略协调能力。"锁定盾牌"演练评分指标主要包括 8 项："蓝队"所保护系统的可用性、服务器运行时间、"红队"（攻击方）进攻是否成功、轻量级事件报告、向管理层提交事件报告情况、面临法律媒体等挑战的反应、虚拟机（Virtual Machine，VM）重启次数、额外加分项（如信息共享、协同合作表现优异等）。各指标按照预定的目标及权重，由计分机器人及演习观察员共同评分。

　　"锁定盾牌"强调全方位试练。在"锁定盾牌"演练开展之前，CCDCOE 组织"十字剑"演习训练"红队"，为"红队"开发攻击环境提供技术支撑，不仅包括渗透测试、数字取证和态势感知等技术能力培训，还涉及指挥要素、法律方面和联合网络作战的领导力培训。在"锁定盾牌"演练结束之后，CCDCOE 召开取证挑战研讨会，深入分析演练所用到的取证挑战场景，并总结相关经验。

第三篇　监测与应急

第九章 工业信息安全监测预警

工业信息安全监测预警作为主动防御手段，能够实现安全威胁的及时预警与高效应对。本章主要介绍工业信息安全监测预警政策要求、工作体系、关键技术及态势感知能力建设应用方案。通过对本章内容的学习，读者能够了解工业信息安全监测预警体系架构和技术原理，掌握监测预警技能。

第一节 工业信息安全监测预警制度

（一）工业信息安全监测预警政策要求

随着工业生产对管理和控制一体化需求的不断升级，以及网络、通信等信息技术在工业领域的广泛深入应用，越来越多的工业控制系统与企业网中运行的管理信息系统（如ERP）之间实现了互联、互通、互操作。管理信息系统甚至可以通过互联网、移动互联网等直接或间接地访问工业控制系统，这就导致了研发端、管理端、消费端、生产端中的任意一端都有可能实现对工业信息系统的网络攻击或病毒传播。工业信息系统正面临越来越多的网络安全威胁，工业信息安全风险进一步加大。自 2010 年以来，全球范围内先后发生了"震网"病毒攻击伊朗核设施、WannaCry 勒索病毒席卷全球、新型恶意软件攻击能源基础设施等多起重大工业信息安全事件，波及范围十分广泛，影响程度极为严重，引起了各国的高度重视。工业领域网络安全事件的发生是循序渐进的过程，若能在不法分子发起攻击的早期阶段就及时监测到异常行为并实施预警及处置，则能有效阻断攻击行为，防止安全事件的发生。因此，监测预警技术对于保障工业信息安全意义重大。

为有效防范工业信息安全风险事件，我国持续加强工业信息安全战略部署，陆续出台了多项政策法规文件，对工业信息安全监测预警技术、态势感知能力建设等提出了明确要求。

1. 上位法中的监测预警要求

《网络安全法》明确要求"对可能严重危害国家安全、国计民生、公共利益的关键信息基础设施实行重点保护"。一方面，工业企业属于网络运营者或关键信息基础设施运营者，《网络安全法》已明确其应承担的网络安全责任和义务。另一方面，部分重要工业领域的信息系统、控制系统属于关键信息基础设施，受《网络安全法》的重点保护。《网络安全法》第五章将监测预警与应急处置工作制度化、法制化，明确国家建立网络安全监测预警和信息通报制度，建立网络安全风险评估和应急工作机制，制定网络安全事件应急预案并定期演练。这为建立统一高效的风险报告机制、情报共享机制、研判处置机制提供了法律依据，为深化网络安全防护体系、实现全天候全方位感知网络安全态势提供了法律保障。

2．国务院文件中的监测预警要求

2017 年 11 月 27 日，国务院正式印发《关于深化"互联网+先进制造业" 发展工业互联网的指导意见》（以下简称《指导意见》），围绕制造强国和网络强国建设的安全保障需求，以"强化安全保障"为指导思想、"安全可靠"为基本原则，提出"建立工业互联网安全保障体系、提升安全保障能力"的发展目标，部署"强化安全保障"的主要任务，为工业互联网安全保障工作制定了时间表和路线图。《指导意见》明确将安全作为工业互联网的三大功能体系之一，要求把握好安全与发展之间的辩证关系，坚持工业互联网安全保障手段同步规划、同步建设、同步运行，提升工业互联网安全防护能力。其中，《指导意见》提出要"督促工业互联网相关企业落实网络安全主体责任，指导企业加大安全投入，加强安全防护和监测处置技术手段建设"，并提出"到 2020 年，初步建成工业互联网安全监测预警和防护处置平台"。

3．各部委文件中的监测预警要求

为深入落实国家安全战略，加快工业信息安全保障体系建设，促进工业信息安全产业发展，工业和信息化部等部委从总体国家安全观出发，高度重视工业信息安全，对提升工业信息安全态势感知能力、加强工业信息安全防护工作提出了一系列指引。

2017 年 12 月 29 日，工业和信息化部发布《工业控制系统信息安全行动计划（2018—2020 年）》，提出到 2020 年，工控安全态势感知、安全防护、应急处置能力显著提升，全面加强技术支撑体系建设，建成全国在线监测网络、应急资源库以及仿真测试、信息共享、信息通报等平台。2018 年 6 月 7 日，工业和信息化部发布《工业互联网发展行动计划（2018—2020 年）》，提出要初步建立工业互联网安全保障体系，建立健全安全管理制度机制，全面落实企业内的网络安全主体责任，制定设备、平台、数据等至少 10 项相关安全标准，同步推进标识解析体系安全建设，显著提升安全态势感知和综合保障能力。2019 年 7 月 26 日，工业和信息化部、应急管理部、国家能源局等十部委联合印发《加强工业互联网安全工作的指导意见》，提出"构建责任清晰、制度健全、技术先进的工业互联网安全保障体系，覆盖工业互联网规划、建设、运行等全生命周期，形成事前防范、事中监测、事后应急能力，全面提升工业互联网创新发展安全保障能力和服务水平"。

（二）工业信息安全监测预警工作体系

工业信息安全监测预警的目标是实现各类工业信息安全风险隐患早发现、早研判、早报告、早处置、早解决，其在应急管理的各个环节都能发挥重要作用。

在实际的应急工作中，工业信息安全监测预警主要包括工业信息安全风险事件预警监测、预警发布、预警响应、预警解除等阶段，如图 9-1 所示。

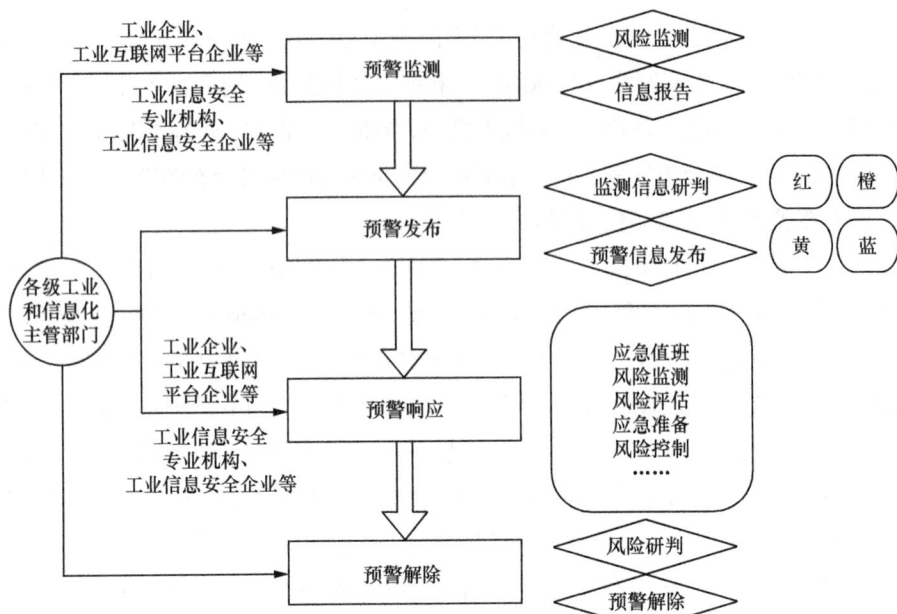

图 9-1　工业信息安全监测预警工作体系

1．预警监测

预警监测阶段主要包括工业信息安全风险监测和信息报告两项重点任务，相关工作需要遵循以下 5 项原则。

（1）依法监测

依据网络安全、工业信息安全风险事件监测相关的法律、法规、规章等开展监测工作。

（2）客观公正

客观记录工业信息安全风险隐患情况，以便真实反映工业信息安全事件发生的趋势与规律。

（3）突出重点

可能引发工业信息安全事件的因素较多，在实际监测工作中需要重点监测危害较大、出现频率较高的安全风险隐患。

（4）全员参与

工业信息安全工作强调主体责任，工业企业、工业互联网平台企业等需要按照"谁主管谁负责、谁运行谁负责"的要求，组织对本单位建设运行的工业信息系统开展安全监测工作。各级工业和信息化主管部门结合工作职责，统筹组织开展职责范围内的工业信息安全监测工作。同时，工业信息安全专业机构、工业信息安全企业等也需要积极监测、收集工业信息安全风险信息。

（5）及时报告

各类主体要针对监测到的风险信息开展分析，评估发生突发事件的可能性及其可能造成的影响，认为可能发生一般及以上工业信息安全事件的，需要及时向相关工业和信息化主管部门报告，不得迟报、谎报、瞒报、漏报。

具体开展工业信息安全监测时，首先需要确定监测对象和目标：监测对象是需要重点防护的工业信息系统，如制造、石油化工、电力等领域的工业控制系统、工业设备、工业生产信息系统、工业数据等；监测目标是及时发现监测对象存在的工业信息安全风险，以保障工业信息系统的安全稳定运行。其次，需要采取各种监测手段做好风险监测工作。监测手段包括技术手段和管理手段，例如，可以通过运用工业信息安全监测预警关键技术、搭建工业信息安全监测预警网络、建立风险信息共享机制等多种途径监测、收集漏洞、病毒、网络攻击最新动向等工业信息安全隐患和预警信息。最后，做好风险信息的报告工作。

2. 预警发布

预警发布阶段主要包括工业信息安全监测信息研判和预警信息发布两项重点任务。

工业和信息化主管部门需要及时汇总分析突发工业信息安全事件隐患和预警信息，必要时组织相关单位、专业技术人员、专家学者对监测信息进行会商研判，多角度、多层次、全方位地评估本地区、本行业的工业信息安全形势，为预警信息发布和采取预警措施提供决策依据。具体而言，工业信息安全监测信息研判的内容包括判断突发工业信息安全事件发生的可能性及其发展态势，次生、衍生危害产生的可能性及其发展态势，突发工业信息安全事件发生后可能造成的后果等。

结合突发工业信息安全事件可能造成的危害程度、紧急程度和发展态势，认为应当立即采取防范措施的，工业和信息化主管部门需要及时将相关情况通知有关部门和单位，并进一步确定相应的预警级别，标示预警颜色，面向社会发布预警信息。如前所述，工业信息安全事件的预警等级分为 4 级，由高到低依次用红色、橙色、黄色和蓝色标示，分别对应可能发生特别重大、重大、较大和一般突发工业信息安全事件。通常情况下，各省（区、市）工业和信息化主管部门可以根据监测信息研判情况，在本行政区域内发布橙色及以下预警，并报工业和信息化部网络安全应急办公室，同时通报地方相关部门。

预警信息包括事件的类别、预警等级、起始时间、可能影响范围（预警范围）、警示事项、应采取的措施和时限要求、发布机关等。

3. 预警响应

在预警响应阶段，各级工业和信息化主管部门、相关工业企业、工业互联网平台企业、工业信息安全企业等均需要按照不同预警等级的预警响应工作要求，开展应急值班、风险监测、风险评估、应急准备、风险控制等工作。

（1）黄色、蓝色预警响应

有关地区、部门工业信息安全事件应急指挥机构启动相应的应急预案，指导组织开展预警响应，针对即将发生的突发工业信息安全事件的特点和可能造成的危害，采取相关预警措施。具体包括预警范围内的有关单位、机构和人员接到预警通报后，及时收集、报告有关信息，加强工业信息安全风险的监测，并制定应急方案和防范措施，加强对事态的跟踪分析评估，一旦发现重要情况，及时向应急指挥机构报告；应急指挥机构指导工业信息安全专业技术机构开展风险监测，组织工业信息安全专家研判态势变化情况，并负责及时宣传避免、减轻危害的措施。

（2）红色、橙色预警响应

除了采取黄色、蓝色预警响应措施外，有关地区、部门工业信息安全事件应急指挥机构还需要 24 小时值班，保持通信联络畅通，组织研究制定事件防范措施和应急工作方案，协调调度各方资源，做好各项准备工作，包括组织预警范围内的有关单位、机构和人员加强对重要工业信息系统的安全防护，指导工业信息安全专业机构、工业信息安全企业等进入待命状态，针对预警信息研究制定应对方案，检查应急设备、软件工具等，确保处于良好状态。

4．预警解除

在预警解除阶段，由预警发布部门根据事态发展实际情况决定是否调整预警等级或解除预警。在经过风险研判后，认为不可能发生突发工业信息安全事件或风险已经解除的，需要及时发布预警解除信息。预警范围内的有关单位、机构和人员在接到预警解除通报后，及时解除已经采取的有关措施。

第二节　工业信息安全监测预警关键技术

工业信息安全监测预警技术手段在风险监测中发挥着重要作用，本节重点介绍相关关键技术。工业控制系统存在系列安全特性，包括工业控制网络不能采取牺牲可用性的安全监测手段、工业控制网络无法接受"漏报"和"误报"、传统安全产品无法识别众多的工业控制私有协议、工业控制网络内的产品升级频次普遍偏低致使需要频繁升级的安全产品难以适用等，这些特性使得传统的网络安全产品无法适用于工业控制系统。因此，专门面向工业控制网络的工业信息安全监测预警技术的发展与应用变得尤为重要。常见的工业信息安全监测预警关键技术主要包括在线监测技术、蜜罐仿真技术、网络流量分析技术、工业企业侧探针技术等。

（一）在线监测技术

在线监测技术是发现暴露在互联网上的工业控制系统及设备的最有效方式之一，其核心技术是在网络空间搜索引擎的基础上加入工业控制系统及设备的资产特征，通过搜索引擎扫描公网目标网段的 IP 地址，利用工业控制系统或设备的特征发送特殊数据包，抓取解析各个设备或系统返回的 Banner 信息，从而确定暴露在互联网上的工业控制系统及设备，其框架模型如图 9-2 所示。在线监测技术框架模型主要分为 5 个部分，分别为调度程序、扫描引擎、可视化模块、分布式存储以及工业控制指纹库，其采用了通用的搜索引擎框架，遵循"数据输入—数据处理—数据输出"的基本原则。

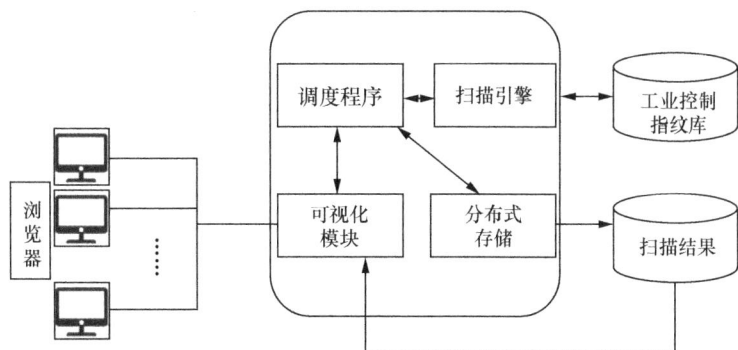

图 9-2　在线监测技术框架模型

（二）蜜罐仿真技术

蜜罐仿真技术是一种通过欺骗恶意攻击者，进而采集黑客攻击手段、方法，保护真实系统的诱骗技术，蜜罐通常被部署安装在公网中用来吸引黑客，并对黑客进行扫描和攻击。工业控制系统蜜罐仿真技术与之类似，但其模拟的是正常生产运行的工业控制系统及设备，工业控制系统蜜罐的本质是一段仿真程序或一台真实的工业控制设备，通过伪装设备本身存在安全漏洞或缺陷，诱导攻击者对其发动攻击，同时，蜜罐内部会实时解析黑客攻击发送的数据包，记录黑客的所有攻击行为。研究人员通过研究分析蜜罐记录的历史数据，溯源黑客团伙组织，判断推测恶意攻击者的攻击行为及动机，研究针对工业控制系统的新型攻击手段，从而及时发出预警信息或制定风险消减方案。

工业控制系统蜜罐根据交互能力的不同分为高交互蜜罐和低交互蜜罐。高交互蜜罐通常使用真实的设备或服务，具有很强的迷惑性，允许恶意攻击者实施各种类型的攻击行为，因此高交互蜜罐可以捕捉更多的攻击者行为，但其部署成本高，且管理控制流程较为复杂。低交互蜜罐通常利用软件代码来模拟常见的工业控制系统服务或工业控制专用协议，如 Modbus、PROFINET、FINS 等，其部署简单，成本低，且易于管理，在攻击低交互蜜罐的过程中，攻击者的攻击行为受到限制，无法超出蜜罐模拟的服务，捕捉到的信息比较有限。因此，使用蜜罐仿真技术时，可根据实际情况选择合适的工业控制系统蜜罐。

（三）网络流量分析技术

对网络侧的流量特征、性能特征、可靠性与安全性以及网络行为模型的分析及处理关系工业信息系统网络资源的充分利用与安全监测。流量包作为数据源，是网络流量分析的基础，当前的流量包捕获主要基于 BPF、SOCK_PACKET 以及 DLPI 等机制。在有效捕获网络侧流量后，需要利用 DPI 技术灵活地解析、识别各种工业控制及传统协议，分析发现网络侧资源的运行状况及安全态势。

一般的网络流量分析技术应用接入如图 9-3 所示，其需要覆盖与工业互联网访问流量相关的网络汇聚节点，包括城域网出口、IDC 及互联网专线业务接入汇聚点、移动核心网出口、工业互联网平台所在的公有云出口等。通过对上述关键节点的网络流量采集解析，采用专用 DPI 设备接入链路，逐层解析还原网络及应用层协议，包括工业控制专用协议和通用协议，最终实现访问日志合成、工业控制设备资产检测、漏洞及安全事件的识别。

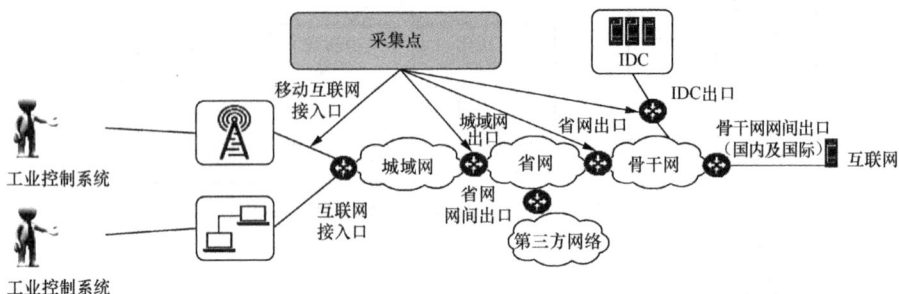

图 9-3 一般的网络流量分析技术应用接入

（四）工业企业侧探针技术

工业信息安全与传统信息安全相比，所面临的安全威胁来源更加广泛，因此需要从多角度出发构建工业信息安全态势感知体系。在线监测、蜜罐仿真、流量分析等技术都是从公共互联网角度出发进行分析及态势感知，而工业企业侧探针技术则是从企业内部出发对企业信息安全进行态势感知的技术。

工业企业侧探针技术面向工业控制网络设计，提供网络监测、协议分析和安全审计等功能。它主要采用旁路监听方式部署在交换机旁，通过对工业网络流量的采集、分析、监测，再结合特定的安全策略，快速、有效地识别出工业控制网络中存在的网络异常行为和网络攻击行为，并进行实时告警，其技术框架如图 9-4 所示。除此之外，工业企业侧探针可以记录一切网络通信行为，包括指令级的工业控制协议通信记录，为工业控制系统的安全事故调查提供坚实的基础。

图 9-4 工业企业侧探针技术框架

第三节　工业信息安全态势感知能力建设应用方案

近年来，在国家相关重大专项的支持下，国家工业信息安全发展研究中心等科研机构启动建设了国家、省、企业三级联动的国家工业信息安全态势感知体系。通过在线监测、蜜罐仿真、威胁匹配、大数据分析等关键技术，建设实施国家工业信息安全态势感知平台、工业企业安全监测管理系统，实现工业信息安全态势的实时感知与可视化展示。

（一）国家工业信息安全态势感知平台

国家工业信息安全态势感知平台主要由在线监测系统、威胁诱捕系统、企业侧安全服务系统、风险预警系统以及大数据态势分析系统组成。平台综合运用主/被动监测、大数据分析、威胁预警等技术手段，实时掌握全国工业领域的安全威胁情况和整体态势情况，及时预警重大风险隐患。省级、行业级、地市级等分平台作为感知节点接入国家平台，与国家平台进行数据对接及资源共享。

1．主要功能

第一，主动发现暴露在公共互联网上的联网设备，通过地图标注、图表分析等形式可视化展示监测结果。不定期扫描监测全国互联网 IP 地址，发现、识别主流工业控制系统及工业互联网设备，通过协议分析进一步获取各类系统设备的 IP 地址、开放端口、设备类型、厂商型号、地理位置、归属企业等详细信息。通过与风险漏洞库进行关联分析，进行设备安全漏洞无损鉴别。

第二，捕获针对我国工业控制系统及设备的网络扫描、探测、入侵等疑似攻击行为。在公共互联网关键节点、企业侧节点处分布式部署工业控制系统诱捕蜜罐，组成蜜罐网络，利用虚拟工业生产环境，持续收集攻击行为数据，分析判定恶意 IP 地址、攻击路径和入侵方法，通过比对常见攻击手段、热门安全事件等，深度挖掘预测攻击意图，及时预警大规模攻击行为。

第三，打造工业领域权威的安全威胁资源库，提供可视化态势分析、风险预警、事件通报等各类安全服务。国家平台通过网络爬取、资源共享、节点上报、人工收录等手段，收集、整理、收录国内外工业信息安全相关漏洞事件、恶意资源、资产数据等信息，有效整合形成安全情报资源库，利用基于安全场景的威胁行为分析技术、异常行为风险分析技术、海量安全数据分析技术等，分析感知全国工业领域的安全态势情况，及时预警重大风险隐患，通报安全事件。

2．业务系统

（1）在线监测系统

在线监测系统可直观展示辖区内联网工业控制系统的安全态势，通过在线扫描引擎探测的方式，精准识别辖区内暴露在公共互联网上的工业控制系统和设备，关联分析重要工业控制系统和设备可能存在的各种软硬件风险。

（2）威胁诱捕系统

威胁诱捕系统通过在公共互联网或工业企业网络侧分布式部署工业控制系统诱捕蜜罐，捕获针对重要工业控制系统和设备的入侵与攻击行为。威胁诱捕系统支持多种常见工业控制协议的高交互仿真，通过创造虚拟的工业控制系统运行环境，诱导攻击者发起攻击，保护真实系统。

（3）大数据态势分析系统

大数据态势分析系统主要由工业企业监测模块、工业互联网平台监测模块、网络关键节点监测模块、威胁情报模块、大数据分析模块 5 个部分组成，结合威胁匹配和大数据分析技术，生成工业信息安全威胁指数，全方位展示辖区内的工业信息安全态势，评估风险趋势。

（4）风险预警系统

风险预警系统用于及时预警工业控制系统和设备存在的安全风险和威胁，发布相关风险和威胁信息，提前警示可能造成的危害，并推送相应的防范措施与方案，起到消减或规避安全风险和威胁所造成损失的作用。

（二）工业企业安全监测管理系统

工业企业风险监测与安全管理服务平台是为工业企业提供集工业网络资产管理、设备运行监测、安全自查与外部防御于一体的，实时识别、分析、预警安全威胁的工业控制安全管理服务系统。该平台的核心功能是通过被动接收工业生产网络的镜像流量并对流量数据进行清洗、分析、处理，利用机器学习、数据挖掘等技术手段，高效解析生产网络中的工业协议，梳理工业生产现场运行的工业控制系统及设备，绘制生产网络拓扑，检测工业生产网络关键设备的漏洞信息和安全威胁，发现异常流量及高危行为。同时，该平台还具备主机防护、安全评估、多源安全数据汇聚等功能，帮助用户全方位、多角度感知企业安全态势，及时排查风险隐患，有效应对网络安全威胁。

1. 主要功能

工业企业风险监测与安全管理服务平台重点面向工业生产网络、工业主机开展安全数据收集与分析，对企业整体的工业信息安全态势进行可视化展示，对威胁信息及时告警。

第一，全面梳理企业的工业控制资产与通信协议，厘清设备状况及网络拓扑。工业企业风险监测与安全管理服务平台能够被动发现企业工业控制网络中运行的工业控制系统，获取设备 IP 地址、介质访问控制（Medium Access Control，MAC）地址、设备厂商、系统型号、通信协议等资产属性，建立设备间的信息通信模型，自动绘制网络拓扑，帮助企业全面管理生产网络的工业控制系统及设备。

第二，发现生产网络中的异常流量及攻击行为，及时预警高危网络安全风险。工业企业风险监测与安全管理服务平台通过对传统协议、工业专用协议的深度解析，发现企业生产网络中存在的高危操作、异常流量、攻击行为等安全事件，及时发出网络安全预警，定位存在安全隐患的位置，为威胁溯源提供数据基础。同时，可根据用户使用场景，定制化安全风险基线，满足各工业领域的需求。

第三，集成主机防护、安全评估、多源数据接入分析等功能，全面感知工业企业网络安全整体态势。工业企业风险监测与安全管理服务平台通过汇集工业主机安全信息、企业安全防护设备日志信息，并利用人工智能、数据挖掘等技术，全面分析企业面临的网络安全风险，为用户提供一站式安全风险监测方案。

第四，打通数据交互渠道，共享信息资源。工业企业风险监测与安全管理服务平台能够作为企业侧节点接入全国的工业信息安全监测网络，数据上传接口兼容在线、离线两种数据传输方式，在企业完成对安全数据筛选的筛选后，将不涉及企业生产经营等相关敏感信息、已初步处理的安全数据通过虚拟专用网络（Virtual Private Network，VPN）上送至区域/国家平台。区域/国家平台将定期向企业推送工业控制系统漏洞、重大网络安全事件、工业信息安全威胁信息及消减措施，帮助企业及时了解工业信息安全的整体形势，及时排查安全隐患。

2．技术特点

（1）无损化工业协议分析技术

工业企业风险监测与安全管理服务平台的安全监测探针只需要镜像接入工业现场交换机，被动采集工业控制网络中的数据流量，不需要主动发送数据包进行探测，不会对工业现场产生任何扰动，从底层技术手段及部署方式方面杜绝因安全监测探针对生产现场造成影响。

（2）基于机器学习的智能化工业资产识别、绘制与管理

工业企业风险监测与安全管理服务平台通过机器学习、数据挖掘等技术手段，高效识别企业生产网络中的工业控制资产，覆盖国内主流工业控制系统的生产厂商。同时，该平台还支持多达 50 余种工业协议的深度报文解析，如 IEC 60870-5-101/104、Modbus TCP/RTU、IEC 61850、S7COMM、S7COMM-Plus、PROFINET、DNP3、MMS、EtherNet/IP、CIP、OPC-DA、OPC-UA、OMRON-FINS、动态数据交换（Dynamic Data Exchange，DDE）等协议，自动绘制企业的生产网络拓扑，建立系统设备间的通信模型。

（3）可视化工业生产状态监测与风险预警

工业企业风险监测与安全管理服务平台通过全面记录所有发送到/来源于现场设备的指令和指令执行结果，进行全面的异常行为检测和深度分析，利用图表统计、列表清单、拓扑模型等方式，直观展示企业生产网络工业设备的运行状况、异常行为、故障报警、恶意入侵等，提供现场设备故障报警和恶意入侵活动报警，展示企业的整体安全态势。

第十章　工业信息安全应急处置

应急处置是保障工业信息安全事件快速有效处置、事件影响尽可能降低的关键工作。本章重点介绍工业信息安全应急处置工作体系、应急处置流程，并围绕各流程阶段介绍具体的应急处置技术。通过对本章内容的学习，读者能够掌握应急处置的经典模型、基本步骤及关键技术。

第一节　工业信息安全应急处置工作体系

随着两化融合深入发展，大量工业控制系统和设备直接暴露在互联网上，尤其在新型冠状病毒感染疫情暴发以来，工业信息安全威胁持续加剧，安全事件屡屡发生，因事件处置不当而导致的声誉、财产损失显著增加。突发工业信息安全事件发生后，首要任务便是开展有效处置，最大限度地减少损失，防止事态扩大和次生、衍生事件发生。基于有效的工业信息安全应急处置工作机制和技术手段，能够及时阻止安全事件的进一步发展，减少安全事件所造成的损失。

在实际的应急工作中，工业信息安全应急处置工作体系主要包括工业信息安全事件报告、先期处置、应急响应、应急结束等，如图 10-1 所示。

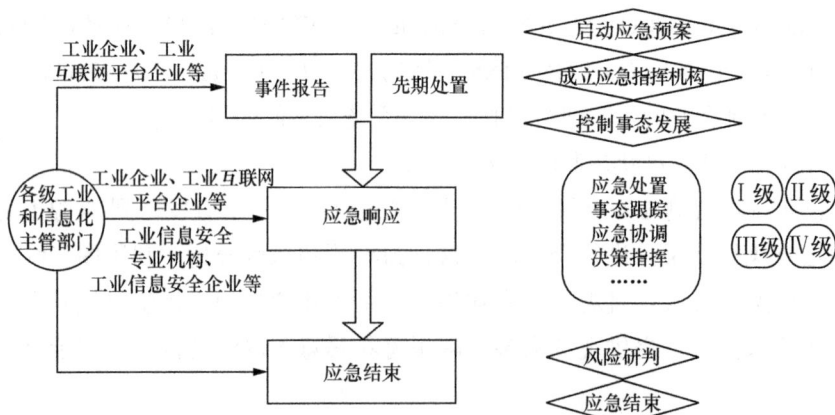

图 10-1　工业信息安全应急处置工作体系

（一）事件报告与先期处置

一旦发生突发工业信息安全事件，事发单位（工业企业、工业互联网平台企业等）需要在立即向当地工业和信息化主管部门报告的同时，立即启动本单位应急预案，实施处置，同步开展事件报告与先期处置工作。

先期处置是指在突发工业信息安全事件刚刚发生初期，相关地区、部门、单位等在难以准确判断事件性质、规模、影响严重程度时，对事件采取早期应急处置措施，以最大限度地避免和控制事件恶化或事态升级。具体的先期处置措施包括立即启动应急预案、成立应急指挥机构、控制事态发展等。在开展先期处置的过程中，需要坚持边处置、边报告的原则，及时将了解的事态发展情况和已经采取的措施、取得的效果、存在的困难等向上级报告。

事发单位离事发现场近、熟悉遭受网络攻击的工业信息系统的具体异常情况，是先期处置的重要和最佳主体。因此，工业信息安全事件发生后，事发单位需要按照本单位应急预案的要求，成立应急指挥机构，组织本单位的应急队伍和工作人员采取应急处置措施，尽最大努力恢复网络和系统运行，尽可能减少对用户和社会的影响，并保存网络攻击、网络入侵或网络病毒的证据。同时，当地工业和信息化主管部门在收到事发单位报送的事件信息后，也需要快速评估事件影响，立即开展先期处置工作，包括组织协助开展应急处置工作，努力消除安全隐患，同时组织工业信息安全事件研判，做好信息通报工作等。

（二）应急响应

突发工业信息安全事件应急响应分为 4 级：Ⅰ级、Ⅱ级、Ⅲ级、Ⅳ级，分别对应已经发生的特别重大、重大、较大、一般事件的应急响应。通常情况下，各省（区、市）工业和信息化主管部门可以根据事件研判情况，启动Ⅱ级及以下应急响应，并报工业和信息化部网络安全应急办公室，同时通报地方相关部门。

在启动工业信息安全事件应急响应后，相关工业和信息化主管部门、相关单位进入应急状态，实行 24 小时值班，开展应急处置、事态跟踪、应急协调、决策指挥等工作。例如，在应急处置过程中，事发单位负责本单位的应急恢复、攻击溯源等工作，采取科学有效的方法及时恢复受攻击系统的正常运行；相关工业和信息化主管部门负责组织工业信息安全专业机构、工业信息安全企业等针对事件研究紧急应对措施，提出有效的应急处置方案，并根据需要为相关工业企业、工业互联网平台企业等提供技术支援。同时，事发单位还需要持续加强工业信息安全监测，及时将事态发展变化、处置进展情况等向工业和信息化主管部门报告。工业和信息化主管部门负责全面监测本行政区域内的风险事件情况，协调相关部门相互配合，进行资源整合，共同应对安全事件，并及时将相关情况上报上级部门。

（三）应急结束

在经过认真的风险研判分析，认为突发工业信息安全事件的影响和危害得到控制或消除后，由启动应急响应的工业和信息化主管部门决定结束响应，报工业和信息化部网络安全应急办公室，并通报相关部门及相关工业企业、工业互联网平台企业等。

第二节 工业信息安全应急处置流程

（一）工业信息安全应急处置阶段

工业信息安全应急处置的目标是保障工业控制系统和信息系统的运行安全、网络安全和数据安全，按照应急处置各个阶段的细分目标具体包括 6 个方面：持续识别威胁，制定周密预案；快速发现事件，及时介入干预；深度排查分析，彻底清除隐患；细致调查溯源，追踪事件原因；恢复系统稳定，降低事件危害；全面安全加固，复盘总结经验。

工业信息安全应急处置阶段可参照网络杀伤链（Cyber Kill Chain）模型进行分析。网络杀伤链与钻石模型、ATT&CK 模型被业界誉为三大入侵分析框架，是对网络入侵进行分析的"黄金标准"之一。

网络杀伤链是用于识别和预防网络入侵活动的威胁情报驱动防御模型（Intelligence Driven Defense® model）的一部分，它定义了网络攻击者在各阶段的攻击步骤，其理论是通过了解这些阶段中的每个步骤，防御者可以更好地识别和阻止攻击者在各阶段的攻击。网络杀伤链包括以下 7 个阶段。

① 侦察跟踪：攻击者处在攻击行动的计划阶段，了解被攻击目标，搜寻目标的弱点。

② 武器构建：攻击者处在攻击行动的准备和过渡阶段，使用自动化工具将漏洞利用工具和后门制作成可发送的武器载荷。

③ 载荷投递：攻击者将武器载荷向被攻击系统投递，发起攻击行动。

④ 漏洞利用：攻击者利用系统上的漏洞，以便进一步在目标系统上执行代码。

⑤ 安装植入：攻击者一般会在目标系统上安装恶意程序、后门或其他植入代码，以便获取对目标系统的长期访问途径。

⑥ 命令与控制：恶意程序开启可供攻击者远程操作的命令通道。

⑦ 目标达成：在攻陷系统后，攻击者具有直接操作目标主机的高级权限，进一步执行和达成其最终目标，如收集用户凭证、权限提升、内部网络侦查、横向移动、收集和批量拖取数据、破坏系统、查看/破坏或篡改数据等。

以上每个阶段对于攻击者来说都是里程碑式的突破。而对于应急处置人员，则是对攻击行为做出侦测和反应的机会。此外，"突破时间"也是应急处置人员应关注的重要指标，其显著影响应急处置窗口期的长短。

安全公司 CrowdStrike 的 2019 年全球威胁报告《对手间谍情报技术和速度的重要性》分析了被称为"突破时间"的指标。这个指标最早出现在 CrowdStrike 的 2018 年全球威胁报告中，指从攻击者最开始感染端点机器到开始在网络中横向移动的时间窗口。

（二）工业信息安全典型应急处置场景

下面以某厂遭遇勒索软件攻击事件为例，分析工业信息安全典型应急处置场景。

① ×日，×工厂某产线中控室值班员发现车间作业异常中断，工业控制软件无法正常运行。在确认非设备故障后，信息化部人员通过检查中控室主机，发现主机内大量文件被加密，文件名后缀均增添了恶意字段，并弹出勒索信，要求支付赎金才能获得密钥解密。

② 在安全厂商的协助下，结合×××勒索病毒行为特征，利用系统计划任务、日志记录寻找细节线索，调查取证进行溯源，分析还原了病毒的入侵过程，发现该事件的源头是公司网站的安全漏洞遭到黑客恶意利用，借助 Web 服务器作为跳板感染办公网的多台主机，之后经操作员的 U 盘复制，病毒进入工业控制内网进一步扩散，最终导致发生了中控室多台主机中毒、多处生产线异常停工的安全事件。

③ 安全厂商指导事发厂区清除了该病毒程序与相关配置，对未感染的主机进行风险排查，及时恢复工业控制系统运行、恢复数据备份和网络连接，第一时间将生产现场恢复正常运行，力图最小化损失。

④ 在各设备主机均恢复正常后，进一步开展主机的安全加固，关闭 445、139、3389 等端口，开启防火墙，更新系统至最新版本，修复漏洞等，做好安全防护，彻底消除病毒隐患。

⑤ 对于攻击者的勒索动机，注意到本次事件的主要特征，因勒索病毒文件伪装为西门子工业控制软件的正常文件，所以遭到感染的工厂产线均为使用了西门子产品的工业控制系统。分析该投毒者是针对西门子工业控制系统发起的勒索攻击，通过加密关键数据、程序和文件，攫取经济利益。

（三）工业信息安全应急处置流程

应急响应的 PDCERF 模型最早于 1987 年提出，如图 10-2 所示。该模型将应急响应流程分为准备（Preparing）阶段、检测（Detection）阶段、抑制（Control）阶段、根除（Eradicate）阶段、恢复（Restore）阶段、总结（Follow）阶段。根据应急响应总体策略，为每个阶段定义适当的目的，明确响应过程。但在实际的应急响应过程中，不一定严格存在这 6 个阶段，也不一定严格按照这 6 个阶段的顺序进行，但它是目前适用性较强的应急响应通用方法：准备—检测—抑制—根除—恢复—总结。

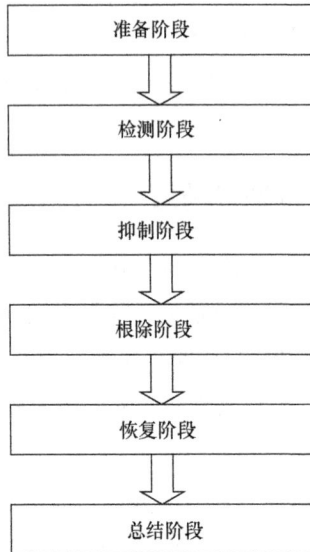

```
┌─────────────────┐
│    准备阶段      │
└────────┬────────┘
         ↓
┌─────────────────┐
│    检测阶段      │
└────────┬────────┘
         ↓
┌─────────────────┐
│    抑制阶段      │
└────────┬────────┘
         ↓
┌─────────────────┐
│    根除阶段      │
└────────┬────────┘
         ↓
┌─────────────────┐
│    恢复阶段      │
└────────┬────────┘
         ↓
┌─────────────────┐
│    总结阶段      │
└─────────────────┘
```

图 10-2　应急响应的 PDCERF 模型

1．准备阶段

准备阶段是应急响应流程的第一阶段，以预防为主。该阶段极为重要，因为事件发生时可能需要在短时间内开展大量应急工作，如果没有足够的准备，则无法有效完成响应工作。准备阶段的主要工作涉及识别组织存在的安全风险、制定安全政策、建立协作体系和应急制度。按照安全政策配置安全设备和软件，为应急响应与恢复准备主机。依照网络安全措施，进行一些准备工作，如扫描、风险分析、打补丁等。如有条件且得到许可，可以建立监控设施、信息沟通渠道、数据汇总分析体系，制定能够实现应急响应目标的策略和规程，并建立能够集合起来处理突发事件的体系。

2．检测阶段

检测阶段通过选择适当的检测工具，分析在系统/网络中是否出现了恶意代码、文件和目录被篡改等异常活动/现象，提高系统或网络行为的监控级别。在该阶段，主要检测事件是已经发生的还是正在进行中的，研判分析事件发生的原因、事件性质、事件影响的严重程度和影响范围，以及预计采用哪些专用资源来予以响应，确定应急等级及其对应的应急方案等。从技术操作的角度来看，应急响应流程中所有的后续阶段都依赖检测，如果没有检测，就不会存在真正意义上的应急响应。因此，检测阶段是应急响应的触发条件。

3．抑制阶段

抑制阶段的主要任务是限制攻击/破坏波及的范围，也是降低潜在的损失。所有的抑制活动都是建立在能正确检测事件的基础上的，必须结合检测阶段发现的安全事件的现象、性质、范围等属性，制定并实施正确的抑制策略。

抑制策略通常包含以下内容。

① 完全关闭所有系统。

② 从网络上断开主机或断开部分网络。

③ 修改所有的防火墙和路由器的过滤规则。

④ 封锁或删除被攻击的登录账号。

⑤ 加强对系统或网络行为的监控。

⑥ 设置诱饵服务器进一步获取事件信息。

⑦ 关闭受攻击的系统或其他相关系统的部分服务。

4．根除阶段

根除阶段的主要任务是通过事件分析找出根源并彻底根除，以避免攻击者再次使用相同的手段攻击系统，引发安全事件。应加强宣传，公布事件的危害性和解决办法，呼吁用户解决终端问题；并加强监测工作，发现和解决行业与重点部门问题。

5．恢复阶段

恢复阶段的主要任务是将被破坏的信息彻底还原到正常运行状态；确定使系统恢复正常的需求内容和时间表，从可信的备份介质中恢复用户数据，打开系统和应用服务，恢复系统网络连接，验证恢复系统，观察其他的扫描，探测可能表示入侵者再次侵袭的信号。一般来说，要想成功地恢复被破坏的系统，需要干净的备份系统，编制并维护系统恢复的操作手册，而且在系统重装后需要对系统进行全面的安全加固。

6．总结阶段

总结阶段的主要任务是回顾并整合应急响应流程的相关信息，进行事后分析总结，修订安全计划、政策、程序，并进行训练，以防止入侵的再次发生；基于入侵的严重性和影响，确定是否进行新的风险分析，给系统和网络资产制作新的目录清单。这个阶段的工作对于准备阶段工作的开展起到重要的支撑作用。

总结阶段的工作主要包括以下 4 个方面的内容。

第一，调查突发工业信息安全事件的起因（包括直接原因和间接原因）、经过、责任，评估事件造成的影响和损失，总结事件防范和应急处置工作的经验教训，形成事件处理的最终报告。

第二，对于突发工业信息安全事件应对工作中做出突出贡献的集体和个人，给予表彰或奖励；对于未按照规定开展工业信息安全应急准备、应急处置等工作的集体或个人，给予问责或处分。

第三，检查应急响应流程中存在的问题，重新评估和修改事件响应过程。

第四，评估应急响应人员在沟通协调、事件处置上存在的不足，以促进事后开展更有针对性的培训。

第三节 工业信息安全应急处置关键技术

由于工业现场网络环境的复杂性和技术的特殊性，应急处置工作通常缺乏专业的技术人员和高效的技术工具，难以建立快速、可靠、协调联动的应急支援体系机制。鉴于台积电、丰田等大型企业遭勒索事件的案例，传统安全防护手段的大量投入可能成为工业信息安全的"马其诺防线"。应急处置是安全能力建设中不可或缺且不容失守的最后防线，加强应急处置技术储备是提高应急能力的关键途径。本节重点围绕上节的应急处置流程，介绍工业信息安全应急处置关键技术。

（一）准备阶段——威胁情报技术

1．威胁情报的概念

Gartner 提出，威胁情报是关于现有或即将出现的针对资产有威胁的知识，包括场景、机制、指标、启示和可操作建议等，且这些知识可为主体提供威胁的应对策略。Forrester 提出，威胁情报是针对内部和外部威胁源的动机、意图和能力的详细叙述，可以帮助企业和组织快速了解敌方对己方的威胁信息，从而帮助提前防范威胁，提高攻击检测与响应、事后攻击溯源等能力。

简而言之，威胁情报就是为了还原已发生的攻击和预测未发生的攻击所需要的一切线索，是帮助发现威胁并进行处置的相应知识。

2．威胁情报的作用

威胁情报的作用主要体现在以下 3 个方面。

（1）安全模式突破和完善

基于威胁情报的防御思路是以威胁为中心的。因此，需要对关键设施面临的威胁进行全面的了解，建立新型高效的安全防御体系。这样的安全防御体系往往需要安全人员对攻击战术、方法和行为模式等有深入的了解。

（2）应急检测和主动防御

基于威胁情报数据，可以不断创建恶意代码或行为特征的签名，或者生成网络取证、安全信息及事件管理（Security Information and Event Management，SIEM）、SOC、终端威胁检测及响应（Endpoint Threat Detection and Response，ETDR）、安全编排自动化与响应（Security Orchestration Automation and Response，SOAR）等工具，实现对攻击的应急检测。如果威胁情报是 IP 地址、域名、URL 等具体的网络属性信息，则还可应用于各类在线安全设备对既有攻击进行实时的阻截与防御。

（3）安全分析和事件响应

威胁情报可以让安全分析和事件响应工作处理变得更简单、更高效。例如，可依赖威胁情报区分不同类型的攻击，识别出潜在的 APT 高危级别攻击，从而实现对攻击的及时响应；可利用威胁情报预测既有的攻击线索可能造成的恶意行为，从而实现对攻击范围的快速划定；可建立威胁情报的检索，从而实现对安全线索的精确挖掘。

3. 威胁情报源

威胁情报源主要包括战略级、运营级、战术级三大类别。

（1）战略级威胁情报

战略级威胁情报的使用对象是工业信息安全决策者。它能够帮助决策者把握当前的安全态势，做出更加明智的安全决策。战略级威胁情报主要包括攻击组织信息、攻击可能造成的危害、攻击者的战术能力和掌控的资源情况等，同时还包括具体的攻击实例。

（2）运营级威胁情报

运营级威胁情报以安全响应分析为目的，通过已验证的技术情报了解特定攻击的威胁角色、威胁指标和 TTP 之间的关系，将威胁情报映射到 MITRE ATT&CK 等通用威胁知识框架上，对威胁行为进行分类，评估安全漏洞并与网络安全社区共享多种来源的综合情报，以便既可以了解技术细节，还可以了解威胁和最新安全事件的各方面情报，助力开展安全响应分析。

（3）战术级威胁情报

战术级威胁情报以自动化检测分析为主。高价值的失陷指标可以直接集成到安全产品中，使安全团队的分析师能够在其已建立的工作流程中深入分析情报关联的上下文，针对威胁角色和恶意软件提供搜索和检测的规则，在安全数据中主动搜索威胁，实时洞察行业和组织机构自身面临的当前和新出现的威胁情报源。

（二）准备阶段——演练实训技术

演练实训技术主要包括虚拟化技术和仿真沙盘技术。

1. 虚拟化技术

（1）VMWare 虚拟化

VMWare 提供 ESXi 虚拟机监控程序和 vSphere 虚拟化平台。其中 VMWare ESXi 是一个能够直接安装到物理服务器上的裸机虚拟机监控程序，可以整合硬件，因此可以用 VMWare 的虚拟化技术来创建和部署虚拟机，从而实现现代化改造基础架构，以交付和管理各种新、旧应用。

（2）KVM 虚拟化

KVM 是一种开源虚拟化技术，能将 Linux 内核转变成可以实现虚拟化的虚拟机监控程序，而且可以替代专有的虚拟化技术（如 VMWare 提供的专有虚拟化技术）。

2．仿真沙盘技术

仿真沙盘技术可帮助工业企业开展技术实战型的工业信息安全应急演练。

通过自定义、模块化、可扩展的软硬件设备开展虚实结合的工业信息安全应急演练实训；通过模拟水力发电、电网输送、智能制造和智慧城市等典型行业的工业控制场景，展示工业控制系统遭受攻击导致的电网断电、生产停产、列车停运等事件现象；通过模拟对工业控制系统发起 DoS 攻击、篡改控制指令、利用 SCADA 系统漏洞等多类型的网络攻击，结合工业控制环境仿真沙盘联动展示攻击事件，采取应急检测、入侵排查、更新配置等现场应急处置措施，提升应急人员的现场响应能力，验证应急预案的可行性，为工业信息安全事件应急响应和演练提供模拟仿真环境。

（三）检测阶段——漏洞风险排查

在检测阶段，漏洞风险排查技术主要包括日常漏洞扫描、"零日"或 Nday 漏洞风险排查。

1．日常漏洞扫描

对于日常的漏洞扫描和工业信息安全风险排查工作，可通过使用 AWVS、AppScan、Nessus 等技术工具开展。

（1）AWVS

Acunetix Web Vulnerability Scanner（AWVS）是用于测试和管理 Web 应用程序安全性的平台，能够自动扫描互联网或本地局域网中是否存在漏洞，并报告漏洞。AWVS 适用于任何中小型和大型企业的内联网、外延网以及面向客户、雇员、厂商等的 Web 网站。AWVS 可以通过检查 SQL 注入攻击漏洞、XSS 跨站脚本攻击漏洞等来审核 Web 应用程序的安全性。

AWVS 工具的基本功能主要包括以下内容。

- WebScanner：核心功能，扫描 Web 安全漏洞。
- Site Crawler：站点爬行，遍历站点的目录结构。
- Target Finder：主机发现，找出给定网段中存活的主机。
- Subdomain Scanner：子域名扫描器，利用 DNS 查询。
- Blind SQL Injector：SQL 盲注工具。
- HTTP Editor：HTTP 数据包编辑器。
- HTTP Sniffer：HTTP 嗅探器。
- HTTP Fuzzer：模糊测试工具。
- Authentication Tester：Web 认证破解工具。

（2）AppScan

IBM AppScan 是一款非常好用且功能强大的 Web 应用安全测试工具，曾以 Watchfire AppScan 的名称享誉业界。Rational AppScan 可自动化开展 Web 应用的安全漏洞评估工作，能扫描和检测所有常见的 Web 应用安全漏洞，如 SQL 注入（SQL-injection）、跨站点脚本攻击（Cross-site Scripting）、缓冲区溢出（Buffer Overflow）、最新的 Flash/Flex 应用及 Web 2.0 应用暴露等安全漏洞的扫描。

AppScan 的工作原理：一是通过搜索（爬行）发现整个 Web 应用结构；二是根据分析，发送修改的 HTTP Request 进行攻击尝试（扫描规则库）；三是通过对 Response 的分析，验证是否存在安全漏洞。

2．"零日"或 Nday 漏洞风险排查

"零日"或 Nday 漏洞具有时效性强、处置时间紧迫、入侵风险大的特点。应急人员应实时跟踪最新漏洞情况，并基于漏洞相关特征快速定位存在风险的脆弱资产，及时修复漏洞。

"零日"或 Nday 漏洞风险排查具体包括如下两种方式。

第一，基于漏洞的受影响产品品牌、型号、版本等特征，定位脆弱资产。

第二，基于漏洞已公开的 POC 或自行编写 POC，开展批量化漏洞扫描。

（四）检测阶段——网络取证

1．网络取证的基本原理

网络取证是指通过技术手段，提取网络犯罪过程中在多个数据源的传输流量等方面的电子证据，形成证据链，再根据证据链对网络犯罪行为进行调查、分析、识别，这是解决网络安全问题的有效途径。网络取证技术可以在安全事件发生前，监测、评估异常的数据流与非法访问。

2．网络取证的通用工具

通常使用的网络取证工具包括 Wireshark、IDS 和蜜罐。

（1）Wireshark

Wireshark 是一款网络封包分析软件。网络封包分析软件的功能是撷取网络封包，并尽可能显示出最详细的网络封包资料。Wireshark 使用 WinPCAP 作为接口，直接与网卡进行数据报文交换。WireShark 被视为硬件工程的万用表、示波器，网络工程师或软件工程师可以利用 Wireshark 来分析网络。

Wireshark 的工作原理如下。

① 收集。捕获机器上某一块网卡的封包，如果机器上有多个网卡，首先就要选择一个网卡，然后收集这个网卡的二进制信息。

② 转换。将收集的二进制信息转换成人类易读的信息。

③ 分析。对捕获和转换后的数据进行分析。

（2）IDS

IDS 是一种对网络传输进行即时监视，在发现可疑传输时发出警报或者采取主动反应措施的网络安全设备，其工作原理如图 10-3 所示。

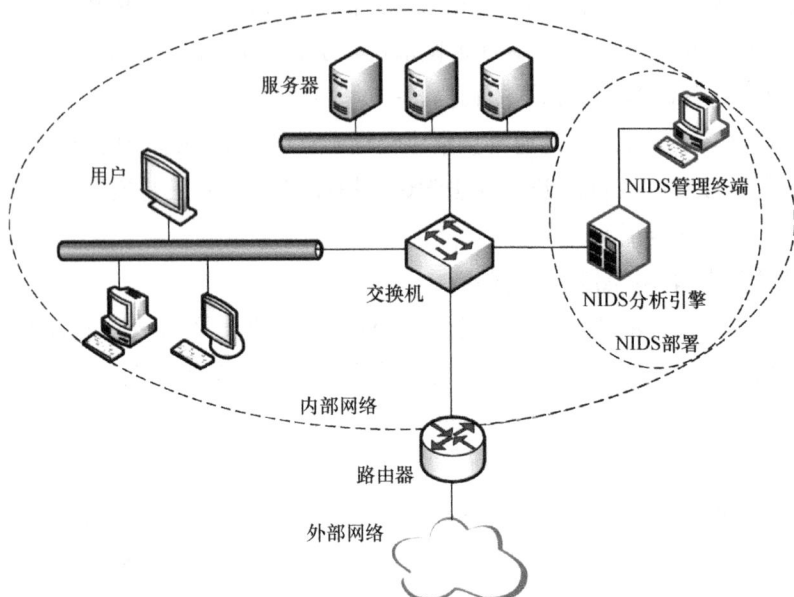

图 10-3　IDS 的工作原理

IDS 一般部署在核心交换机上。与防火墙不同的是，IDS 是一个旁路监听设备，不需要跨接在任何链路上，无须网络流量流经便可以工作。IDS 引擎告警原理包括基于规则的数据匹配、基于机器学习的异常分析。

典型的 IDS 包括 SNORT 和 Suricata 工具。

① SNORT。SNORT 是一款强大的轻量级网络 IDS，具有实时数据流量分析和日志 IP 网络数据包能力，能够进行协议分析，对内容搜索或者匹配。SNORT 属于基于特征检测的 IDS，可通过手动编写检测规则实现入侵检测功能。

② Suricata。Suricata 引擎能够实现实时入侵检测、在线入侵防御、网络安全监控和离线 pcap 处理。与 SNORT 规则的基本语法相同，Suricata 通过 YAML 和 JSON 等标准输入和输出格式，可以轻松地与现有的 SIEMs、Splunk、Logstash/Elasticsearch、Kibana 及其他数据库进行集成。

（3）蜜罐

蜜罐技术的特性和原理使得它可以为入侵取证提供重要的信息和有用的线索，用于研究入侵者的攻击行为。蜜罐是专门为吸引并诱骗攻击者而设计的。由于蜜罐并没有向外界提供真正有价值的服务，因此所有试图与其进行连接的行为均可认为是可疑的，同时通过让攻击者在蜜罐上浪费时间，延缓对真正目标的攻击，从而使目标系统得到保护。

从这个意义上来说，蜜罐是一个"诱捕"攻击者的陷阱。虽然蜜罐不会直接提高网络安全，但它却是其他安全策略不可替代的一种主动防御技术。通过触发实时告警，就可以让安全人员及时知道已经有攻击者渗透到内网，并知道哪台服务器已被控制以及攻击者在蜜罐上做了哪些动作和行为。

（五）抑制阶段——镜像取证

1．VMWare-converter

VMWare-converter 是一款能将物理计算机系统转化为一个虚拟机映像文件的工具，而且生成的映像可以在 VMWare 虚拟机软件中使用，能够快速将本地和远程物理机转换为虚拟机而无须停机，实现大规模虚拟化实施。

2．AccessData FTK Imager

AccessData FTK Imager 是一款镜像文件制作工具，能实现多种格式的镜像文件取证。

在工业信息安全应急处置过程中，可以实现证据获取、哈希值计算、文件查看及提取、镜像文件挂载、数据恢复、特定数据提取等功能。

（六）根除阶段——入侵排查

入侵排查过程主要包括如下操作。

1．检查系统账号安全

检查系统账号安全主要包括以下 4 个方面。

一是查看服务器是否有弱口令，远程管理端口是否对公网开放。

二是检查服务器是否存在可疑账号、新增账号。

三是查看服务器注册表是否存在隐藏账号、克隆账号。

四是结合日志，查看管理员登录时间、用户名是否存在异常。

2．检查异常端口、进程

该操作主要包括两个步骤。

第一步，检查端口连接情况，看是否有远程连接或可疑连接。

第二步，检查异常进程。在命令提示符窗口中输入"msinfo32"，单击软件环境—正在运行任务，查看进程的详细信息；使用 D 盾或火绒查杀工具，关注没有签名信息的进程；通过微软官方提供的 Process Explorer 等工具进行异常进程排查。

3．检查启动项、任务计划、服务自启动、系统相关信息

（1）检查服务器是否有异常的启动项

① 登录服务器，选择"开始—所有程序—启动"，默认情况为空目录，确认是否有非业务程序在该目录下。

② 选择"开始—运行—msconfig"，查看是否存在命名异常的启动项，若存在，则取消勾选命名异常的启动项，并根据显示路径删除相应的文件。

③ 单击"开始—运行—regedit"，打开注册表，查看开机启动项是否正常，检查是否有启动异常的项目。若有，则将其删除，并安装杀毒软件进行病毒查杀，清除残留病毒或木马。

④ 利用安全软件查看启动项、开机时间管理等设置。

⑤ 选择"开始—运行—gpedit.msc"，打开组策略编辑器。

（2）检查任务计划

① 选择"开始—设置—控制面板—任务计划"，查看任务计划属性，寻找木马文件的路径。

② 选择"开始—运行"，在命令提示符窗口中输入"at"，检查计算机与网络上其他计算机之间的会话或任务计划，确认连接是否正常。

（3）检查服务自启动

选择"开始—运行"，在命令提示符窗口中输入"services.msc"，注意服务状态和启动类型，检查有无异常服务。

（4）检查系统相关信息

选择"开始—运行"，在命令提示符窗口中输入"systeminfo"，查看系统版本及补丁信息。

4．查找可疑目录及文件

查找可疑目录及文件的步骤如下。

第一步，查看用户目录，新建账号后会在这个目录下生成一个用户目录，查看是否有新建用户目录。

第二步，选择"开始—运行"，在命令提示符窗口中输入"%UserProfile%\Recent"，查看最近打开的文件，分析可疑文件。

第三步，在服务器的各个目录中，可根据文件夹内文件的创建时间进行排序，查找可疑文件。

第四步，查看回收站、浏览器下载目录和历史记录。

第五步，查找修改时间在创建时间之前的可疑文件。

5．自动化查杀

自动化查杀主要包括病毒查杀和 Webshell 查杀。

① 病毒查杀：下载安全软件，更新病毒库，进行全盘扫描。

② Webshell 查杀：选择具体站点路径进行 Webshell 查杀。

6．日志分析

（1）系统日志

① 前提：开启审核策略，若日后系统出现故障、安全事件，则可以查看系统的日志

文件，以排除故障、追查入侵者的信息等。

② 按 Win+R 组合键打开"运行"对话框，输入"eventvwr.msc"，按 Enter 键，打开"事件查看器"。

③ 导出应用程序日志、安全日志、系统日志，利用 Log Parser 进行分析。

（2）Web 访问日志

① 找到中间件的 Web 日志，打包到本地，方便进行分析。

② 日志分析工具：对于 Windows 系统，推荐使用 EmEditor 进行日志分析，支持大文本，且搜索效率较高；对于 Linux 系统，使用 Shell 命令组合进行日志分析。

（七）根除阶段——入侵溯源

1．工业控制设备溯源

市面上使用的很多工业控制设备（如 DCS、PLC 设备）均设有日志审计的功能，可用于开展工业信息安全应急处置中的入侵溯源工作。

如西门子 PLC 内部有诊断缓冲区，该部分包含错误事件、模式改变和重要的操作事件、用户定义的诊断事件（诊断事件包括模块故障、过程写错误、CPU 中的系统错误、CPU 运行模式的切换、用户程序的错误等）等。这类事件的记录比较完善，可以反映外部输入对控制器的操作和控制器本身的大部分故障原因。诊断缓冲区为 PLC 的固有功能，不依赖用户的程序或配置。

2．工业主机溯源

工业主机大多为 Windows 操作系统。开展应急处置入侵溯源工作的主要依据为 Windows 事件日志。

Windows 事件日志记录了系统中发生的所有事件，主要包括 3 类日志。一是应用程序类：由应用程序记录的事件。二是系统类：由系统组件记录的事件。三是安全类：与安全相关的事件，如登录或注销以及权限提升。

用户活动相关日志对追踪安全事件非常重要。不同类型的事件具有不同的事件 ID，在入侵溯源中需要重点关注。常见的事件 ID 如下。

① 登录成功：4624。

② 登录失败：4625。

③ 创建用户：4720。

④ 删除用户：4726。

3．浏览器溯源

Chrome、火狐等浏览器的日志文件为 .sqlite 格式文件，在主机崩溃、无法运行浏览器时，可导出原日志文件并利用 SQLite 解析提取证据（如图 10-4 所示）。

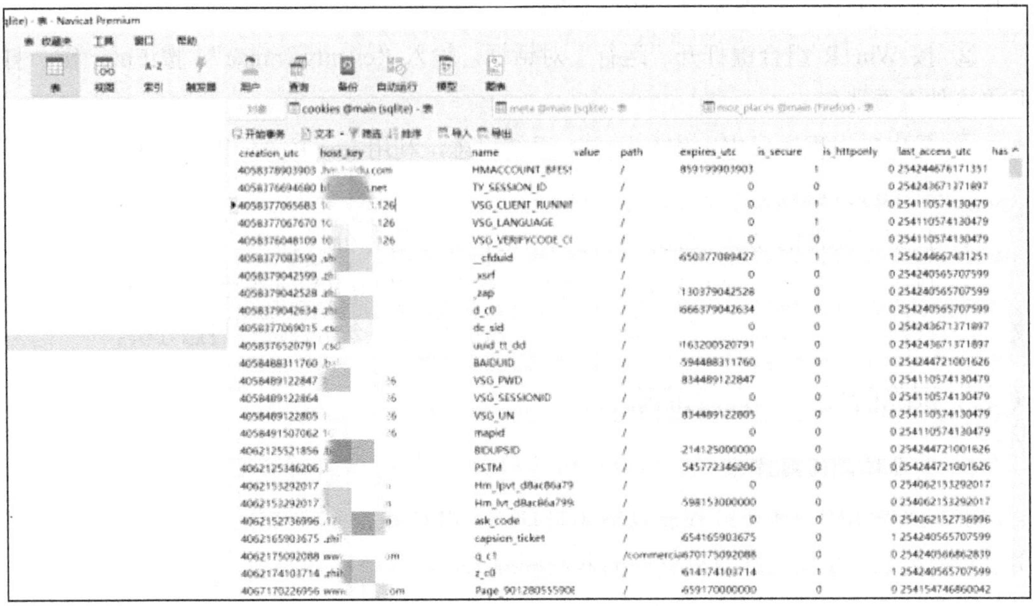

图 10-4　浏览器溯源

（八）集成技术工具——工业信息安全应急处置工具箱

工业信息安全应急处置工具箱适用于工业企业现场发生工业信息安全事件时进行快速应急处置，作为工业级、一体化、专用型的安全产品，凭借丰富的处置功能、高效的分析能力和便捷的可操作性，已成为工业企业、安全企业开展现场应急处置的必备工具。

工业信息安全应急处置工具箱集成了工业信息安全事件应急处置全流程所需的软硬件工具及技术资源，对接国家级工控安全应急支援服务平台，主要由以下 3 个部分组成。

① 箱体：为应急处置终端和辅助工具提供外壳。

② 应急工具：为移动式计算机，包含现场应急处置技术平台和各类通信接口等，作为核心组件提供"准备—检测—抑制—根除—恢复—总结"全流程的备份恢复、入侵检测、流量诊断、日志分析、漏洞检测、调查取证、应急模板、处置报告等应急处置的技术功能模块及关键数据资源。

③ 辅助工具：包含安全 U 盘（内置各类应急处置软件）、移动硬盘、移动电源、网线、上网卡和微型扫描仪等软硬件工具，提供数据取证、备份恢复、入侵排查、日志分析和应急通信等辅助功能。

工业信息安全应急处置工具箱具备丰富的处置功能、高效的分析能力和便捷的可操作性，后端的远程应急支援服务平台集成了威胁情报数据、智能分析大脑和远程专家资源，可为工业现场提供远程与现场相结合的一体化的工业信息安全事件应急处置工具和专家远程支援服务。应急处置工具箱基于便捷高效、高度集成的功能特点，结合远程应急支援服务平台全局性、体系化的技术优势，可作为国家级、行业级、集团级、企业级的应急处置装备，辅助开展突发事件应对、应急指挥调度等工作，提供有力的技术支撑。

第四节　工业领域勒索病毒应急防护

（一）工业勒索病毒概述

1. 背景概述

自 2017 年 5 月 WannaCry 勒索病毒爆发以来，勒索软件的热度持续飙升，勒索软件攻击已经成为全球广泛关注的网络安全难题。全球范围内的勒索软件攻击事件层出不穷，窃密行为愈演愈烈，并将矛头瞄准了防护薄弱的工业领域。工业领域因其运营成本高、数据价值大、社会影响广，成为攻击者开展勒索攻击的首选目标，索要赎金翻倍增长，工业信息安全威胁进一步加剧。近年来出现的多个新型勒索软件将攻击目标精准定位于工业领域甚至是工业控制系统。为追求利益最大化，全球大型工业企业已经成为勒索软件团伙攻击的首要目标。同时，随着云计算技术的快速普及，勒索软件越来越多地将云存储作为目标，对被攻击者的伤害和破坏性也越来越强。因此，有效开展勒索事件应急处置与安全防护显得尤为重要。

2. 发展历程

勒索病毒是黑客通过锁屏、加密文件等方式，使用户数据资产或计算机资源无法正常使用，进而敲诈用户钱财的恶意软件，主要以邮件、程序木马、网页挂马的形式进行传播。勒索病毒自 1989 年诞生至今，根据其攻击特征可将其发展分为 3 个时期，如图 10-5 所示。

图 10-5　勒索病毒的发展历程

（1）起步期

全球最早的勒索病毒雏形为 Joseph Popp 于 1989 年制作的以"艾滋病信息引导盘"形式进入系统的病毒，当时的勒索软件采取对称加密方式，解密工具很快可恢复文件名称。2005 年，首个加密用户文件的勒索软件 Trojan/Win32.GPcode 出现。2006 年，首个使用 RSA 非对称加密算法的勒索软件诞生，使得加密的文档更难以恢复。2010 年，伊朗"震网"事件引起了人们对工业勒索病毒安全防护的广泛关注。2013 年底爆发的 CryptoLocker 病毒标志着勒索病毒攻击进入加密货币勒索阶段。截至 2015 年底，勒索软件仍主要通过网络钓鱼、恶意网站等方式对个人或某台主机设备发起勒索，要求使用转账等方式支付赎金，攻击范围和持续能力相对有限。

（2）发展期

自 2016 年开始，勒索蠕虫病毒大爆发，勒索攻击开始不仅针对单台主机，而是感染整个网络以发起更大范围的破坏行动。以 WannaCry 和 Notpetya 为代表的蠕虫勒索病毒软件,通过蠕虫程序感染计算机,进一步植入勒索病毒,开展对局域网内主机的随机主动攻击,使得接入网络的主机全部受感染。WannaCry 在全球的大规模爆发,推动勒索病毒利用加密货币进行交易的勒索形式成为最热门的攻击手段之一。

(3)成熟期

自 2018 年开始,勒索软件升级为攻击公司整个网络并控制工业生产的交互式操作,从而劫持整个网络。如 2018 年首例公开的针对工业自动生产线的勒索攻击,导致台积电的五大晶圆厂停摆,损失惨重;2019 年,全球最大铝生产商海德鲁遭勒索攻击,被迫关停欧洲和美国工厂;2020 年,富士康工厂的核心生产系统 CTBG MX 生产设施遭勒索软件攻击;2021 年,美国最大油气输送管道运营商科洛尼尔遭到勒索软件定向攻击;2022 年,丰田汽车零部件供应商遭勒索攻击等。这些事件均表明了勒索攻击逐渐发展为劫持整个网络以控制交互式操作。

3.发展特点

总体来看,勒索软件攻击主要有以下 5 个方面的特点。

(1)工业领域勒索攻击呈现明显增势

工业领域设备老旧、漏洞修补不及时、防护水平低,且全天候运营、对业务连续性要求高,易受勒索攻击。大型工业企业涉及国民经济命脉,难以承受业务中断带来的损失,往往更倾向于支付赎金以恢复系统运行,因而成为勒索攻击的重点目标。安全公司 Dragos 和研究团队 X-Force 的《针对工业控制系统的勒索软件攻击评估报告》显示,过去两年针对工业领域的勒索攻击暴增 500%以上,其中,制造业是发生勒索攻击事件最多的行业,攻击数量占比高达 36%。IDC 调查显示,全球 37%的组织经历过勒索或入侵,导致系统或数据访问受阻,其中,制造业和金融行业的勒索事件发生率最高。

2021 年,电子制造、食品加工和能源化工行业的多家工业企业均遭勒索攻击。包括加拿大跨国无线通信设备制造商 Sierra Wireless、美国诺基亚子公司 SAC Wireless、日本电子公司 JVCKenwood 和我国台湾省计算机硬件供应商技嘉在内的 10 家大型电子设备制造企业遭受勒索攻击,导致大量敏感商业信息遭窃取,企业生产运营中断。美国最大的农业合作社 New Cooperative、大型乳制品供应商 Schreiber Foods 和全球最大的肉类加工公司巴西 JBS 食品公司因勒索攻击,致公司系统宕机、工厂停产,多地食品供应受到严重影响。美国最大的成品油管道商科洛尼尔(Colonial Pipeline)、挪威绿色能源公司 Volue、澳大利亚能源发电公司 CS Energy 遭勒索攻击,导致供油输送网络、水处理设施等关键基础设施中断,影响范围波及这些国家的多个地区。

(2)新型勒索软件直指工业控制系统

近几年来,勒索软件组织开始致力于研发新型变种软件,并定向针对工业领域实施攻击。与传统勒索软件泄露知识产权和采取对关键数据的破坏性操作相比,新型勒索软件可终止工业控制系统的关键进程,对工业生产造成严重影响,导致严重损失。安全公司 FireEye 发布报告显示，2020 年共发现 EKANS、DoppelPaymer、LockerGoga、Maze、MegaCortex、Nefilim、CLOP 7 个勒索软件家族将数千个工业软件进程列入"黑名单"，涉及西门子、通用电气等多个品牌的工业控制系统。

安全公司 Dragos 的《制造业网络威胁展望》显示，黑客组织 XENOTIME 和 ELECTRUM 利用针对工业控制系统的恶意软件 TRISIS 和 CRASHOVERRIDE，对制造业企业发起定向勒索攻击。

（3）勒索攻击造成的经济损失日益加大

获取经济利益一直是勒索团伙发起攻击的主要目的。近年来，越来越多的勒索攻击受害者选择支付赎金以恢复自身系统及数据。研究机构 CyberEdge Group 报告显示，2018 年有 39% 的勒索攻击受害者支付了赎金，2019 年这一比例提高到了 45%，2020 年则达到 58%。安全公司 BlackFog 的研究显示，2019 年第四季度，勒索攻击受害者平均支付 4.5 万美元赎金，而到了 2020 年第二季度，这一数值猛增 3 倍，达到 18 万美元。钢铁制造商 EVRAZ、葡萄牙跨国能源公司 EDP、巴西电力公司 Light S.A、巴西 JBS 食品制造公司均被索要过超过 1000 万美元的赎金。勒索组织的频频得手进一步助推了勒索赎金的节节攀升。

美国财政部报告显示，勒索攻击导致的支付成本正大幅攀升，仅 2021 上半年勒索赎金就累计高达 5.9 亿美元，超过 2020 年全年总额。安全公司 CrowdStrike《2021 年全球网络安全调查》显示，2021 年勒索攻击受害者的平均付款金额增长了 63%。据美国咨询机构 Cybersecurity Ventures 预测，到 2031 年，勒索攻击在全球范围内造成的损失将高达 2650 亿美元。

（4）勒索病毒传播场景及平台多元化

传统勒索病毒的传播方式主要以钓鱼邮件、网页挂马为主。近年来，为寻求利润最大化，RaaS 模式开始盛行，勒索软件的商业运营模式升级。在网络勒索产业链上，一般上游团伙编写勒索软件并提供攻击设施，下游团伙负责实施攻击，上下游共分赎金。RaaS 是一种分散且大部分自动化的分发模式，可以支持勒索软件运营商快速增长的需求。同时，高危漏洞、"零日"漏洞利用逐渐兴起，鱼叉式攻击、水坑攻击、软件供应链攻击等传播方式更为普遍，极大地提高了入侵成功率。

（5）勒索软件的攻击手法更加先进成熟

安全公司 Group-IB 的《2021/2022 年高科技犯罪趋势》显示，制造业成"双重勒索"攻击的重灾区，勒索团伙不仅通过加密数据勒索赎金，还通过威胁泄露受害者数据以获取更多赎金。近年来，勒索团伙的攻击目标范围进一步扩大，模式进一步升级，已逐渐演变为结合 DoS 攻击的"三重勒索"，即勒索式 DoS，通过向受害者的商业合作伙伴或目标客户实施成本极低的分布式拒绝服务（Distributed Denial of Service，DDoS）攻击，从而对受害者进一步施压。勒索病毒的关键技术指标在于执行加密操作的速度，当前勒索团伙的攻击手法更加先进成熟，加密速度显著提升。例如，LockBit 2.0 中的勒索病毒在 20 分钟之内就可窃取 100GB 数据，是普通勒索病毒加密速度的 3 倍以上，且具备在域控内自动传播的能力，被称为 2021 年度加密速度最快的勒索病毒。该勒索软件推出不久，全球就有 50 余个组织受害，遍及多个行业，其中全球 IT 咨询行业"巨头"埃森哲就遭到了 LockBit 勒索病毒的攻击，造成 6TB 内部数据被窃取，2500 台计算机遭遇宕机。

（二）工业控制系统勒索病毒分析

1．感染形式

工业控制系统勒索病毒的感染方式可从网络层、终端层、外设层和管理层 4 个方面进行划分。

（1）网络层

互联网是勒索病毒感染的关键入口，必须采取严格的防护措施，尽可能切断勒索病毒进一步传播。如企业未禁用与病毒传播或漏洞利用相关的危险端口，用户无意间点击垃圾邮件、钓鱼网站，网站存在弱口令、身份验证逻辑错误等都可能导致病毒入侵，继而在网络层发生病毒感染。同时，企业网络管理层和控制层的互通共享也可能导致病毒的横向传播，工业网络中的操作站和服务器中毒以及外部维护人员使用便携机进行系统维护时，连接到管理网络的交叉感染都是引入病毒的重要渠道。

（2）终端层

在终端层，若工业网络的操作站和服务器的系统和应用补丁更新不及时或安全配置不当，则很有可能导致勒索病毒植入。例如，用户使用终端计算机无意浏览挂有木马病毒的网站，将可能被植入木马并感染上勒索病毒。《火绒安全 2021 终端安全情报年鉴》显示，2021 年火绒安全拦截终端遭遇的攻击高达 24 亿次，整体呈上升态势；从提供的 2637 次应急响应服务情况来看，25%的攻击为勒索病毒入侵。

（3）外设层

为了保证企业生产与管理的有效隔离，很多工业企业的管理网与控制网都进行了逻辑隔离，但由于需要对生产网的数据进行分析与监测，通常使用外部设备导入的方式将工业控制系统的设备数据存入，再通过管理网进行加工。若在传输过程中未对普通外置设备类型、属性进行严格管理，未从技术层制作合法、可使用的外部设备或者未提供合法设备内数据与普通外置设备内数据的中转通道，就可能导致病毒轻易传播。

（4）管理层

管理层上的勒索病毒感染主要源于人为主观行为，如企业对员工安全培训不够导致业务人员安全意识不足、缺少业务连续性管理手段、缺失应急措施等，这些管理脆弱性都是勒索病毒攻击的突破口。

2．攻击流程

工业控制系统的监控和操作主要通过 PLC 作为嵌入式信息物理系统连接到 SCADA 系统，为保证企业正常的生产和运转，操作界面的实时监控成为企业安全保障的前提。然而，安全与生产效率兼顾一直是企业安全发展的一大难点。

工业企业的典型网络架构如图 10-6 所示。在企业内网络架构清晰、边界明确的情况下，要想进入企业内部系统，主要的渠道是通过企业管理层网络进行跳转，进入企业生产内网。

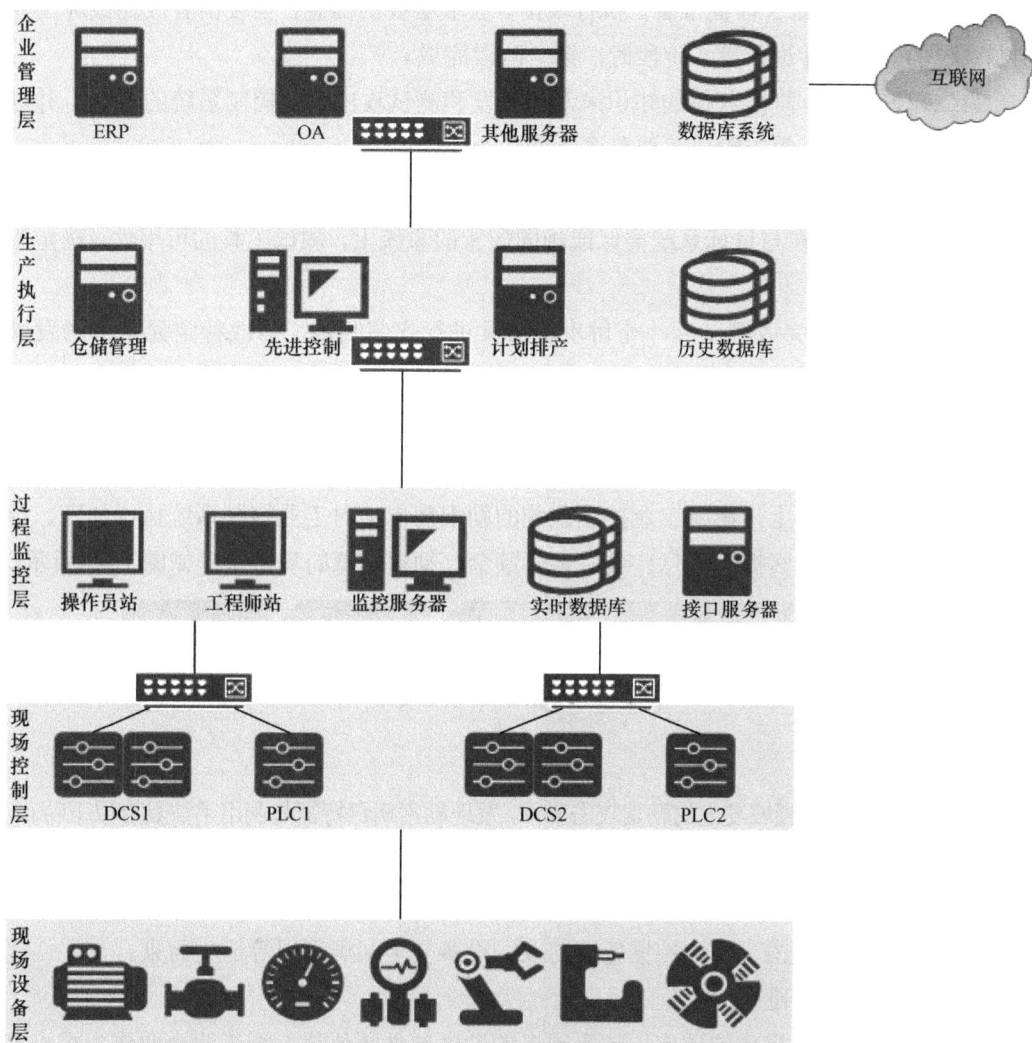

图 10-6　工业企业的典型网络架构

参照网络攻击的环节，针对工业控制系统的攻击可分为两个阶段。第一阶段以获取目标信息、取得控制权为主要目的，包含下面 5 个步骤。

① 规划阶段：通过观察或其他检测方法对目标进行侦察，了解目标的架构，找到可能存在的弱点。

② 准备阶段：利用安全漏洞或其他缺陷对目标系统/软件进行武器化或者选定目标，完成部分攻击活动或决定所使用的攻击工具和方法。

③ 网络入侵：进一步获得对目标网络或系统的访问控制权限，如传递攻击载荷、利用漏洞制定恶意操作等。

④ 管理控制：使用先前安装好的功能组件或盗用可信通信信道实现对目标网络的管理与控制。

⑤ 攻击执行：基于前期准备，执行攻击，获取必要的信息，当攻击者成功破坏工业控制系统的安全性并进入第二阶段时，第一阶段完成。

第二阶段以第一阶段获得的知识来专门开发和测试攻击工业控制系统的方法，并进一步发起勒索攻击。第二阶段主要包含下面 3 个步骤。

① 开发调整：开发一种针对特定目标系统的攻击功能，并进行持续调整。

② 测试验证：在与目标系统类似或相同配置的系统上，测试工具的可用性，确定工具的影响程度。

③ 实施攻击：完成测试后，交付攻击工具进行安装测试，修改特定元素值触发操作，引起生产控制过程和变量的变化，从而导致目标系统故障甚至造成人员伤亡。

结合网络攻击链，勒索病毒攻击通常是通过恶意邮件、弱口令爆破等方式，将病毒植入内网主机；接着在该主机上植入勒索病毒，感染内网主机，实现病毒大规模扩散；然后与控制端交互，上传影响工业控制系统的勒索病毒，对工业控制系统执行加密、控制等操作，并生成勒索提示信息；最后索要赎金。勒索病毒的攻击流程如图 10-7 所示。

内网渗透 ➤ 病毒植入 ➤ 病毒扩散 ➤ 控制与执行 ➤ 索要赎金

图 10-7　勒索病毒的攻击流程

3．勒索的特点

分析近几年工业领域发生的勒索攻击事件，发现勒索病毒特征与利用手法具有以下特点。

（1）以漏洞为主要攻击点

虽然勒索攻击呈现出复杂化的趋势，但是勒索病毒组织的基础攻击手段和工具没有变化，仍由弱口令攻击、网络扫描凭证窃取、设备安全漏洞利用等衍生而来。

（2）攻击目标精准化

受勒索攻击高回报率的诱惑，越来越多的勒索软件团伙将大型工业企业作为重点打击对象。2020 年 6 月，日本汽车制造商本田集团遭受到的来自 SNAKE 勒索团伙的攻击，便是勒索团伙精准定向攻击演变趋势的例证。此外，传统面向工业领域的勒索软件多以赎金为目标，但 2019 年 12 月底出现的 EKANS 勒索病毒表明黑客的攻击目标开始有所转移，类似 EKANS 这样的能够破坏关键工业控制系统进程的新勒索软件，有可能成为未来工业控制系统攻击的基础和主流方向。

（3）攻击手法精细化

为提高勒索软件攻击的成功率，勒索软件团伙的攻击手法更加精细化，包括针对特定目标选择对应语言量身定制勒索信，甚至采用 APT 攻击手法作为武器。例如，2019年，FIN6 组织利用 LockerGoga 勒索软件对挪威铝业巨头海德鲁公司实施勒索攻击的过程中，就采用了 APT 攻击手法，长期利用受海德鲁公司员工信任的电子邮件发动攻击，使得攻击成功率大大提升。

（4）热点事件成攻击诱饵

全球新型冠状病毒感染疫情给勒索软件的发展带来了机会，尤其是针对医疗制药等领域的勒索事件层出不穷。同时，为了做到疫情防控和复工复产两不误，远程办公成为企业复工刚需。58 同城招聘调研数据显示，在采取延迟复工的企业中，55%的企业采取在家办公方式。而远程办公模式需要将企业内网的访问权限开放到互联网，导致企业被黑客攻击的风险进一步加大。如果企业内网权限丢失，黑客乘虚而入，就可能导致机密文件泄露、商业机密被窃取以及遭遇勒索病毒攻击等，造成无法挽回的损失。

（三）工业领域勒索事件应急响应流程

发生勒索事件后，可结合事发单位情况，按照先期处置、事件研判与上报、风险排查、溯源分析与根除、应急恢复和事后复盘 6 个步骤展开应急响应工作。

1．先期处置

为防止病毒在内网的横向扩散以及主机再次遭受感染，需要第一时间对目标主机进行隔离操作，采取断开主机与网络的连接、关闭主机的无线网络和蓝牙连接、拔掉主机上所有的外部设备等物理隔离方式，或进行权限访问控制操作，阻止病毒的进一步传播。同时，通过封存硬盘、还原操作系统、修改账号、更改服务器密码等操作保护现场，并启动备选方案，利用既有备份数据对企业被感染主机进行数据恢复，保障产线运行。

除了进行现场保护外，还需要同步准备事件处置过程中可用的工具和案例，快速协调运维人员使用检测设备和处置工具进行事件检测，确定事件感染范围，查看主机的所有文件夹、网络共享文件目录、外设硬盘、USB 驱动器以及主机中存储的文件等是否被加密。

2．事件研判与上报

在发生勒索病毒入侵事件后，企业内部要快速进行风险研判，依据相关应急预案开展风险事件处置。对于企业无法自行确认的复杂风险，可由高级技术专家介入进行事件原因查找，对事件影响范围、具体表现、勒索内容等进行分析。企业内部可组织召开风险研判会议，明确事件进展，安排应急处置工作。同时，企业需要及时将安全事件情况向上级主管部门报告。

3．风险排查

风险排查的方式有很多，如采取全盘病毒扫描、网络连接情况检查、远程终端服务使用检查、安全日志检查、进程与端口检查等方式，完成风险评估与风险源定位。对于不具备勒索病毒排查分析能力的工业企业，可以邀请专业的应急支撑队伍通过远程指导、现场协助等方式，收集勒索病毒信息和系统特征，判定系统感染情况。在隔离感染设备的情况下，对局域网内的主机进行端口异常连接、异常资源占用、系统进程异常、系统服务异常等检查，判定核心业务系统、生产线是否受影响。还可以基于网络拓扑架构、设备类型等关键信息评估事件的传播范围、攻击手段等，为勒索病毒的追踪、根除提供支撑。

4．溯源分析与根除

溯源分析与根除是在风险排查的基础上，对引起该问题的风险源进行处理与清除，并对所造成的后果进行弥补和消除。勒索病毒感染设备后，通常会以提示信的方式告知用户支付赎金，勒索提示信通常位于被加密磁盘的目录中。通过研判勒索病毒种类、判断攻击入侵手段开展安全事件的追踪溯源，大多数勒索事件都可以通过主机日志信息及样本信息判定勒索病毒入侵方式。如存在大量远程桌面协议（Remote Desktop Protocol，RDP）爆破日志，且曾经成功登录过主机，在主机的相应目录中存在病毒样本，即可判定勒索病毒未通过 RDP 进入；对于日志被删除的情况，可通过查看浏览器历史记录的方式追踪网页挂马或恶意网址等方式进入；可以根据加密文件的标识判定感染病毒种类，如加密文件后缀的长度、命名规范，还可以通过反编译加密文件查看是否有特殊字符，如 EKANS 勒索病毒会在加密文件的后缀中加入".EKANS"文件标记。

病毒的清除通常采用手动查杀和工具查杀两种方式，无论何种方式，都需要先结束病毒影响的进程，以防止范围进一步扩散，对于重要设备，可采用根目录文件清除的方式彻底控制并重装系统，然后根据排查出的风险源进行针对性修复。如操作系统、设备产品漏洞导致的威胁，可采用打补丁的方式进行解决，对于短期内无法安装补丁的系统，需采用安全设备加固或其他临时方案来解决；对于非病毒类威胁风险，如配置不当、弱口令等导致的漏洞，可手动修改相关配置进行安全防护。

5．应急恢复

在完成风险定位、病毒溯源后，需将中毒主机格式化并重装系统，以保证不会有残余的病毒文件，并对格式化后的主机进行数据恢复。为了保证业务的持续运行，当发生勒索病毒事件导致用户的业务系统或重要数据受到影响时，可通过部署备份容灾系统确保业务的秒级 RPO（最多可能丢失的数据的时长）和分钟级 RTO（从灾难发生到整个系统恢复正常所需要的最大时长），同时对生产业务系统实现系统、应用、数据、配置等一体化保护。通过业务监控，实时发现故障主机，支持一键生成演练测试环境，验证业务数据及其他工作，同时可以满足异机恢复迁移等多种功能，实现业务连续性能力支撑。考虑到勒索病毒多是以后门、恶意木马程序、社会工程学等方式入侵，因此应急阶段的工具可从进程监视、端口检测、后门检测、启动项检测、入侵检测方面出发，常用的简易安全查杀工具见表 10-1。

表 10-1　常用的简易安全查杀工具

序号	工具类型	工具名称
1		Process Explorer
2		Process Viewer
3	进程监视	冰刀
4		Windows 进程管理器

序号	工具类型	工具名称
5	端口检测	CurrPorts
6		FPort
7		MPort
8	后门检测	Chkrootkit
9		Rkhunter
10	启动项检测	AutoRuns
11	入侵检测	驭龙 HIDS
12		微软 MBSA

6. 事后复盘

为避免企业再次遭受相似的勒索事件，事后复盘是保证能够做出正确决策和快速反应的必要环节。复盘时，首先需要明确本次事件发生的原因、遭攻击的流程、影响范围等，从管理和技术角度进行总结，预防类似事件发生。其次需要考虑响应过程中存在的不足，如应急处置流程是否顺畅、人员是否完备，并制定应急响应基线要求。最后对归纳总结的不足进行改进，制定并优化企业勒索病毒事件应急响应预案，可以采取定向培训、桌面推演甚至是实战演练的方式对预案进行验证，提升安全防护能力。

（四）工业领域勒索病毒应急防护措施

为有效防范勒索病毒的攻击，世界多国均已发力重拳打击网络勒索犯罪行为。总体来看，为保护工业领域免遭勒索病毒侵害，需要建立事前预防、事中监控、事后响应三位一体的纵深防御体系。

1. 事前预防

勒索软件部署是实施入侵的最后一步。因此，及时发现并修复现有网络存在的各类潜在风险，建立应对勒索病毒攻击的应急组织体系和管理机制，是应对勒索事件发生的关键。勒索病毒攻击事前预防主要需要做好以下 5 个方面的工作。

（1）制定勒索事件应急预案

制定勒索事件应急预案，明确企业组织体系、职责分工、事件风险等级、应急流程等，结合应急演练进行预案验证，确保预案内容能够有效应对勒索病毒攻击事件，形成可操作性强的应急预案。

（2）加强服务器及主机安全

增加安全相关投入，设计完整的网络架构图，改变传统的单线部署方式，禁用非必要的端口转发，防止勒索病毒在局域网内的横向扫描与传播。对于服务器自身的安全性，如内部软件更新、补丁安装及解决方案的应用，开展经常性、实时性的安全扫描，遵循等级保护要求，对服务器及主机进行身份鉴别，加强对共享文件夹的管理，严格限制访问控制权限。

（3）备份重要业务数据

实施安全的冗余备份策略，全面梳理内部资产清单，依据数据的重要程度进行分类分级存储与本地备份、异地备份、云端备份等。根据企业信息化经费的情况，安装部署一体化备份与应急恢复解决方案，或者采取硬盘定期备份的方式，将重要数据、文档等进行脱机保存，提高数据的可靠性与安全性，以最小化原则减少数据库及重要业务平台在公网的暴露面。针对资产进行安全自排查或第三方权威机构检查，厘清内部资产风险情况、漏洞信息及解决方案。

（4）定期开展应急演练

通过定期开展应急演练，结合勒索病毒的最新发展趋势设计勒索病毒攻击场景，能够还原勒索病毒入侵过程，让参演人员切实认识到勒索病毒的危害，并能锻炼参演人员的勒索病毒攻击事件应急响应和恢复的能力，提升安全意识和技能。同时，数据备份作为应对勒索事件的重中之重，演练过程中应对数据备份策略的有效性进行检验。

（5）强化企业内部管理

企业内部员工的安全意识不强可能造成勒索病毒成功入侵。因此，企业在开展安全防护的同时，还应主动加强内部员工的安全意识培训，将垃圾邮件、网络钓鱼作为重点培训科目，确保员工合理规范使用外设、移动存储介质等，熟知.js、.vbs、.bat、.exe 等常见的勒索病毒植入的可执行程序格式，在网络上接收文件时形成先杀毒后打开的习惯。同时，加强对远程身份和访问管理的审核，做到开发、生产与管理环境之间非必要不相连，实行分权管理原则，避免单个用户或账号独自掌控全部的运维管理权限。

2. 事中监控

通过在终端侧、网络侧部署专业的网络安全产品，同时依托安全态势感知网络开展主动防御与流量监听，实时监控业务运行状态，确保安全防护无短板，建立统一的运维管理系统，实时掌握内部安全风险态势。

（1）网络出口处安全监控

在办公网和监测控制网交界处设置防火墙、IDS 等设备对网络流量进行过滤，检测异常行为，辅助阻断非法接入监测控制网的行为。严格控制企业互联网出口处的监控，及时切断异常行为。对于高危端口，要及时关闭或采取严格的控制策略进行访问限制，根据业务需要定制白名单对出入端口的数据进行动态跟踪，并开启反病毒功能，实现对勒索病毒的入侵拦截。

（2）实时风险监测排查

加大勒索病毒检测、预警工具及数据防泄露工具的资金投入。在公用网络中建立VPN 以保证与 PLC 网络的信道安全，实时开展安全风险监测以快速识别感染情况。评估勒索软件威胁等级，加大勒索病毒监测和威胁信息共享力度。

（3）业务持续性监控

全面细化内部资产台账清单，重点关注工业主机资产，增强资产的可见性，细化对资产的访问控制，保障业务稳定，同时对定期备份的数据资源进行质量实时检测。制定业务连续性计划，强化对业务数据的备份，做好备份系统与实际运行系统的隔离，避免业务连续性受到影响。对于上云的数据，采取加密方式进行读写；对于本地备份的数据，采用细化安全区域的方式进行控制，实现重要数据的防护。

3. 事后响应

持续发挥应急响应队伍、安全应急专家的作用，开展事件处置与安全加固等工作。以勒索事件诱因逐级溯源，归纳整理病毒样本。综合考虑数据重要程度、影响范围、恢复时间成本、数据存储位置等因素，采取适宜方式对数据进行恢复。持续更新内部网络安全应急组织体系和管理措施，更新应急预案，进一步完善安全监测与防护方案。同时，加大对反勒索病毒的技术研发力度，深入研究病毒攻击机理，结合密码学、情报学等技术研发勒索病毒专检专杀工具箱，提高勒索病毒的检测与处置效率。

附录

附录 A　工业信息安全典型事件案例

第一节　"震网"病毒入侵破坏伊朗核设施

2010 年 6 月，德国安全专家发现了可攻击工业控制系统的"震网"（Stuxnet）病毒。截至当年 9 月底，该病毒感染了全球超过 4.5 万个网络，其中伊朗最为严重，直接造成其核电站推迟发电。

（一）事件概述

震惊全球的伊朗"震网"病毒事件是由名为"震网"的一种蠕虫病毒引发的。该病毒于 2010 年 6 月首次由伊朗核设施方检测出来，是首个专门定向攻击现实世界中基础（能源）设施的蠕虫病毒，攻击对象包括核电站、水坝、国家电网等。截至 2010 年 9 月，其已感染了全球范围内超过 4.5 万个局域网及相关主机，其中近 60% 的感染发生在伊朗，其次为印度尼西亚和印度（约 30%），美国、巴基斯坦等国家也有少量计算机被感染。截至 2013 年 3 月，我国也有近 500 万网民及多个行业的领军企业遭受该病毒的攻击。

"震网"病毒主要利用 Windows 系统漏洞，通过移动存储介质和局域网进行传播，用于攻击西门子公司的 SCADA 系统。SCADA 系统不仅能够实现生产过程控制与调度的自动化，而且具备现场数据采集、监视、参数调节与各类信息报警等多项功能。"震网"病毒被激活后，将攻击 SCADA 系统，修改 PLC，劫持控制逻辑发送控制指令造成工业控制系统控制混乱，最终造成业务系统异常、核心数据泄露、停产等重大事故，给企业造成难以估量的经济损失，甚至给国家安全带来严重威胁。

（二）影响分析

与传统的网络攻击手段相比，"震网"病毒并不会通过窃取个人隐私信息牟利。由于此次事件的打击对象是全球各国重点领域的关键基础设施，因此引发这一系列网络安全事件的"震网"病毒被专家定性为全球首个投入实战的"网络武器"。"震网"病毒具有如下三大特点。

一是对物理隔离的专用网络有很强的传染性。"震网"病毒不需要借助网络连接进行传播，就可以破坏世界各国的化工、发电和电力传输企业所使用的核心生产控制计算机软件，并代替其对工厂的其他计算机"发号施令"。一般情况下，多数物理基础设施的工业控制系统都位于与互联网物理隔离的专用网络中。为此，"震网"病毒的设计者在确保其在互联网传播的同时，还专门设计了通过 U 盘进行传播的方式，感染物理隔离的专用网络，以实现其攻击工业控制系统的目的。

二是攻击过程具有很强的目的性和指向性。"震网"病毒是专门针对工业控制系统编写的恶意病毒，能够利用 Windows 系统和西门子 SIMATIC WinCC 系统的多个漏洞进行攻击，直接威胁工业信息安全。"震网"病毒虽然能够像传统的蠕虫病毒一样在互联网上广泛传播，但并不以获取用户数据或牟利为目的，最终目的是攻击重要基础设施的工业控制系统。其通过修改工业控制系统的数据采集、监测、调度等命令逻辑，造成采集数据错误、命令调度混乱，甚至完全操纵工业控制系统的指控逻辑，按照实施攻击者的意愿对工业生产造成直接破坏。

三是漏洞利用技术多样，攻击构思复杂。"震网"病毒从感染、传播，到实现对物理控制系统的攻击，综合利用了多个层次的漏洞利用攻击技术，涉及 Windows 等通用系统和工业控制系统等专用系统的漏洞，因此对病毒设计人员的技术能力要求很高。例如，在设计入侵 PLC 的攻击代码时，设计人员至少需要精通 C/C++和 MC7 等编程语言，同时还要熟练掌握进程注入等高级编程技术。此外，为了防止多种防病毒软件的检测，该病毒还利用安全证书仿冒技术、Rootkit 攻击技术等设计了自保护机制。德国专家表示，"震网"病毒具备一定的高端性，其背后有强大的技术支撑和财政支持。

（三）攻击原理

"震网"病毒主要通过 U 盘等移动存储介质实现传播，其针对 Windows 操作系统中的 MS10-046 漏洞、MS10-061 漏洞、MS08-067 漏洞等多种漏洞使用伪造的数字签名，利用一套完整的入侵传播流程，突破专用局域网的物理限制，对西门子的 SCADA 系统进行特定攻击。"震网"病毒采取多种手段进行渗透和传播，其传播的过程是首先感染外部主机，然后感染 U 盘。之后利用快捷方式文件解析漏洞传播到内部网络，在内部网络中通过快捷方式解析漏洞、RPC 远程执行漏洞、打印机后台程序服务漏洞，实现联网主机之间的传播，最后抵达安装了 SIMATIC WinCC 软件的主机并展开攻击。

第二节　乌克兰电网系统遭"黑暗力量"攻击

（一）事件概述

2015 年 12 月 23 日，乌克兰电网系统遭黑客攻击，引发持续 3 小时的大面积停电事故，这是有史以来首次导致停电的网络攻击事件，引起国际高度关注。后经调查发现，攻击者使用附带恶意代码的邮件附件渗透进入某电网工作站人员系统，向电网网络植入了 Black Energy（"黑暗力量"）2 恶意软件，获得了对发电系统的远程接入和控制能力。

（二）影响分析

乌克兰电网系统被黑客攻击导致瘫痪，大量家庭供电被迫中断，造成了约 22.5 万人供电中断数小时。根据供电信息分享与分析中心（E-ISAC）发布的报告，攻击者具备高度的组织化并拥有丰富的资源支持，超过 27 家变电站的系统在这次攻击中被破坏。该攻击的攻击点并不在电力基础设施的纵深位置，同时亦未使用"零日"漏洞，而是完全通过恶意代码针对 PC 环节的投放和植入达成的，其攻击成本相对"震网"病毒、方程式等攻击显著降低，但同样直接、有效。

（三）攻击原理

Black Energy 的最初版本出现在 2007 年，主要在俄罗斯地下网络流行，实现 DDoS 攻击、创建僵尸网络、窃取银行凭证等。Black Energy 2 于 2010 年发布，支持更多的插件功能。2014 年 9 月出现了新变种 Black Energy 3，该变种不再使用驱动组件，但利用该版本恶意软件的攻击事件还较少。Black Energy 2 因为具有多组件、多用途的特点，已被用于发起多种攻击，包括用于攻击工业控制系统，甚至攻击路由器设备等。其攻击原理如图 A-1 所示。

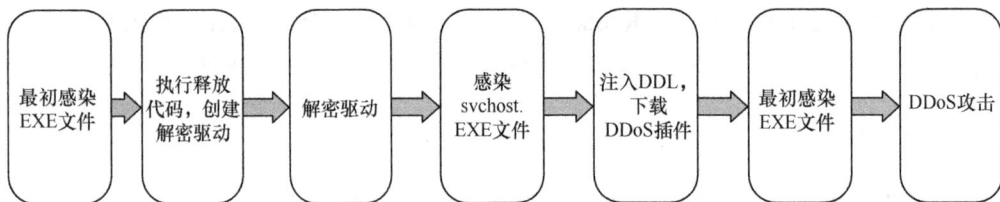

图 A-1　Black Energy 2 的攻击原理

Black Energy 2 的 3 个主要功能组件是 SYN、HTTP 和 DDoS 攻击组件，病毒将下载后的攻击组件加载到内存中执行，实现对服务器的远程控制。Black Energy 2 利用 Windows Installer 安装包，将自身的安装程序伪装成名为 msiexec.exe 的系统进程。此版本最核心的功能位于主动态链接库（Dynamic Linked Library，DLL）组件。该组件可以根据攻击者的目标定制维护僵尸网络的框架，用于与管理和控制（Command and Control，C&C）服务器进行通信，同时 Black Energy 2 本身被隐藏在驱动组件中，文件系统无法察觉。

通过对变电站系统的分析并基于公开的 Black Energy 2 样本，分析攻击者可能采用的技术手法为：通过鱼叉式钓鱼邮件或其他手段，首先向"跳板机"植入 Black Energy 2，随后 Black Energy 2 以"跳板机"作为据点进行横向渗透，之后攻陷监控/装置区的关键主机。攻击者在获得了 SCADA 系统的控制能力后，通过相关方法下达断电指令导致断电，包括：采用覆盖主引导记录和部分扇区的方式，导致系统重启后不能自举（自举只有两个功能：加电自检和磁盘引导）；采用清除系统日志的方式提升事件后续分析的难度；

采用覆盖文档文件和其他重要格式文件的方式，导致实质性的数据损失。这不仅使系统难以恢复，而且在失去 SCADA 系统的上层故障回馈和显示能力后，工作人员无法发现异常情况，从而不能有效推动恢复工作。攻击者一方面对线上变电站进行攻击，另一方面在线下还对电力客服中心进行电话 DDoS 攻击。乌克兰停电事故攻击全程如图 A-2 所示。

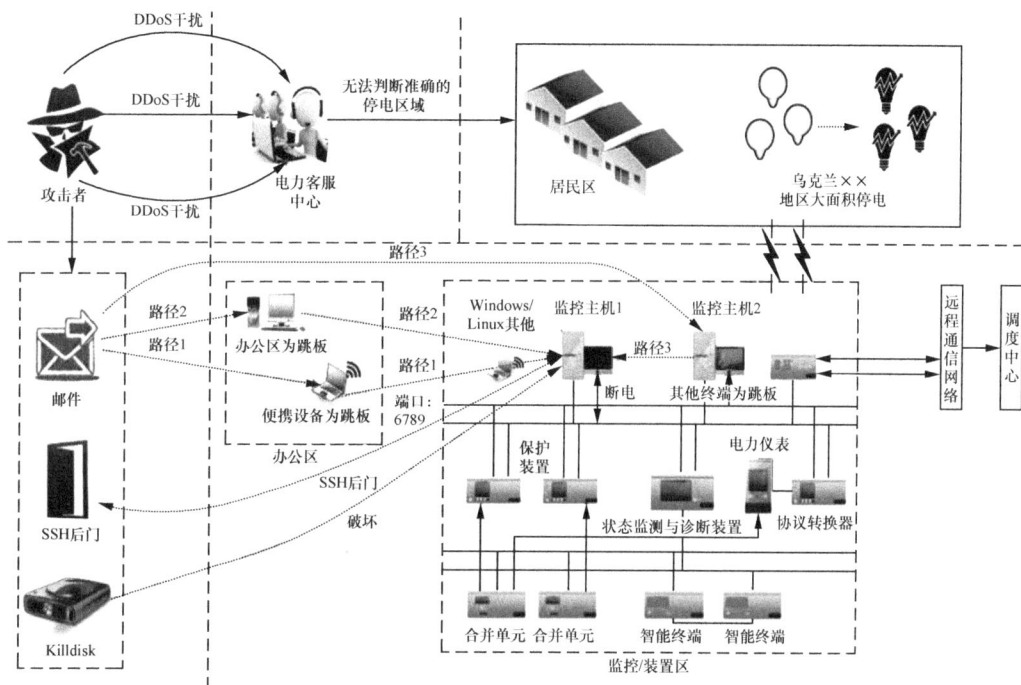

图 A-2　乌克兰停电事故攻击全程示意

第三节　WannaCry 勒索病毒爆发威胁工业信息安全

（一）事件概述

2017 年 5 月 12 日，WannaCry 勒索病毒全球大爆发，包括英国、美国、中国、俄罗斯、西班牙和意大利等至少 150 个国家和地区、30 万名用户中招，造成损失超 80 亿美元，严重影响了工业、金融、能源、医疗等众多行业。由于工业是支撑国民经济发展的重要设施，工业控制系统更是攻击的重点对象，WannaCry 勒索病毒事件极大地威胁了工业信息安全，影响极其恶劣。

WannaCry 是一种计算机软件勒索病毒。该病毒会扫描计算机上的 TCP 445 端口（Server Message Block，SMB），以类似于蠕虫病毒的方式传播，攻击主机并加密主机上存储的文件，然后要求用户交付足够数额的比特币以赎回账号。WannaCry 主要使用了黑客组织"影子经纪人"（The Shadow Brokers）此前公布的两个漏洞利用工具——

EternalBlue（"永恒之蓝"）和 DoublePulsar 进行传播。

（二）特点及影响分析

1．攻击特性

（1）爆发突然

短短一天时间内，在几乎毫无征兆的情况下，百余个国家和地区遭受攻击。WannaCry 勒索病毒一旦成功入侵，将加密系统内的全部文档，并通过破坏硬盘快照的方式增加系统恢复难度，不交付赎金（单机解密赎金通常为 300～600 美元，一般以等价的比特币代替）将无法解密。

（2）自动传播

WannaCry 病毒可利用 Windows 平台所有版本（如 Windows XP、Windows Vista、Windows 7、Windows 8、Windows 2003、Windows 2008、Windows 10 等）的漏洞进行自动传播，未打补丁的机器极易被感染并在内外网快速传播。

（3）无法解密

勒索病毒使用 AES128 加密文件，并使用 RSA2048 公钥加密 AES 密钥，除美国外的其他国家基本无法通过计算或碰撞的方式进行解密。

（4）通信匿名

勒索病毒进行攻击后，会自动释放 Tor 网络组件，用于解密程序的网络通信，赎金以比特币"支付"，使勒索过程难以追踪溯源。

（5）时间精准

此次攻击的发生时间正值周末，在我国爆发的时间为周五下午 3 点左右，恰逢各单位的网络安全防范较为松懈之时。

2．波及范围

WannaCry 勒索病毒肆虐给广大的计算机用户造成了巨大的损失，影响范围十分广泛。在能源行业，西班牙电力公司 Iberdrola、天然气公司 Gas Natural 遭受勒索病毒攻击，影响正常工作。在交通运输行业，德国德累斯顿火车站、丹麦的航运企业——马士基集团等受到勒索病毒的攻击。我国的石油化工、通信等行业也遭受了 WannaCry 勒索病毒的影响。例如，在石油行业，WannaCry 勒索病毒攻击造成某大型石油公司的约 2 万座加油站短时间内无法使用银行卡及网络支付，影响范围波及北京、上海、杭州、重庆、成都、南京等多个城市。

（三）攻击原理

勒索病毒被漏洞远程执行后，会从资源文件夹下释放一个压缩包，此压缩包会在内存中通过密码 WNcry@2ol7 解密并释放文件。这些文件既包含后续弹出勒索窗口的 EXE 文件、桌面背景图片 BMP 文件，又包含各国语言的勒索字体文件，还有辅助攻击的两个 EXE 文件。这些文件会释放到本地目录下，并设置为隐藏。随后，弹出勒索窗口。在窗口右上角的语言选择框中，可以针对不同国家的用户进行定制展示，相关字体的信息也存在于之前从资源文件夹下释放的压缩包中。

通过分析病毒可以发现，图片、文档、压缩包、音频、视频、可执行程序，几乎所有带有扩展名的文件都会被加密。以图片为例，查看计算机中的图片，发现图片文件已经被勒索软件通过 Windows Crypto API 进行 AES+RSA 组合加密，并将扩展名改为.WNCRY，此时如果单击勒索界面的"decrypt"，会弹出解密的对话框，但必须付钱后，才可以解密。

第四节　新型恶意软件攻击能源基础设施

（一）基本情况

2017 年 11 月中旬，Dragos Inc.团队首次发现了针对工业控制系统量身定制的恶意软件，该恶意软件的攻击目标至少包括中东地区，并成功中断了多家能源工厂的能源基础设施。该团队将此恶意软件命名为 TRITON（又称为 Trisis），它将目标锁定为施耐德电气的 Triconex SIS，从而实现更换最终控制元素中的逻辑的目的。

（二）主要特点

TRITON 恶意软件主要具有以下两大攻击特点。

一是采用多种攻击方式，具体如下。

（1）利用 SIS 关闭进程

攻击者可以重新编程 SIS，导致其在安全状态下也能关闭进程，也就是触发误报。进程关闭期间及大型工厂在关闭后的启动流程都会造成巨大的经济损失。

（2）重新编程 SIS，允许不安全状态

攻击者可以重新编程 SIS，允许持续出现不安全状态，增加了出现物理破坏的风险，例如，SIS 功能缺失可能会影响设备、产品、环境和人身安全。

（3）重新编程 SIS，允许不安全状态，并利用 DCS 导致风险

攻击者可以从 DCS 操控进程进入不安全状态，并导致 SIS 无法正常工作，这可能对人身安全、环境造成影响，或者直接破坏设备，具体取决于进程的物理限制和工厂的设计。

二是攻击目标具备高度针对性。TRITON 具有高度针对性，可能不会对其他施耐德电气客户构成直接威胁，其他 SIS 产品也不会受到威胁。重要的是，TRITON 不会在施耐德电气产品中利用固有的漏洞。然而，这个特定事件中的攻击能力、方法和流程可能被其他攻击者所复制，给工业资产所有者和运营商带来新的威胁。

（三）攻击原理

TRITON 恶意软件可以与 SIS 控制器通信（例如发送 halt 等特定命令，或读取其内存

内容），并利用攻击者定义的负载对其进行远程重新编程。安全研究人员捕获的 TRITON 恶意软件样本将攻击者提供的程序添加到 Triconex 控制器的执行表中，如果控制器失效，TRITON 会尝试使程序进入运行状态。若在一定的时间窗口后控制器仍未恢复，恶意软件样本会用无效数据覆盖恶意程序以掩盖其踪迹。

第五节　全球大型肉食品加工商遭勒索病毒攻击

（一）事件概述

2021 年 5 月 31 日，全球大型肉食品供应商 JBS 公开表示，公司服务器遭到有组织黑客发起的勒索病毒攻击，北美分部和澳大利亚分部的基础设施遭受较大打击。美国联邦调查局在此事件发生不久后宣布，此次攻击的幕后黑手为 REvil 勒索软件团伙（又称 Sodinokibi）。

（二）影响分析

JBS 公司全球员工多达 24 万人，在全球 20 多个国家拥有肉类加工厂，产品出口 150 多个国家和地区。此次事件导致 JBS 停产近一周，直至当年 6 月 3 日大部分工厂才恢复生产，对经济造成了严重影响。该事件发生一周后，为了保护肉制品工厂免遭进一步破坏，JBS 被迫向 REvil 勒索软件团伙支付了 1100 万美元的赎金。美国农业部表示，受此次事件影响，美国肉类加工商牛屠宰量较事件发生前一周减少了约 22%，较前一年减少了约 18%，猪肉加工量也有所下降，大箱装运批发的精选肉类价格均上涨了 1% 以上，这导致本就受疫情冲击的全球食品供应链雪上加霜。

（三）攻击原理

REvil 勒索软件团伙通常雇用黑客攻击者进行初始入侵。常见的攻击途径包括带有鱼叉式钓鱼链接或附件的恶意邮件、使用有效账户的 RDP 访问、已被入侵的 Web 网站和漏洞利用。此外，REvil 勒索软件团伙还会使用一些对目标具有针对性的技术进行攻击。

REvil 勒索病毒本身并不具备自动传播功能，主要依靠攻击者手动传播，但会通过扫描局域网共享资源，尝试加密共享文件。勒索软件团伙对特定目标进行长期渗透，获取内网权限并控制关键生产设施（如域控主机），然后通过特定方式（如域策略、PsExec 远程连接执行等）在内网中传播加密病毒主体程序。在入侵过程中，攻击者使用了很多类似于 APT 组织的手段，如利用 Cobalt Strike 等远控木马长期驻留、收集敏感文件、白加黑实现勒索病毒免杀等。该病毒本身并不具备系统驻留功能，不会读写被加密终端的任何启动项。但在一些案例中发现，部分攻击者通过批处理的方式新建定时计划任务来不断启动加密程序，以便达到感染新文件、新存储介质的目的。

除了投放勒索病毒，REvil 勒索软件团伙还会收集、上传被攻击系统的文件。某案例中，勒索信中提到"我们还从您的服务器中下载了大量敏感数据，如果您不付款，我们将把您的文件上传到我们的公共博客"。勒索界面如图 A-3 所示。

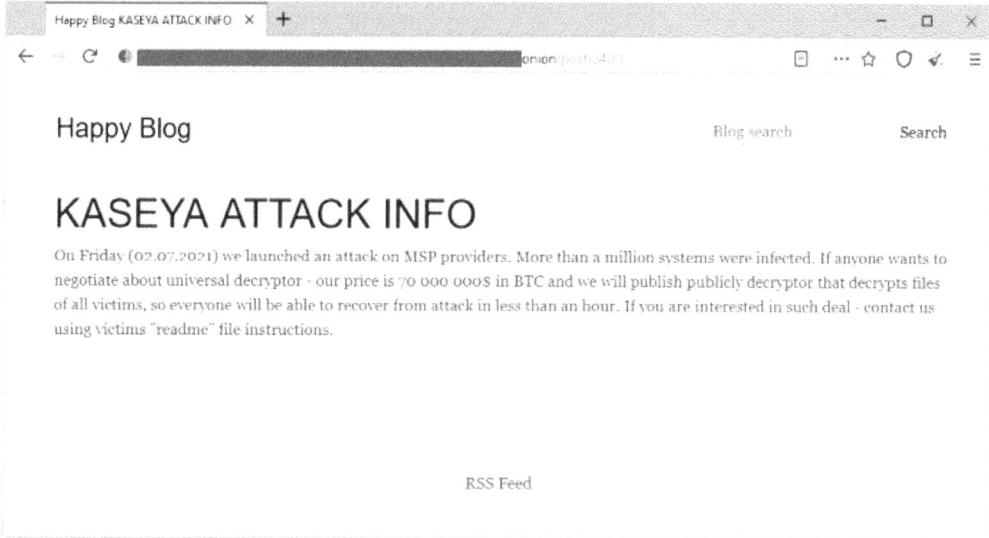

图 A-3　REvil 勒索软件团伙的勒索界面

附录 B　工业信息安全应急演练实例

本附录重点介绍应急响应过程涉及事发企业和主管部门的工业信息安全应急演练实例。通常情况下，应急演练流程分为情境引入、事件上报与先期处置、主管部门研判、事发企业应急处置、应急结束等内容。

（1）情境引入

在演练总指挥宣布演练正式开始后，情境引入为工业信息安全应急演练的初始环节，包括模拟环境和事件触发两个方面。模拟环境指通过运用图片、视频、声音、文字等多媒体手段介绍演练背景、演练涉及的角色等，以此引入工业信息安全应急演练模拟环境。事件触发指通过在演练现场展示病毒入侵、系统感染病毒等现象，模拟工业信息安全事件的发生。其中，演练现场可以选择工厂车间、中控室，或者会议室等场地，并通过远程连线工业生产环境的方式展示生产现场发生事件的情景。

（2）事件上报与先期处置

在工业信息安全事件发生后，事发企业技术人员立即向负责人汇报事件情况。企业应急领导小组召开内部研判会议，对工业信息安全事件类型、事件影响程度、影响范围等进行分析研判，将研判结果及时上报相关主管部门。与此同时，企业应急领导小组安排相关应急处置人员按照企业应急预案立即开展先期处置工作。

（3）主管部门研判

主管部门组织相关专家、应急技术队伍等对事件进行研判，并按照应急预案启动相应级别的应急响应，部署应急响应工作，包括要求应急技术队伍提出应急处置措施建议，应急技术队伍和专家对提出请求支援的企业做好配合等，并向辖区内的相关企业发布事件通报。

（4）事发企业应急处置

事发企业针对发生的工业信息安全事件，开展应急处置、溯源分析、安全加固等工作，直至事件处置完毕。同时，企业需要及时向主管部门上报事件处置完成情况，并提交事件总结报告（涵盖事件基本信息、原因、处置情况等内容）。

（5）应急结束

主管部门确认辖区内的工业信息安全事件全部处置完成、事件影响基本得到消除后，结束应急响应。此时，应急演练结束。

由于不同行业的工业生产特点、工业信息安全威胁等不尽相同，在设计应急演练方案时需要综合考虑行业特点等因素,因此不同行业的应急演练场景通常存在一定的差异。本附录将针对有色金属、钢铁、电子信息制造业、装备工业等行业,围绕上述应急演练基本流程开展具体的应急演练实例分析。

第一节　有色金属行业应急演练实例

（一）行业背景

有色金属行业是指以从事有色金属矿产采选和冶炼加工等工业活动为主的工业行业的统称。有色金属行业企业生产的连续性很强,重要装置或设备的意外停产都会导致巨大的经济损失,因此生产过程控制大多采用 DCS 等先进的控制系统。随着有色金属行业企业管控一体化的实现,越来越多的工业控制系统通过信息网络连接到互联网上,潜在的网络安全威胁越来越大。在实际应用环境中,很多企业的控制网络都是互联互通的,但不同工业控制系统之间、工业控制系统与企业管理网或与互联网之间的区域边界通常缺乏有效的安全审计、安全监控、入侵防御等策略和机制,无法实时发现和应对来自系统内部和外部的非法访问、恶意攻击等。尤其是基于 OPC、Modbus 等开放通信协议的工业控制网络,黑客一旦获取工业控制系统的控制权限,极有可能引发生产运行瘫痪。在此背景下,设计了如下演练场景。

（二）演练实施

1．应急演练角色

此实例为某省工业和信息化厅面向全省范围内组织开展的工业信息安全应急演练观摩会,演练企业为有色金属行业某工业企业。此次演练涵盖如下角色。

- 有色金属行业某工业企业。
- 市工业和信息化主管部门。
- 省工业和信息化主管部门。

2．应急演练形式

通过面向该工业企业开展调研,确定了此次演练采用现场搭建上位机环境与桌面演练相结合的方式进行。

3．应急演练情境引入

通过现场搭建上位机环境并结合桌面演练,模拟 EKANS 勒索病毒感染工业企业控制网络的应急演练场景,情境引入阶段主要包括 3 个步骤。

第一步,演练开始后,首先模拟演练场景为有色金属行业某工业企业生产线中控室值班员发现机械臂运行异常、失去响应;同时发现中控室主机桌面变为勒索界面,工业控制软件停止运行,PLC 失去控制,且系统内大量重要文件数据被加密。

第二步，该工业企业某厂中控室值班员可以在生产现场进行事件报告，报告内容如下。

工业企业某厂中控室值班员
报告某部门，今天上午我厂某生产线异常停产，现场机械臂失去响应，发现上位机 PLC 程序、系统监测数据、MES 工单数据等重要数据文件被加密，系统桌面也变为勒索界面，并弹出勒索文本，可能是感染了某种勒索病毒，目前暂时无法连接机械臂的工业控制器，请求协助处理。

第三步，某部门派出技术人员在现场协助处置，检查工业控制设备和工业控制主机故障情况，并根据企业《工业控制系统信息安全事件应急预案》立即对中控室异常主机实施网络隔离，以防止情况继续恶化，通过重装系统、恢复最新备份首先保证核心生产环节临时运行，保障厂区关键功能不受中断，但技术人员还未查清病毒感染原因及病毒传播路径。

4. 应急演练事件上报与先期处置

该工业企业应急指挥部针对此次突发事件召开研判会议，同时应急处置技术人员介绍事件具体情况，介绍内容如下。

应急处置技术人员
今天某时，我厂某生产线中控室值班员发现车间作业异常中断，现场机械臂失去响应，中控室多台设备显示异常，工业控制软件无法正常运行。现场工程师检查设备零件，确认不是机械臂电机驱动设备的故障，且重启 PLC 依然无效后，请求信息化部进行技术支持。信息化部技术人员到场后，通过检查中控室主机，发现系统桌面已被恶意修改，组态软件、SCADA、HMI 等工业控制软件均无法启动运行，大量的系统文件、数据库文件、MES 工单数据、PLC 程序等均被加密，并弹出勒索信，主要内容为：病毒把主机内的重要文件数据用 RSA2048 算法加密了，并锁定了 PLC 设备，需要支付赎金才能拿到密钥解密。进一步查看被加密的文件，发现文件扩展名均增添了 EKANS 字段。

该工业企业应急指挥部经内部研判后，立即向所有工厂发布事件通报，要求各工厂开展技术排查。同时向市工业和信息化局电话汇报事件情况，并提交了关于工业企业某厂某车间生产线工业控制系统感染工业勒索病毒的事件报告。

5. 应急演练主管部门研判

主管部门研判阶段主要包括两个步骤。

第一步，市工业信息安全应急指挥部收到此次事件报告后，组织技术队伍及相关专家进行事件研判，根据技术队伍的分析情况和专家组的研判意见发布市级通知。通知内容如下。

市工业信息安全应急指挥部

按照省工业和信息化厅对工业信息安全事件的应急处置要求，我办将启动Ⅲ级应急响应，发布黄色预警，下面部署 5 点工作要求。

一是请应急办各小组、技术队伍、专家组安排人员开展 24 小时值班，并按照预案要求开展应急处置工作。

二是立即向全市工业企业发布黄色预警，要求及时开展风险排查，受影响企业要立即采取应急处置措施，及时反馈事态发展变化情况和事件处置进展情况。

三是请市级应急技术队伍持续开展全市工业信息安全风险监测。

四是根据部分企业事件报告中提出的请求协助支援的要求，请技术队伍和专家与事发企业做好配合，按需提供技术支援，协助事发企业处置事件，及时给出事件处置建议措施。

五是立即将此次事件情况上报省工业信息安全应急办。

第二步，省工业信息安全应急指挥部收到市多家工业企业遭受工业勒索病毒攻击的情况报告后，组织技术队伍及相关专家进行事件研判，并进行全省的信息通报。工作部署内容如下。

省工业信息安全应急指挥部

根据技术队伍的监测处置情况和专家组的研判意见，依照《国家网络安全事件应急预案》《工业控制系统信息安全事件应急管理工作指南》及工业和信息化部的相关应急管理规定，确认此次事件为较大网络安全事件，并在全省发布 EKANS 变种工业勒索病毒风险提示，同时布置 3 点工作要求。

一是请省级应急技术队伍密切关注事态发展形势，根据事态发展变化及时提出相应的应急处置措施建议，并做好物资保障与人员保障工作。

二是持续监测全省受影响工业控制系统，及时统计并提供受影响系统清单。

三是信息通报小组立即面向全省各市工业和信息化局及工业企业发送风险提示，结合省级专家和省级技术队伍提出的风险排查与处置措施，要求各单位开展自查，未发现事件的单位做好防护，发现类似情况立即处置并及时上报上级主管部门。有关部门及时汇总各相关单位反馈的信息。

6. 应急演练事件溯源与处置

事发工业企业联系安全厂商协助清除病毒，采用备份恢复的方式减少文件数据的损坏，该企业某厂事发生产线恢复正常运行。同时，该企业开展入侵溯源调查，确定该事件的具体原因。事件处置完成后，总结问题原因，编制相应的总结报告至上级主管部门。

第二节　钢铁行业应急演练实例

（一）行业背景

钢铁行业是以从事黑色金属矿物采选和冶炼加工等工业生产活动为主的工业行业，包括金属铁、铬、锰等的矿物采选业、炼铁业、炼钢业、钢加工业、铁合金冶炼业、钢丝及其制品业等细分行业，是重要的原材料工业之一。在钢铁企业的实际网络环境中，支撑生产调度业务的网络主要包含工业控制系统网络与生产管理网络。

（1）工业控制系统网络

分散在物理隔离的各生产流程中的工业控制系统，大部分为 DCS，部分控制系统采用西门子 PLC 设备。其中，现场控制层主要包括各类 DCS 控制器及 PLC 控制器，用于对各现场设备进行控制。过程监控层主要包括过程控制服务器与 HMI/SCADA 系统功能单元，用于对整个生产过程数据进行采集和监控，工艺技术人员通过操作员站对现场控制层进行工艺参数的调整和优化，维护正常的生产过程。

（2）生产管理网络

生产管理网络主要通过生产综合调度系统、能源管理系统等生产管理系统，为企业提供生产过程数据管理、计划排产管理、生产调度管理、库存管理、质量管理、人力资源管理、成本管理、物流管理等生产管理服务。

（二）演练实施

1. 应急演练角色

此实例为某省工业和信息化厅面向全省范围内组织开展的工业信息安全应急演练观摩会，演练企业为钢铁行业某工业企业。此次演练包括以下角色。

- 钢铁行业某工业企业。
- 市工业和信息化主管部门。
- 省工业和信息化主管部门。

2. 应急演练形式

经过前期调研，确定了此次演练采用实战演练的方式开展。

3. 应急演练情境引入

通过在现场生产环境模拟开展实战演练的方式，模拟 EKANS 感染工业控制网络的事件，情境引入阶段主要包括 4 个步骤。

第一步，演练开始后，首先是该工业企业员工开展模拟演练：通过 U 盘复制资料，现场复现勒索病毒爆发。

第二步，钢铁行业某工业企业生产线中控室值班员发现生产线出现异常停工，机械臂设备失去控制，中控室发现多台主机功能异常，文件被加密，检查后初步判断是由于感染了不明勒索病毒导致的异常现象。

第三步，该工业企业信息化部立即派人前往现场协助处置，检查工业控制设备和工业主机故障情况，进行现场排查，并将事件情况向该工业企业应急指挥部报告。

第四步，信息化部技术人员在模拟环境中，检查工业控制设备和工业主机故障情况，并根据企业《工业控制系统信息安全事件应急预案》立即对中控室异常主机实施网络隔离，以防止情况继续恶化。同时通过重装系统、恢复最新备份等操作保障厂区关键功能不中断。

4．应急演练企业内部研判与上报

该工业企业应急指挥部研判此次事件影响，示例如下。

企业应急指挥部

此次事件对公司生产造成的危害有两个方面。一是大量 MES 的工单数据被加密，生产任务管理失效。二是目前该生产线全线停产，大量订单堆积，原材料滞留车间，若不能及时恢复生产，产品不能按期交付导致的违约风险将大大增加。因此，如果短期内问题无法解决，我公司的经济利益将受到较大损害。

就当前处置情况来看，我公司的重要工业控制系统感染不明病毒，已经较严重地影响了工业生产，并可能给公司经济利益和社会形象造成严重影响。请立即联系安全厂商等相关机构，协助排查处置事件，若无法成功处置，及时反馈。请公关组负责准备媒体对接口径，必要时开展相关工作。

该工业企业应急指挥部经内部研判后，立即向所有工厂发布事件通报，要求各工厂开展技术排查。同时向市工业和信息化局电话汇报事件情况，并提交了关于工业企业某厂某车间生产线工业控制系统感染工业勒索病毒的事件报告。

5．应急演练主管部门研判

主管部门研判阶段主要包括 5 个步骤。

第一步，市工控安全应急指挥部收到此次事件报告后，组织应急技术队伍及相关专家进行事件研判。市级应急技术队伍在模拟演练环境下进行现场排查分析，示例如下。

市级应急技术队伍

接到工控应急办发布的会议通知后，我们初步分析了该病毒的行为特征，同时根据该主机存在的 3 项异常特征（一是主机工业控制软件被终止后无法启动；二是系统重要文件、实时数据库文件均被加密，扩展名增加 EKANS 字符；三是勒索信弹窗要求支付赎金），判定该主机感染的是 EKANS 变种工业勒索病毒。确认病毒类型后，我们立即对全市工业企业开展监测，发现部分工业企业已感染该工业勒索病毒，目前受影响系统数量较稳定，暂未发生病毒大面积扩散的现象。

第二步，市工业和信息化局根据《国家网络安全事件应急预案》的规定，工业和信息化部、省工业和信息化厅对工控安全事件应急管理的要求，以及本市的《工业控制系统信息安全事件应急预案》，将本次安全事件定性为较大安全事件，启动Ⅲ级应急响应，在全市范围内发布黄色预警，组织开展应急处置与风险排查。同时立即向省工控应急办电话汇报事件情况，并提交了相关报告。

第三步，省工控安全应急指挥部收到市多家工业企业受到工业勒索病毒攻击的情况报告后，组织技术队伍及相关专家进行研判，并结合省级风险监测数据进行分析，示例如下。

省工控安全应急指挥部
根据对全省工业控制系统的监测情况分析，目前在省境内已陆续发现新的病毒感染事件，均为该市境内的工业企业。后续将持续监测省工业控制系统受勒索病毒感染情况，一旦出现新的受感染现象立即报告。此外，据研究，EKANS变种工业勒索病毒对工业控制系统有很强的针对性，对生产系统破坏较大，依靠漏洞利用和交互式两种方式进行传播，不排除人为投毒的可能性。建议事发企业同时做好事件调查和入侵溯源，清除潜在病毒，排查安全风险。

第四步，省工控安全应急指挥部信息通报小组紧急向各市工业和信息化局及工业企业发布《关于EKANS变种工业勒索病毒的风险提示》。各市工控应急办接到风险提示后，立即要求市级信息通报小组转发通知至全市工业企业。

第五步，相关工业企业收到预警通知后，立即对全厂区和办公网开展风险排查，没有发现主机感染EKANS变种工业勒索病毒，但有部分工业主机存在安全风险，随即全部整改完毕，并采取了安全加固措施，同时各自提交此次风险排查及整改加固的详细情况报告。

6. 应急演练事件溯源与处置

该事发工业企业联系安全厂商协助清除了病毒，安全厂商进入现场模拟环境进行溯源工作。在演练现场，安全厂商采用视频解说的形式演示溯源过程：企业找到问题根源U盘及内网问题服务器，保存证据。示例如下。

模拟环境溯源	旁白现场解说
（1）根据计划任务定位到病毒路径。 （2）进入病毒路径，确定病毒传入时间。 （3）根据病毒传入时间，查找对应时刻的系统安全日志，发现4624登录日志。 （4）查找日志详情，在IP-Address段找到了远程登录的IP地址	技术团队根据病毒爆发时间段分析可疑登录信息，发现远程访问IP地址，在其他几台被感染病毒的工业主机上进行同样的操作和分析，都指向该IP地址，由此推测此主机为病毒源。根据企业内部的资产台账，快速定位到相关工业主机

通过排查发现病毒通过U盘传播到工业控制系统，定位问题原因。示例如下。

模拟环境溯源	旁白现场解说
（1）检查计划任务，未发现可疑任务。 （2）根据检查的工业主机的病毒路径，查找感染源头主机路径，发现了同样的病毒文件。 （3）根据文件创建时间查找日志，没有发现可疑登录事件。 （4）怀疑病毒通过非法移动外设传播，利用 U 盘记录检查工具，发现了病毒创建时刻有 U 盘插入	根据企业工业主机使用登记表记录及主机维护记录，找到该时间段出入中控室的人员。发现使用 U 盘是操作员"小李"所为。在对其进一步谈话询问后获知：事发当日，小李在未进行查杀的情况下直接通过 U 盘在办公网的一台主机上进行操作，技术团队对该 U 盘（序列号……）进行了安全检测，发现其带有勒索病毒，由此确认工业以太网的病毒是通过 U 盘从办公网传入的

完成病毒应急溯源工作后，技术团队现场采取相应的处置措施，顺序如下。

（1）对其他相关感染主机进行病毒和后门彻底清除、重装系统、安装补丁、升级病毒库等操作，并进行全盘查杀。

（2）关闭局域网中各主机不必要的 445、3389 等敏感高危端口，关闭文件共享等服务，阻断病毒传播。

（3）在未感染病毒的主机中寻找具有管理员权限的可疑新用户并清除，防止再次感染。

（4）找到设备最近的备份文件进行恢复，重装组态、MES 等工业控制软件，将原控制程序重新写入 PLC。

（5）修复网站漏洞，防止黑客通过漏洞再次发起攻击。

事件处置完成后，该工业企业总结事件发生的原因，编制相应的总结报告并上报至主管部门。

第三节　电子信息制造业应急演练实例

（一）行业背景

电子信息制造业是指为了实现制作、加工、处理、传播或接收信息等功能或目的，利用电子技术和信息技术所从事的与电子信息产品相关的设备生产、硬件制造、系统集成、软件开发以及应用服务等作业过程的业务集合。

（二）演练实施

1. 应急演练角色

此实例为某省工业和信息化厅面向全省范围组织开展的工业控制系统网络安全事件

应急演练观摩会，演练企业为电子信息制造业某工业企业。此次演练涵盖以下角色。

- 电子信息制造业某工业企业。
- 市工业和信息化主管部门。

2．应急演练形式

此次演练采用远程连线企业生产环境与现场桌面演练相结合的形式开展。

3．应急演练情境引入

演练模拟 REvil 变种工业勒索病毒感染企业生产线，情境引入阶段主要包括 4 个步骤。

第一步，演练开始后，首先通过直播信号展示企业车间中正常开展材料组件切片作业的场景。

第二步，操作人员发现设备报警、运行异常、失去响应，同时发现上位机桌面变为勒索界面，系统内大量重要文件数据被加密。

第三步，操作人员发现同一车间中的其余设备也发出告警，且工业主机被勒索。

第四步，操作人员报告企业信息化部后，信息化部技术人员到达现场，利用视频镜头追踪和解说，在现场对异常主机实施网络隔离，以防止情况继续恶化，并通过重装系统、恢复最新备份等，保证核心生产环节临时运行。

4．应急演练企业内部研判与上报

在本阶段，主要包括 3 个步骤。

第一步，该工业企业应急指挥部召开事件研判会议，会上应急处置技术人员进行情况介绍，示例如下。

应急处置技术人员
通过检查主机，发现系统桌面已被恶意修改，组态软件、SCADA、HMI 等工业控制软件均无法启动运行，大量系统文件、数据库文件、MES 工单数据、PLC 程序等均被加密，并弹出勒索信，主要内容为：病毒把主机内的重要文件数据用 RSA-2048 算法加密了，并锁定了 PLC 设备，需要支付赎金才能拿到密钥解密。进一步查看被加密的文件，文件扩展名均增添了"qoxaq"字段。综上所述，我们初步判定工业控制系统感染了不明勒索病毒。尝试对加密文件进行解密恢复并未成功，经紧急处置后，核心系统临时恢复运行。为防止核心系统再次遭到攻击，目前已将生产网络隔离开来，避免影响整个生产网络的运营。但对于病毒如何传入生产内网、如何彻底删除，已超出我部的技术能力范围，因此我们认为应该马上联系设备厂商和安全厂商解决该问题。

第二步，因订单紧迫，该工业企业内部公关部门参加会议，并做出相应的研判，示例如下。

公关部门

感染病毒的 3 条生产线出现停工停产的现象，公司的办公系统、邮箱系统等其他内部系统尚未受到影响，若不妥善处理并及时抑制病毒的蔓延趋势，不排除将给公司带来严重的经济损失，造成订单逾期、名誉受损等负面影响。

第三步，该工业企业应急指挥部经内部研判后，立即向所有工厂发布事件通报，要求各工厂开展技术排查。同时向市工业和信息化局电话汇报事件情况，并提交了关于工业企业某厂某车间生产线工业控制系统感染工业勒索病毒的报告。

5．应急演练主管部门研判

在主管部门研判阶段，主要包括两个步骤。

第一步，市工控安全应急指挥部收到此次事件报告后，组织技术队伍及相关专家进行研判分析。市级应急技术队伍赶到演练环境现场进行技术分析并报告情况。报告内容如下。

市级应急技术队伍

接到通知后，我们第一时间赶赴现场，初步分析了该病毒的行为特征，同时根据该主机存在的 3 项异常特征（一是主机工业控制软件被终止后无法启动；二是系统重要文件、实时数据库文件均被加密，扩展名增加"qoxaq"字符；三是勒索信弹窗要求支付赎金），判定该主机感染的是 REvil 变种工业勒索病毒。确认病毒类型后，我们立即对全市工业企业开展监测，发现部分工业企业已感染该工业勒索病毒，但目前暂未发生病毒大面积扩散的现象。根据该病毒利用漏洞与传播方式，建议采取相应的应急处置措施。

第二步，市工控安全应急指挥部根据《省工业控制系统信息安全事件应急处置预案》等的要求，将本次安全事件定性为较大安全事件，启动Ⅲ级应急响应，在全市范围内发布黄色预警，组织开展应急处置与风险排查。

6．应急演练事件溯源与处置

在事件溯源与处置阶段，主要包括 5 个步骤。

第一步，该工业企业联系安全厂商对现场感染的工业主机展开应急响应和分析溯源工作。

第二步，模拟现场技术人员通过上位机桌面主题被更换、文件扩展名被篡改、频繁弹出 TXT 文档等表象特征，确定主机感染了变种工业勒索病毒 REvil。

第三步，结合主机系统计划任务、日志信息、U 盘记录和监控视频，调查发现事发当时某工程师在更新设备固件，进而追溯病毒是黑客通过企业官方网站的安全漏洞植入的，并确定了攻击方的 IP 地址，可作为直接证据上报主管部门进行调查追究处理。

第四步，该工业企业有针对性地采取漏洞修复、病毒清除、系统加固等措施完成处置。

第五步，事件处置完成后，该工业企业及时总结问题原因，编制相应的总结报告上报主管部门。

第四节 装备工业应急演练实例

（一）行业背景

装备工业是为国民经济各部门简单再生产和扩大再生产提供技术装备的各制造工业的总称，包括金属制品业、普通机械制造业、专用设备制造业、交通运输设备制造业、武器弹药制造业、电气机械及器材制造业、电子及通信设备制造业、仪器仪表制造业等。我国的装备工业已基本形成了比较完整的产业体系，在国民经济中占有举足轻重的地位。

近年来，随着加密货币的兴起，恶意挖矿攻击日益猖獗。挖矿攻击是一种利用计算机设备资源计算比特币的位置并获取基于区块链技术的去中心化虚拟货币的行为。挖矿病毒为实现利益最大化，可能利用多种漏洞攻击方法，或与僵尸网络合作，快速抢占市场。挖矿病毒不仅会耗费设备性能，增加电力损耗，还可能被黑客控制用于窃取数据信息、发动网络攻击等。

（二）演练实施

1．应急演练角色

此实例为某省工业和信息化厅面向全省范围组织开展的工业信息安全应急演练观摩会，演练企业为装备工业某工业企业。此次演练有以下两个角色。

- 装备工业某工业企业。
- 市工业和信息化主管部门。

2．应急演练形式

此次演练采用多媒体与桌面演练相结合的方式开展。

3．应急演练情境引入

该工业企业某生产线工业控制系统感染挖矿木马病毒，导致该企业的工业控制系统运行异常甚至死机，严重影响工业生产。针对此次事件，该工业企业及时采取先期处置措施并上报企业应急指挥部。

具体的事件发现过程如下。该工业企业信息技术部收到监测系统发出的报警信息，显示有异常流量情况。经企业车间中控室值班员排查，发现设备未出现明显异常，生产线正常生产。一段时间后，生产线中控室值班员发现中控室多台设备显示异常，部分主机死机，监测系统出现设备故障报警信息。中控室值班员向信息技术部报告事件情况的内容如下。

工业企业某车间中控室值班员

报告信息技术部，今天上午我企业生产线异常，经过系统管理专员检查设备零件后，我们没有发现传送带和电机设备存在任何故障，但发现 PLC 设备存在异常关机的现象。经信息安全技术人员继续排查，对 MES 主机进行了检查，目前初步判断，可能由于 MES 主机感染了不明病毒，从而导致 MES 运行异常、PLC 设备关机、生产线停产等异常现象。

随后，技术人员立即检查工业控制设备和工业主机故障情况等，根据企业的《工业信息安全事件应急预案》进行相应的应急操作，并向企业应急指挥部汇报此次事件。

4．应急演练企业内部研判与上报

该工业企业应急指挥部召开事件研判会议。应急处置技术人员进行事件详细情况介绍，示例如下。

应急处置技术人员

某车间多台设备显示异常，部分主机死机，生产线传送带突然停工。首先，检查设备零件后，确认不是传送带或电机设备的故障问题；又检查了 PLC 设备，发现其异常关机，重启设备后，发现 PLC 再次异常关机。

其次，检查了 MES 主机，发现系统运行异常，同时还存在风扇噪声变大、服务器温度升高等现象；查看了 MES 任务管理器，发现 CPU 占用率为 100%；进一步排查，发现一个异常进程导致 CPU 占用率为 99%，尝试手动结束进程，但之后进程依然自动恢复运行。

最后，查看端口连接状态，发现 13333 端口开放并存在 IP 地址异常连接，尝试用浏览器访问该 IP 地址后显示为 "Mining Pool Online"（连接矿池服务器）。重启计算机后，异常进程仍然存在。

随即定位进程所在路径，发现路径下存有隐藏文件，但无法手动删除。

该工业企业应急指挥部经内部研判后，立即向所有工厂发布事件通报，要求各工厂开展技术排查。同时向市工业和信息化局汇报事件情况，并提交了关于某企业生产线 MES 感染病毒的情况报告。

5．应急演练主管部门研判

市工业信息安全应急指挥部收到此次事件报告后，组织技术队伍及相关专家进行研判。首先是市级应急技术队伍进行情况分析，示例如下。

市级应急技术队伍

经初步分析该病毒的行为特征，同时根据该主机存在的两项异常特征（一是异常进程导致 CPU 占用率为 100%，且手动终止程序和重启主机后，该异常进程仍会自动重启；二是 13333 端口开放并存在异常连接，访问异常 IP 地址时显示 "Mining Pool Online"），判定该主机感染的是挖矿木马病毒。

确认病毒类型后，我们立即对全市工业企业开展监测，发现部分工业企业已感染该挖矿木马病毒，但目前受影响系统数量较稳定，暂未发生病毒大面积扩散的现象。

市工业信息安全应急指挥部经组织应急技术队伍与相关专家对事件态势进行研判后，对此次事件进行相应的工作部署，具体内容如下。

市工业信息安全应急指挥部

一是请技术队伍、专家组安排人员 24 小时值班，并按照预案要求开展应急处置工作。

二是立即向全市工业企业发布通知，要求及时开展风险排查，受影响企业要立即采取应急处置措施，及时反馈事态发展变化情况和事件处置进展情况。

三是请市级应急技术队伍持续开展全市工业信息安全风险监测。

四是根据部分工业企业提出的请求事件处置协助支援的要求，请技术队伍和专家与事发企业相配合，按需提供技术支援，协助事发企业处置事件，及时给出事件处置建议及措施。

最后，请大家密切关注安全事件态势，一旦出现失控情况，立即上报本应急指挥部，由应急指挥部统一上报省工业和信息化厅。

6. 应急演练事件溯源与处置

该工业企业经安全厂商协助排查处置后，确认该病毒为 "Bulehero" 变种挖矿木马病毒，同时发现 MES 在更新时自动下载了该病毒，又向局域网内的其他设备扩散传播，导致 PLC 设备宕机。

随后，该工业企业将该挖矿木马病毒全部清除，对 MES 进行了重装，同时对局域网内的其他设备采取了关闭高危端口、开启防火墙等安全措施，使受影响设备全部恢复正常运行。

事件处置完成后，该工业企业总结了事件发生的原因、事发过程、事件影响及处置措施等，并编制相应的总结报告上报主管部门。

附录 C 工业信息安全重要标准

第一节 IEC《工业自动化和控制系统安全》

（一）标准概述

为保障工业自动化和控制系统（Industrial Automation and Control System，IACS）的网络信息安全，负责工业标准制定的国际电工第 65 技术委员会（IEC/TC 65）成立了专项工作组，与 ISA 99 展开深入合作，基于 IACS 安全标准框架，借鉴信息安全管理系统标准［国际标准化组织（International Standards Organization，ISO）27000］等规范，制定了 IEC 62443《工业自动化和控制系统安全》系列标准。该标准对 IACS 资产所有者、系统集成商和组件供应商等提出了信息安全要求，是在国际上被广泛采纳和认可的工控安全标准。

1. IACS 的概念

IEC 62443 标准将 IACS 定义为影响工业过程功能安全、信息安全和可靠运行的硬件和软件等的集合。IACS 依靠工业控制计算机对传感器和局域网所采集的各种信息进行归纳、分析、整理，实现信息管理与自动控制的一体化，减少了人工操作，提高了工业生产效率。

IACS 的安全保护具有特殊性。现行的 IT 安全措施不能直接应用于工业领域，IACS 信息安全通常优先考虑系统部件的可用性，以降低因停产导致的经济损失，以及对人员和环境的安全威胁。在生产可持续的前提下，其次考虑系统的完整性，最后考虑系统的保密性。

2. IEC 62443 标准体系结构

IEC 62443 作为 IACS 的安全基石，用于指导生产供货商和终端用户进行安全性评估。随着 IACS 的发展，以及与传统 IT 系统的融合，IEC 62443 标准框架和内容也进行了相应的更新。

现行的 IEC 62443 系列标准分为四部分：通用、信息安全规程、系统技术和组件技术。第一部分定义了 IACS 信息安全方面的通用指标，是此系列标准的基础。第二部分面向 IACS 用户（资产所有者，一般为工业企业），提供了信息安全程序建立的参考事项，包括信息安全系统的管理和程序设计等内容。第三部分面向 IACS 集成商，提出了信息安全保护要求，提供了系统内各区域和通道的设计划分方法，并结合不同的信息安全保障要求，设定了相应的系统安全等级。第四部分面向 IACS 组件供应商，提出了保障系统部件安全的要求，包括产品研发要求和组件信息安全要求。IEC 62443 系列标准如图 C-1 所示。

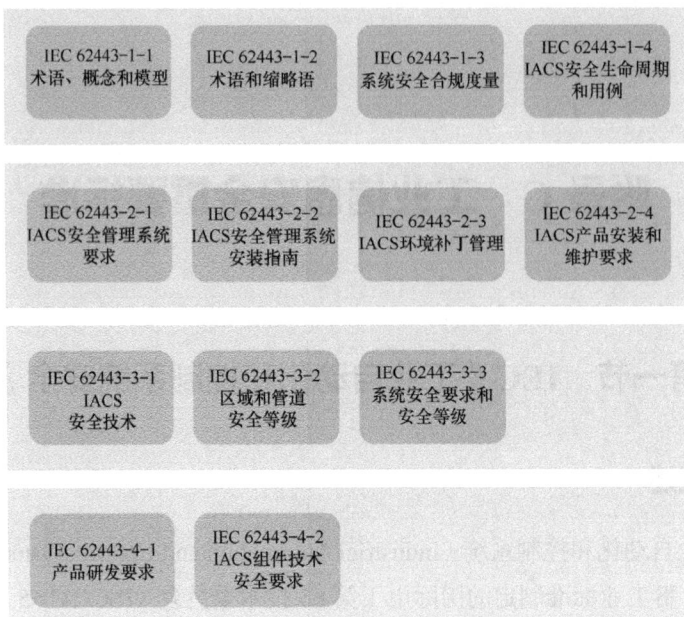

图 C-1　IEC 62443 系列标准

3. IEC 62443 标准转化情况

工业领域信息安全标准化是战略性和基础性的工作，推进 IEC 62443 标准应用于我国工业领域，是保障工业控制系统安全的重要手段。我国已经将部分 IEC 62443 标准转化为国家标准、行业标准，见表 C-1。

表 C-1　IEC 62443 标准转化情况

国内标准	IEC 62443 标准
《工业通信网络　网络和系统安全　术语、概念和模型》（JB/T 11961—2014）	IEC/TS 62443-1-1:2009
《工业通信网络　网络和系统安全　建立工业自动化和控制系统安全程序》（GB/T 33007—2016）	IEC 62443-2-1:2010
《工业过程测量和控制安全　网络和系统安全》（JB/T 11960—2014）	IEC/TR 62443-3:2008
《工业通信网络　网络和信息系统　工业自动化和控制系统信息安全技术》（JB/T 11962—2014）	IEC/TR 62443-3-1:2009
《工业通信网络 网络和系统安全 系统安全要求和安全等级》（GB/T 35673—2017）	IEC 62443-3-3:2013

（二）IEC 62443-1 通用标准

IEC 62443-1 通用标准分为 4 个部分，对工控安全相关的百余个名词进行了解释，通过研究 IACS 应用现状，基于脆弱性、安全威胁、资产风险模型分析了 IACS 面临的安全风险，对 IACS 与通用 IT 系统的安全需求进行了对比。同时，基于能力成熟度模型分析了 IACS 安全计划，并系统介绍了策略、安全域、安全等级划分、安全等级的生命周期管理等信息安全基本概念与方法。

在第一部分 62443-1-1 中，对 IEC 62443-1 的内容范围进行了简要介绍：定义信息安全相关术语、概念和模型；明确 IACS 和接口范围；提出基于活动和资产的相关准则；此外还对规范性引用文件进行了标注。

在第二部分 62443-1-2 中，主要介绍此系列标准中常用的术语和缩略语。例如，访问是指依靠通信能力和手段实现系统间的互动；区域是指现场物理、地理或逻辑上的资产组子集；边界是指软件、硬件或其他物理屏障，限制进入系统或部分系统；安全区域划分是指为了更好地对 IACS 不同组成部分进行区分和管控，通过设定区域满足特定的安全等级，实现在不同区域间采取差异化的技术和管理安全防护策略。

在第三部分 62443-1-3 中，概述系统安全的符合性指标，并对 IACS 和一般 IT 系统的优先目标进行比较，从而引入并定义 7 个基本安全需求维度。基于评估需求定义安全区域，以此确定特定资产的范围，通过风险评估过程的 3 个步骤（包括初始风险评估、采取缓解措施和剩余风险评估），采取相应的措施，使风险处于可接受水平。

在第四部分 62443-1-4 中，提出 IACS 全生命周期安全要求，并提供用例作为参考，描述可用于设计恰当安全程序的系列模型，包括参考模型、资产模型、参考架构和区域模型。其中，参考模型是理解环境实体重要关系的框架，也是支持环境一致性规范的框架。参考模型的第 0 层为过程控制（受控设备），第 1 层为安全保护、基本控制，第 2 层为监督控制，第 3 层为运营管理，第 4 层为企业系统（业务计划和物流系统等）。

（三）IEC 62443-2 资产所有者安全策略与规程

IEC 62443-2 资产所有者安全策略与规程主要针对用户的信息安全程序建立，涉及信息安全系统管理、人员与程序等内容。

在第一部分 62443-2-1 中，介绍 IACS 信息安全程序的设定，描述建立网络信息安全管理系统所要求的元素和工作流程，提供符合各元素要求的指南，从而实现对系统信息的保护。

在第二部分 62443-2-2 中，介绍 IACS 信息安全程序的操作运行步骤，包括度量信息安全程序有效性的方法，以反映当前组织存在的信息安全问题及其严重性，为信息安全的工作重点提供有力支撑。

在第三部分 62443-2-3 中，介绍在 IACS 环境中如何开展补丁管理工作，鼓励资产所有者在与 IACS 产品供应商共享安全补丁信息时采用特定的格式，并定义与 IACS 产品供应商开发补丁信息相关的活动；此外还分析与 IT 系统环境下的区别，更强调 IACS 的可用性。

在第四部分 62443-2-4 中，介绍 IACS 产品供应商信息安全策略与规程，包括系统管理、能力、验收和维护 4 个方面的需求。

（四）IEC 62443-3 系统集成商安全保护要求

IEC 62443-3 标准针对系统集成商的安全保护要求，包括将 IACS 设计并分配到不同的区域和通道中，并提出信息安全保障的相关要求。

在第一部分 62443-3-1 中，为 IACS 生产商、供应商和终端用户的信息安全从业人员提供参考指南，介绍工业控制系统设施上应用的信息安全技术（如网络防火墙工具、虚拟网络和机密技术等）、缓解措施（如动态密码、防火墙、公钥加密、密钥分配等）和评价评估工具（如取证和分析工具、管理审计和监视检测工具等），以保护 IACS 环境，防范计算机入侵和攻击行为。

在第二部分 62443-3-2 中，主要讨论 IACS 环境中区域和管道的定义与划分，以及各部分的信息安全保护等级，明确定义区域是指基于相同的风险、重要程度或使用功能等标准而划分的一组资产，管道是指共享相同安全要求，连接多个区域的逻辑通信信道组。此部分首先搭建 IACS 的风险评估体系，然后划分区域和管道，分别评估其风险指数，依据每个区域和管道的安全需求，参照标准设定安全水平等级，最后记录各区域和管道的信息安全要求，编制网络安全要求说明书。

在第三部分 62443-3-3 中，介绍 7 个基本安全要求，包括标识与鉴别控制（IAC）、用户控制（UC）、数据完整性（DI）、数据保密性（DC）、受限制的数据流（RDF）、事件实时响应（TRE）和资源可用性（RA）。围绕以上 7 个技术类控制系统基本安全要求，逐一设定一个基线要求以及 0 个到数个增强安全性的要求，实现控制要求等级的不断递增。

等级保护根据受害的客体和对客体的侵害程度不同分为 5 个安全等级，不同级别的等级保护对象所具备的基本安全保护能力不同。设定的 5 个安全等级为：SL0 指没有特定的信息安全保护需求；SL1 指抵御某些具有偶然性或巧合性的威胁攻击；SL2 指抵御简单的恶意威胁攻击，该威胁攻击采用通用方法，使用低等级别的资源并具有模糊的攻击目的；SL3 指抵御复杂的恶意威胁攻击，该威胁攻击采用专业手段，使用中等级别的资源并具有相对明确的攻击目的；SL4 指抵御复杂的恶意威胁攻击，该威胁攻击采用专业手段，使用扩展性的资源并具有非常明确的攻击目的。每个安全等级所对应的安全要求数量见表 C-2。

表 C-2　IEC 62443-3-3 所定义的安全等级及其对应的安全要求数量

安全要求	安全等级			
	SL0	SL1	SL2	SL3
FR1——标识与鉴别控制	10	16	22	24
FR2——用户控制	8	12	21	24
FR3——数据完整性	5	10	16	19
FR4——数据保密性	2	4	5	6
FR5——受限制的数据流	4	6	10	11
FR6——事件实时响应	1	2	3	3
FR7——资源可用性	7	10	13	13

（五）IEC 62443-4 组件供应商安全保护要求

IEC 62443-4 部分主要针对组件供应商，提出了安全保护要求，以此来确保"安全始于设计"的理念贯穿设备制造、维护、停用的整个生命周期，包括提供补丁管理、政策、流程、已知漏洞、安全通告等必要的支持。

在第一部分 62443-4-1 中，介绍组件供应商在开发产品时，为满足信息安全保障所需要做的准备工作。做好这些准备工作，有助于简化资产所有者的安全决策过程。

在第二部分 62443-4-2 中，为软件应用、嵌入式设备、主机设备和网络设备 4 种类型的组件明确 62443-3-3 中的 7 个基本安全要求，从而帮助资产所有者简化选择过程，通过确定安全等级，选择满足要求的认证产品。

第二节 NIST《OT 网络安全指南》

（一）标准概述

美国 NIST 隶属于美国商务部，主要从事技术标准的制定及测量研究工作，研究内容涵盖智能电网、原子钟、先进纳米材料和计算机芯片等领域。其中，从事网络安全相关研究工作的主要是 NIST 通信技术实验室（Communications Technology Laboratory，CTL）和信息技术实验室（Information Technology Laboratory，ITL）。

美国 NIST 结合联邦政府有关信息安全管理的要求，自 2005 年起开始编制 SP 800-82 指南。该指南综合多方意见，于 2006 年形成最初草案，系统介绍了 SCADA、DCS 等具备控制功能的系统，针对工业控制系统的正常运行提供了安全建议，并针对工业控制系统安全建设中的关键环节给出了缓解威胁、修补漏洞等相关建议。SP 800-82 适用于电力、水利、石油化工、交通运输和食品制药等多个行业的工业控制系统。考虑到当前工业信息安全威胁格局不断演变，指南名称也由最初的"工业控制系统安全指南"变为"OT 网络安全指南"。

1. SP 800-82 的发展历程

为适应工业信息安全防护形势的变化，NIST 不断对 SP 800-82 指南进行更新完善。

第一版的 SP 800-82《工业控制系统安全指南》发布于 2011 年 6 月 7 日，该指南分为 6 节。第 1 节介绍了工业控制系统和经典的系统拓扑；第 2 节概述了以 SCADA 系统为代表的工业控制系统，强调了理解安全要求基本原理的重要性；第 3 节通过分析安全隐患，比较了工业控制系统和 IT 系统间的差异；第 4 节说明了工业控制系统安全计划的开发和部署，以降低安全漏洞风险；第 5 节通过介绍网络隔离实践，提供了工业控制系统中常见的网络架构安全集成方法；第 6 节展示了 NIST 特别出版物 SP 800-53《信息系统和组织的安全和隐私控制》中规定的管理、操作和技术控制的摘要，并强调了将安全控制建议应用于工业控制系统。

2013 年 5 月 14 日和 2015 年 5 月 29 日，NIST 针对 SP 800-82 指南分别进行了两次修订。两次修订均着眼于调整指南使其与工业控制领域的其他安全标准保持同步，如基于 NIST SP 800-53 指南更新版本的安全控制指标，为不同影响程度的工业控制系统提供对应的安全控制基线；更新工业控制系统中的威胁和漏洞；介绍最新的安全技术成果，并调整风险管理措施等。

随着工业领域网络化、数字化、智能化水平的提升，OT 系统和 IT 系统加速深度融合，在提升工业企业远程访问、数据分析等能力的同时，进一步增加了工业领域网络安全管理和保护的难度。在此背景下，NIST 于 2022 年 4 月 26 日发布了 SP 800-82 的第 3 版草案《OT 网络安全指南》，将其应用范围从工业控制系统扩展到 OT 系统，包括楼宇自动化系统（Building Automation System，BAS）、交通系统、物理访问控制系统（Physical Access Control System，PACS）、物理环境监测系统、物理环境测量系统等。SP 800-82 第 3 版草案在与其他 OT 标准保持一致的基础上，更新了 OT 面临的网络威胁和漏洞，提出了针对 OT 网络的风险管理方法与推荐做法，并基于 NIST SP 800-53 Rev. 5 指南的安全控制指标，为不同影响程度的 OT 系统提供了对应的安全控制基线。

2.《OT 网络安全指南》内容概要

《OT 网络安全指南》旨在增强 OT 网络的安全性，介绍了如何识别 OT 系统中存在的典型威胁及漏洞，并提供对应的安全保护和应对措施。该指南针对供应商、工程师、管理员等不同目标受众，分为 6 节：第 1 节介绍了 OT 系统和典型系统的拓扑；第 2 节对 OT 系统进行了详细分析，包括 OT 系统和 IT 系统的区别；第 3 节讨论了 OT 网络安全计划的开发和部署，以降低附录 C 中所列举的漏洞带来的风险，包括客户端攻击隐患、授权不充分和信息泄露等带来的风险；第 4 节分析了 OT 安全风险管理；第 5 节讨论了如何确保 OT 系统常见网络架构的安全，并重点介绍了网络区域划分的实践；第 6 节指导了如何将网络安全框架应用于 OT 系统。

（二）OT 系统的基本概念

OT 系统由电气、机械或液压等控制部件组合而成，用以实现工业制造以及物质能量传输的目的。OT 系统覆盖企业的生产、能源、设备资产以及服务运营等各个层面，实现对企业资源、体系流程、工艺事件的全面管控。OT 系统具有极强的行业差异性，这不仅是工业化的根源，还代表着企业的核心竞争力。

典型的 OT 系统包括 SCADA 系统、DCS、PLC 系统、BAS、PACS 和工业物联网等。

1. OT 系统的演变

多数 OT 系统都将 IT 功能融入现有的物理系统中，实现 IT 应用中的情境化数据与 OT 应用中的实时和历史数据结合使用。IT 技术的发展促进了智能电网、智慧交通、智能建筑、智能制造和物联网的应用。例如，在旋转机械和发动机中，使用嵌入式数字控制取代模拟机械控制，有效增强了系统的连接性，但也对适应性和安全性提出了更高的要求。如今的 OT 系统被广泛用于关键信息基础设施领域，在物理上高度互连和依赖，不同系统之间风险的传导性强，极易引发级联效应，导致风险升级。

2. OT 系统运行架构和组件

典型的 OT 系统是在分层网络架构上使用一系列网络协议构建而成的，包含多个控制回路、HMI 以及远程诊断和维护工具。其中，控制回路利用传感器、制动器和控制器实现执行功能，具体为传感器将测量的物理属性信息作为受控变量发送给控制器；控制器解释信号并根据控制算法和目标设定值生成相应的操作变量，并将信号传输给执行器；控制阀、断路器、开关和电机等执行器，基于控制器的命令直接操作控制过程。

操作人员使用 HMI 监控和配置设定点，借助控制算法调整和建立控制器中的参数，依托 HMI 显示进程状态信息和历史信息，基于诊断和维护工具识别安全隐患，并从异常操作或故障中恢复。控制循环可采用嵌套和/或级联控制，其中一个循环的设定点取决于另一个循环所确定的过程变量。监视级循环和低级循环在进程的整个过程中连续运行，时间周期从毫秒到分钟不等。典型 OT 系统的基本操作如图 C-2 所示。

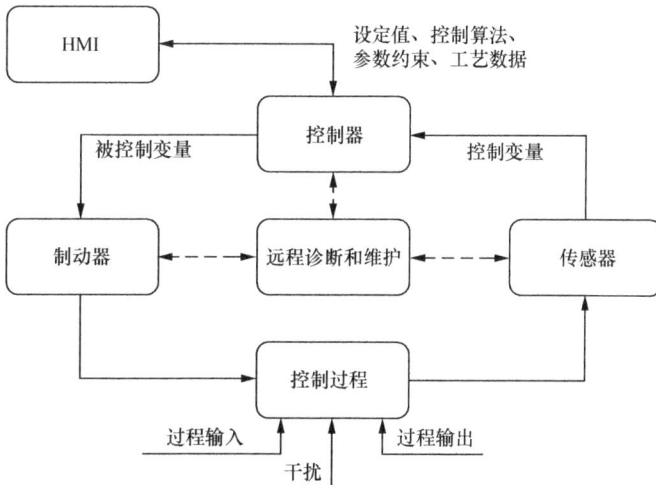

图 C-2　典型 OT 系统的基本操作

3. OT 系统设计注意事项

在 OT 系统的设计中，是否使用 SCADA 系统、DCS 或基于 PLC 的拓扑取决于多种因素。其中，驱动设计决策的关键因素涉及 OT 系统的控制、通信、可靠性和冗余特性。

控制时间要求：系统进程普遍具有时间要求，包括速度、一致性、规律性和同步性。由于人工的局限性，自动化控制器的重要性也逐渐凸显。为降低通信的时延，及时执行控制动作，部分系统需要在靠近传感器和执行器处运算。

地理分布：系统存在不同程度的分布，从小系统（本地 PLC 控制过程）到大型分布式系统（石油管道、电网），更大的分布通常意味着需要广域网络（租用线路、电路交换、分组交换）和移动通信。

层次结构：监视控制用于提供中心位置，用来聚合多个位置的数据，以支持基于系统当前状态的控制决策。层次化/集中化控制通常用于为操作员提供整个系统的全面视图。

控制复杂性：控制功能通常可以通过简单的控制器和预设算法来实现。更复杂的系统（空中交通管制）则需要结合人工操作，确保所有的控制行动都满足系统要求。

可用性：系统的可用性要求是设计中的重要因素。为使系统具有强大的可用性，需要更多的冗余或跨通信和控制的替代来实现。

失败影响：控制函数的故障可能会在不同域间造成不同的影响，系统需要强化在冗余或降级状态下的继续操作能力。

安全：系统的安全要求是设计中的重要因素。系统需要检测到不安全的条件，并触发相应行动。在大多数关键安全操作中，对潜在危险的人工监督和控制是安全系统的重要组成部分。

（三）OT 网络安全计划制订

为降低网络安全事件风险，应完善 OT 网络安全计划。计划的开发和部署应与现有的 IT 网络安全计划保持一致，并综合考虑 OT 系统和环境要求，实现网络安全的有机整合。

1. 建立 OT 网络安全计划章程

首先，组织高层应提高对网络安全的重视度，在组织内部增强全员网络安全意识，安排专人为 IT 或 OT 系统制定安全计划章程，并提供充足的资金支持等。

基于企业业务建立 OT 网络安全计划章程，确定计划的目标和范围，实施网络安全管理专人负责制，组建职能团队并定义人员的角色和职能，包括 IT 人员、控制工程师和企业风险管理部门等。网络安全团队负责网络安全风险管理及日常的运维工作，并明确第三方供应商的网络安全职责。在设计和安装新系统时，综合考虑解决整个生命周期的安全问题，包括系统架构设计、采购、安装、维护和退役等环节，尽可能提高系统的可靠性和可用性，减少不当测试和错误配置等对 OT 系统网络安全的影响。

2. OT 网络安全计划的内容

网络安全计划通常适用于特定的 OT 环境，一个组织可能有多个站点，每个站点有多个特定的 OT 环境。定义组织级的 OT 网络安全计划时，OT 系统的安全性优先级由高到低应该为可用性、完整性和保密性。鉴于 OT 系统的使用寿命通常超过 20 年，从企业风险管理的角度出发，应加大对网络安全项目的投资，通过开展 OT 相关的网络安全培训，协调责任相关方加强网络安全意识。针对不再受厂商支持的硬件及软件，考虑使用防火墙等补偿控制措施，监控并阻止高级威胁，此外还需加强网络事件的应急响应和恢复能力。

（四）OT 网络安全风险管理

1. 风险管理过程

在风险管理过程中，通常从组织、业务流程、IT 和 OT 系统 3 个层面同步处理风险，如图 C-3 所示。第一级从组织层面出发，为内部的所有风险管理活动提供框架；第二级从业务流程层面出发，由第一级的活动和输出提供支撑信息；第三级从 IT 和 OT 系统层面出发，由第一级和第二级的活动和输出提供支撑信息。以此持续降低风险，保障利益相关者有效的层间或

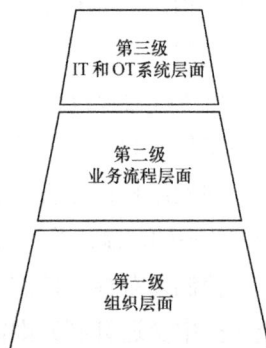

图 C-3　风险管理级别

层内沟通。

风险管理组件（框架、评估、响应和监控）被应用于各级别中。风险管理流程有 4 个组成部分，即构建 OT 风险框架、评估风险、响应风险和监控风险，如图 C-4 所示。由于组织运行环境的不断变化，这些活动彼此依赖，因此风险管理是连续的过程。

其中，构建 OT 风险框架需要基于必要的假设约束、风险容忍度和风险管理战略，通过整合组织治理结构、法律和监管等因素来支撑整体风险管理策略，实现对 IT 和 OT 系统的风险评估、响应和监控。

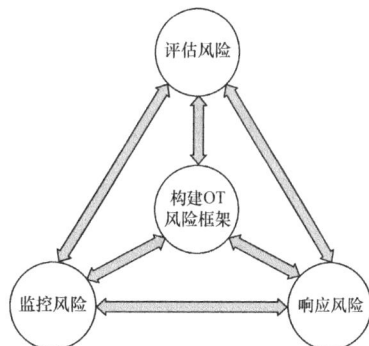

图 C-4 风险管理流程

在评估风险环节，基于风险框架的输出结果，识别威胁和漏洞造成危害的可能性。在响应风险环节，根据风险框架，提出全组织范围内可采取的风险应对策略。在响应风险环节，采取措施应对已经确定的风险。在监控风险环节，涉及风险管理战略的实施，监控可能影响风险环境的变化因素。风险管理组件被应用于各类型的风险管理中，以保证风险决策的可追溯性和透明度。

2．特殊领域

网络安全风险可能被引入供应链的任何位置或生命周期的任何阶段，极易危及关键 OT 系统安全，影响组件的可用性、完整性和保密性。OT 组织应持续化解供应链风险，通过将网络安全供应链风险管理（C-SCRM）因素纳入组织政策、计划和实践中，有效识别、评估和应对网络安全风险。

3．风险管理框架的应用

《OT 网络安全指南》描述了将 NIST 风险管理框架（Risk Management Framework，RMF）应用于 OT 系统的过程，包括对步骤和任务的简要描述、任务的预期结果、适用于 OT 其他标准和指南的任务映射，以及 OT 专用实施指南等信息。

具体包括以下步骤。

① 准备。该步骤的目的是通过执行基本活动，帮助组织基于 RMF 管理其安全性和隐私风险。

② 分类。该步骤的目的主要是确定信息和系统的保密性、完整性和可用性遭到破坏所带来的潜在不利影响。

③ 选择。该步骤的目的是确定与风险相称的初始控制措施以保护系统。控制基线是控制选择过程的起点，是基于分类步骤中的系统影响级别来选择的。

④ 实施。该步骤涉及在新系统或遗留系统中控制风险。

⑤ 评估。该步骤展示了系统中的控制措施在多大程度上是有效的。

⑥ 授权。该步骤产生管理决策，决定新系统是否投入生产和操作。

⑦ 持续跟踪。该步骤主要跟踪可能影响风险控制的相关因素，并评估其有效性。

第三节　NIST《信息系统和组织的安全和隐私控制》

（一）标准概述

美国在信息安全方面的研究全球领先，实施分类分级保护是其开展安全管理的重要思路，并依照此思路形成了完善的标准体系，NIST 发布的《信息系统和组织的安全和隐私控制》（NIST SP 800-53）就是其中之一。为满足特定的安全需求，保障信息系统的安全防护能力，NIST 于 2005 年首次发布了 SP 800-53《信息系统和组织的安全和隐私控制》指南，构建了完整的信息系统安全控制体系，提供安全与隐私保护方法，增强信息系统的安全防御能力与恢复能力。自首次发布以来，SP 800-53 指南经历了 5 次修订，见表 C-3。该指南为信息系统的管理、运行和安全控制提供了重要指导，为信息系统安全相关的安全管理、实施、评估、运维人员提供了参考，帮助组织实现对信息系统安全的有效管理。

2020 年 12 月发布的第 5 版 SP 800-53《信息系统和组织的安全与隐私控制》，在解决结构问题的基础上丰富了技术内容，进一步提升了标准的普适性。第 5 版的修订内容具体体现在将隐私控件集成到主目录中，建立了全面的隐私控制目录；增加了新的供应链控制体系，管理任意规模部门可能出现的风险；并基于威胁情报信息，持续更新完善最佳策略，确保标准的先进性。

表 C-3　SP 800-53 的历次发布情况

版本	800-53	800-53 r1	800-53 r2	800-53 r3	800-53 r4	800-53 r5	800-53B
标准名称	联邦信息系统的安全控制			联邦信息系统和组织的安全控制	联邦信息系统和组织的安全和隐私控制	信息系统和组织的安全和隐私控制	信息系统和组织的控制措施基线
发布时间	2005 年 2 月	2006 年 12 月	2007 年 12 月	2010 年 8 月	2014 年 4 月	2020 年 3 月发布草案 / 2020 年 12 月发布正式版	2020 年 7 月发布草案 / 2020 年 12 月发布正式版
撤销时间	2007 年 12 月	2007 年 12 月	2010 年 8 月	2014 年 4 月	2020 年 12 月	—	—

随着 SP 800-53 标准的通用性增强，其已被广泛应用于诸多安全领域，为联邦机构、地方政府、私营部门以及关键基础设施运营者等提供安全指导，并为美国联邦云计算服务安全控制基线、关键基础设施网络安全框架、工业控制安全等标准规范提供理论技术支持。

（二）SP 800-53 安全控制基线的要求

1. 安全控制结构

按照 FIPS 199《联邦信息和信息系统安全分类》和 FIPS 200《联邦信息和信息系统的最小信息安全需求》确定的信息系统影响等级，SP 800-53 基于不同的信息系统保护等级，提供了对应的安全控制集，分为 20 个系列控件，以便在安全和隐私控制选择过程中使用（见表 C-4）。该指南提出了安全控制基线的概念，强调选择合适的基线控制措施，以满足信息系统安全控制的最低限度保障要求，旨在为不同级别的系统推荐最小安全控制集。

表 C-4 安全和隐私控制系列

族标识符	安全控制族	族标识符	安全控制族
AC	访问控制	PE	物理与环境安全
AT	教育培训	PL	规划
AU	审计与问责	PM	程序管理
CA	评估、授权和监视	PS	人员安全
CM	配置管理	PT	PII 处理和透明度
CP	应急计划	RA	风险评估
IA	标识与鉴别	SA	系统和服务获取
IR	事件响应	SC	系统和通信保护
MA	维护	SI	系统与信息完整性
MP	介质保护	SR	供应链风险管理

2. 控制实施方法

控制实施方法包括 3 种：通用方法、系统特定的方法和混合方法。控制实施方法定义了控制的适用范围、共享性质以及开发评估的责任授权。通过控制实施方法帮助组织选择适当的控制措施，可满足组织的安全和隐私需求，并最大化成本效益。

为防范单点故障风险，组织信息系统的保护需要综合考虑多种控制措施。其中，管理类控制措施主要关注信息政策、标准和指南；技术类控制措施主要关注信息系统；运行类控制措施主要关注人员管理、NIST 发布的特别出版物等。针对管理、技术和运行 3 项安全控制类的影响程度，SP 800-53 列出了低、中、高 3 种基线安全控制集，与 FIPS 200 中定义的信息系统等级相对应。

对于低影响系统，评估、授权和监视（CA）管理系统中的安全控制措施，要求没有明显差错且可进行配置管理（CM），发现缺陷并及时进行处理。

对于中影响系统，通过应急计划（CP）为低影响系统补充保障要求，强调采用增强标识与鉴别（IA）技术避免存在的缺陷，通过事件响应（IR）机制迅速处理。

对于高影响系统，在中影响系统维护（MA）的基础上增加安全保障要求，通过介质保护（MP），加强物理与环境安全（PE）以改善控制措施的有效性，提高规划（PL）管理水平。此外，为确保人员安全（PS），可补充使用风险评估（RA）、系统和服务获取（SA）、系统和通信保护（SC）、系统与信息完整性（SI）和程序管理（PM）等方案。

上述每类安全控制措施都附加安全控制强化措施，通过多种安全控制措施的综合使用，节约组织实施和评估的成本。在最新版的标准中，将控制基线转移到 NIST SP 800-53B《信息系统和组织的控制措施基线》中。相关组织可根据业务需要和风险的承受能力，灵活选择安全控制基线。

（三）SP 800-53 与我国等级保护制度的差异

SP 800-53 通过完善控制体系，满足了组织的安全与隐私保护需求。我国的网络安全等级保护体系的设计也借鉴了 SP 800-53，其与 SP 800-53 的差异主要体现在以下 4 个方面。

（1）覆盖范围的扩大

SP 800-53 主要针对联邦组织信息系统，而我国的保护体系不仅面向政府网站、大型网站等信息门户，还将社会公众服务平台、网络基础设施等纳入保护范围。

（2）组织方式的优化

SP 800-53 通过标识与鉴别来管理信息系统风险，而我国搭建的模式架构可以覆盖所有对象的通用安全保护需求，并针对云计算、移动互联网、物联网和工业控制系统等提出了安全扩展要求。

（3）控制措施的简化

SP 800-53 为实现控制，采用通用、系统特定和混合 3 种方法，以加强系统提供持续服务的能力，而我国在内容上进行了部分简化，主要保留了通用、系统特定两种控制实施方法。

（4）分类结构的改变

SP 800-53 对安全控制按照管理、技术和运行 3 类进行分族，而我国依据每类侧重点的不同，对于管理层，按照策略对活动主体进行分类，对于技术层，则按照面到点对业务进行分类。

第四节　国标《信息安全技术　工业控制系统安全控制应用指南》

（一）标准概述

2016 年 8 月 29 日，全国信息安全标准化技术委员会（SAC/TC260）发布了国内首个覆盖工业企业全生命周期的工控安全标准《信息安全技术　工业控制系统安全控制应用指南》（GB/T 32919—2016）。该标准借鉴了 NIST SP 800-53 提出的安全控制、安全基线的概念，参照工业控制应用基本方法，指导搭建安全控制体系，介绍了如何通过选择、裁剪和补充形成满足需求的工控安全控制基线，实现对工业控制系统的有效风险控制管理。该标准适用于工业领域的各个行业，规范了工业企业从设计、建设到运行，从人员安全、设备安全到环境安全的各个方面。作为包含 800 多个控制点的标准，它为工控安全的建设和运行提供了保障，也为风险评估和安全检查提供了支撑。

（二）工控安全控制列表分析

为了方便使用控制选择和规约过程，该标准将工业控制系统的安全控制概括为管理、运行和技术三大类，以及与安全功能相关的 18 个族，见表 C-5。对于每项安全控制，该标准分别给出了由组织或系统负责实施的安全活动，以此指导控制的安全运行，并基于此提出了控制增强措施。

表 C-5　安全控制族

族标识符	安全控制族	安全控制类
AC	访问控制	管理
AT	教育培训	运行
AU	审计与问责	技术
CA	安全评估与授权	管理
CM	配置管理	运行
MA	维护	运行
CP	应急计划	运行
IA	标识与鉴别	技术
IR	事件响应	运行
MP	介质保护	运行
PE	物理与环境安全	运行
PL	规划	管理
PM	程序管理	管理
PS	人员安全	运行
RA	风险评估	管理
SA	系统和服务获取	管理
SC	系统和通信保护	技术
SI	系统与信息完整性	运行

在选择工业控制系统安全控制措施方面，首先应基于系统的应用划分新系统和已运行系统。其中，对于新系统，尚未进行初始的安全定级，应结合需求选择安全控制措施，综合考虑其在系统生命周期各阶段的应用；对于已运行系统，当面临的风险发生变更时，应基于不同的业务类型重新评估，确定系统安全级别，并分析安全控制措施与需求间的契合度，调整或重新制定安全计划中的安全控制措施。

（三）工控安全控制基线的要求

安全控制基线是安全控制选择过程的起始点，是为帮助组织选择最适当的安全控制集而制定的最低安全基准线，通常应用于工业控制系统的安全风险评估和安全等级划分中。参照安全风险的影响程度，基于多个前置条件（如工业控制系统处于物理设施内和网络环境中）进行分级，得到不同的安全控制基线。为了满足不同工业控制系统的安全需求，在选择初始的安全控制基线后，经过裁剪和补充形成各行业的工控安全控制基线，为行业规范细则的制定奠定基础。

1. 安全风险评估

工业控制系统信息安全等级是基于工业控制系统存在的信息安全风险划分的，由工业控制系统资产重要程度、受侵害后的潜在影响程度以及需抵御的信息安全威胁程度 3 个定级要素决定。

针对等级保护三级系统的防护要求，对应用安全涉及的"身份鉴别""访问控制""安全审计""剩余信息保护""通信完整性""通信保密性""抗抵赖""软件容错""资源控制"等控制点进行评分，将工业控制系统划分为 3 个级别：低影响系统、中影响系统和高影响系统。

2．安全保护等级划分

根据等级保护对象在国家安全、经济建设、社会生活中的重要程度，以及一旦遭到破坏、丧失功能或者数据被篡改、泄露、丢失、损毁后，对国家安全、社会秩序、公共利益以及公民、法人和其他组织的合法权益的侵害程度等因素，等级保护对象的安全保护等级分为自主保护级（第一级）、指导保护级（第二级）、监督保护级（第三级）、强制保护级（第四级）和专控保护级（第五级），系统的重要程度逐级升高。

低、中、高三级影响系统分别选择对应的一、二、三级安全控制基线。在划分等级时，第一级、第二级系统选择第一级安全控制基线；第三级系统选择第二级安全控制基线；第四级、第五级系统选择第三级安全控制基线。

其中，低影响系统不强制要求参与等级保护测评，提交申请资料后，经公安部门审核通过即可；中影响系统属于指导保护级，需采用监督管理机制；而高影响系统属于监督保护级，每年至少应进行一次等级测评。

第五节　国标《信息安全技术 网络安全事件应急演练指南》

（一）标准概述

建立网络安全事件应急工作机制，开展应急演练是减少和预防网络安全事件造成损失和危害的重要保证。为规范和指导网络安全事件应急演练工作，制定网络安全事件应急演练指南是必要的。国家市场监督管理总局和国家标准化管理委员会发布了国家标准《信息安全技术 网络安全事件应急演练指南》（GB/T 38645—2020），该标准由全国信息安全标准化技术委员会提出并归口。该标准给出了网络安全事件应急演练实施的目的、原则、形式、方法及规划，并描述了应急演练的组织架构以及实施过程，适用于指导相关组织实施网络安全事件应急演练活动。

1．网络安全事件

网络安全事件是由于人为原因、软硬件缺陷或故障、自然灾害等，对网络和信息系统或者其中的数据和业务应用造成危害，对国家、社会、经济造成负面影响的事件。

2．网络安全事件应急演练

网络安全事件应急演练是有关政府部门、企事业单位、社会团体组织相关人员，针对设定的突发事件模拟情景，按照应急预案所规定的职责和程序，在特定的时间和地域，开展应急处置的活动。

（二）应急演练的目的、原则和形式

1. 应急演练的目的

（1）检验预案：通过开展应急演练，查找和验证应急预案中存在的问题，完善应急预案，提高应急预案的科学性、实用性和可操作性。

（2）完善准备：通过开展应急演练，检查应对网络安全事件所需应急队伍、物资、装备、技术等方面的准备情况，发现不足及时予以调整补充，做好应急准备工作。

（3）锻炼队伍：通过开展应急演练，增强演练管理部门、指挥机构、参演机构和人员等对应急预案的熟悉程度，锻炼应急处置需要的技能，加强配合，提高其应急处置能力。

（4）磨合机制：通过开展应急演练，进一步明确相关单位和人员的职责任务，理顺工作关系，完善各关联方之间的分离、阻隔、配套应急联动机制，防范网络安全风险传导。

（5）宣传教育：通过开展应急演练，普及应急知识，不断增强网络安全管理的专业化程度，提高全员的网络安全风险防范意识。

2. 应急演练的原则

（1）结合实际：结合应急管理工作要求，明确演练目的，根据资源条件确定演练方式和规模。

（2）贴合实战：提高应急指挥机构的指挥协调能力和应急队伍的实操应急处置能力。

（3）提高实效：重视对演练流程及演练效果的评估、考核，总结推广经验，整改发现的问题。

（4）保证安全：围绕演练目的策划演练内容，科学制定演练方案，部署演练活动，制定并遵守有关安全措施，确保演练参与人员及演练设施安全。

（5）统筹规划：统筹规划应急演练活动，演与练有效互补，适当开展跨行业、跨地域的综合性演练，利用现有资源，提升应急演练效益。

3. 应急演练的形式

按照应急演练的组织形式、内容、目的和作用的不同，应急演练的形式可以从多个维度进行划分。按照应急演练的组织形式，应急演练分为桌面推演、模拟演练、实操演练；按照应急演练的内容，应急演练分为专项演练、综合演练；按照应急演练的目的和作用，应急演练分为检验性演练、示范性演练、研究性演练。不同维度的演练相互组合，可以形成专项桌面推演、综合性桌面推演、专项实操演练、综合性实操演练、专项示范演练、综合性示范演练等常用的演练形式。

（三）应急演练的规划和组织架构

有关组织根据实际情况，依据相关法律法规、应急预案的规定和管理部门的要求，对一定时期内的各类应急演练活动做出总体规划，包括应急演练的频次、规模、形式、时间、地点、预算等。一般以一年为一个周期制定演练规划。

演练组织架构包括管理部门、指挥机构和参演机构。根据事件等级、演练规模、演练目的、演练形式等，组织机构可对相关机构人员和职责进行归并等调整，按照实际情况进行相应组织的细分。

（四）应急演练的实施过程

1. 准备阶段

（1）制订演练计划，应急指挥机构根据应急演练规划和应急预案制订演练计划，明确演练目的，分析演练要求，确定演练范围，起草日程计划，编制演练经费预算。

（2）制定演练方案，包含编制工作方案、编制保障方案、编制评估方案、编写演练脚本。

（3）评审与修订演练方案，对演练方案进行评审，确定演练方案科学可行，以确保应急演练工作的顺利进行。对于涉密或不宜公开的演练内容，宜制定保密措施。

（4）应急演练保障，保证相关人员参与演练活动的时间，确保所有参演人员已经通过演练培训，明确职责分工。按照演练需要及时拨付经费，并对经费使用情况进行监督检查。根据演练方式和内容，在经现场勘察后选择合适的演练场地。提供必要的基础设施保障，为应急演练过程提供及时可靠的信息传递渠道，保障应急演练所涉及的各类技术支撑系统的正常运转，充分考虑演练全过程的安全保障风险，对关键部位和环节可能出现的突发事件进行专项安全保障等。

（5）演练动员与培训，在演练开始前宜组织演练动员和培训，确保所有参演人员已熟练掌握演练规则、了解演练情景，明确各自在演练行动中的职责分工。

（6）应急演练预演，为保证正式应急演练的效果，宜在前期培训的基础上，在演练正式开始前安排一次或多次预演。

2. 实施阶段

（1）演练启动

检查演练各环节准备到位后，由管理部门派人员或指挥机构宣布演练开始，启动演练活动。对演练实施全过程的指挥控制，随时掌握演练进展情况，按照演练方案的要求向指挥机构报告安全事件的发现及处置进展情况。视情况对演练过程进行解说。解说内容宜包括演练背景描述、进程讲解、案例介绍、环境渲染等。各参演机构按照演练方案开始进行应急演练。

（2）安全事件模拟

演练实施过程中，根据演练指令，按照演练方案开展安全事件模拟。安全事件模拟分为现象模拟和机理模拟。

- 现象模拟：通过可控的方法复现安全事件在设备、网络、服务等方面表现出来的现象。
- 机理模拟：在演练场景中通过可控的方式真实触发安全事件。

（3）演练执行

安全事件演练执行具体分为监测预警、事件研判、事件通告、事件处置、系统确认

5 个阶段。

（4）演练记录

演练实施过程中，评估人员按照演练方案采用文字、脚本、照片、音像等手段采集评估素材。

（5）演练结束与终止

网络安全事件处置结束后，指挥机构宣布演练执行过程结束，所有人员停止应急处置活动。在确认参演系统恢复正常后，指挥机构做简短总结，宣布演练实施阶段结束，并对演练过程进行点评。

3．评估与总结阶段

（1）演练评估

分析演练记录及相关资料，对演练活动及组织过程做出客观评价，编写演练评估报告，主要内容包括演练执行情况、演练方案的合理性与可操作性、应急指挥人员的指挥协调能力、参演人员的处置能力、演练所用设备（装备）的适用性、演练目标的实现情况、演练的成本效益分析、对完善预案的建议等。

（2）演练总结

根据演练记录、演练评估、演练方案等材料，对演练进行系统和全面的总结，并形成演练总结报告，内容包括：演练目的、时间和地点、参演机构和人员、演练方案概要、发现的问题与原因、经验和教训，以及改进有关工作的建议等。

（3）文件归档与备案

将演练计划、演练方案、演练评估报告、演练总结报告等资料归档保存。对于由管理部门布置或参与的演练，或者法律、法规、规章要求备案的演练，宜将相关资料报有关部门备案。

第六节 国标《信息安全技术 网络安全事件分类分级指南》

（一）标准概述

安全事件的防范和处置是国家信息安全保障体系中的重要环节，也是重要的工作内容。网络安全事件的分类分级是快速有效处置网络安全事件的基础。为了促进安全事件信息的交流和共享，提高安全事件通报以及应急处理的自动化程度和效率，帮助统计分析安全事件和确定安全事件的严重程度，发布了推荐性国家标准《信息安全技术 网络安全事件分类分级指南》（GB/T 20986—2023）。该文件描述了网络安全事件分类和分级的方法，界定了网络安全事件的类别和级别，并明确了网络安全事件分类代码，适用于网络运营者以及相关部门开展网络安全事件研判、信息通报、监测预警和应急处置等活动。

1．信息系统的概念

信息系统是应用、服务、信息技术资产或其他信息处理组件的组合，通常由计算机或其他信息终端及相关设备组成，并按照一定的应用目标和规则进行信息处理或过程控制。

2．数据

数据是指任何以电子或其他方式对信息的记录。

3．网络安全

网络安全是指通过采取必要的措施，防范对网络的攻击、侵入、干扰、破坏和非法使用以及意外事故，使网络处于稳定可靠运行的状态，以及保障数据的完整性、保密性、可用性的能力。

4．网络安全事件

网络安全事件是人为原因、网络遭受攻击、网络存在漏洞隐患、软硬件缺陷或故障、不可抗力等因素，对网络和信息系统或者其中的数据和业务应用造成危害，对国家、社会、经济造成负面影响的事件。

（二）网络安全事件分类

1．考虑要素

本文件综合考虑了网络安全事件的起因、威胁、攻击方式、损害后果等因素，对网络安全事件进行分类。

2．事件分类

网络安全事件分为恶意程序事件、网络攻击事件、数据安全事件、信息内容安全事件、设备设施故障事件、违规操作事件、安全隐患事件、异常行为事件、不可抗力事件和其他事件 10 类，每类之下再分为若干个子类。

（1）恶意程序事件

恶意程序事件是指在网络蓄意制造或传播恶意程序而导致业务损失或造成社会危害的网络安全事件，包括计算机病毒事件、网络蠕虫事件、特洛伊木马事件、僵尸网络事件、恶意代码内嵌网页事件、恶意代码宿主站点事件、勒索软件事件、挖矿病毒事件、混合攻击程序事件和其他恶意程序事件 10 个子类。

（2）网络攻击事件

网络攻击事件是指通过技术手段对网络实施攻击而导致业务损失或造成社会危害的网络安全事件，包括网络扫描探测事件、网络钓鱼事件、漏洞利用事件、后门利用事件、后门植入事件、凭据攻击事件、信号干扰事件、拒绝服务事件、网页篡改事件、暗链植入事件、域名劫持事件、域名转嫁事件、DNS 污染事件、WLAN 劫持事件、流量劫持事件、BGP 劫持攻击事件、广播欺诈事件、失陷主机事件、供应链攻击事件、APT 事件和其他网络攻击事件 21 个子类。

（3）数据安全事件

数据安全事件是指通过技术或其他手段对数据实施篡改、假冒、泄露、窃取等导致业务损失或造成社会危害的网络安全事件，包括数据篡改事件、数据假冒事件、数据泄露事件、社会工程事件、数据窃取事件、数据拦截事件、位置检测事件、数据投毒事件、数据滥用事件、隐私侵犯事件、数据损失事件和其他数据安全事件 12 个子类。

（4）信息内容安全事件

信息内容安全事件是指通过网络传播危害国家安全、社会稳定、公共安全和利益的有害信息导致业务损失或造成社会危害的网络安全事件，包括反动宣传事件、暴恐宣扬事件、色情传播事件、虚假信息传播事件、权益侵害事件、信息滥发事件、网络欺诈事件和其他信息内容安全事件 8 个子类。

（5）设备设施故障事件

设备设施故障事件是指由于网络自身出现故障或设备设施受到破坏或干扰而导致业务损失或造成社会危害的网络安全事件，包括技术故障事件、配套设施故障事件、物理损害事件、辐射干扰事件和其他设备设施故障事件 5 个子类。

（6）违规操作事件

违规操作事件是指人为故意或意外地损害网络功能而导致业务损失或造成社会危害的网络安全事件，包括权限滥用事件、权限伪造事件、行为抵赖事件、故意违规操作事件、误操作事件、人员可用性破坏事件、资源未授权使用事件、版权违反事件和其他违规操作事件 9 个子类。

（7）安全隐患事件

安全隐患事件是指网络中出现能被攻击者利用的漏洞或隐患，一旦被利用可能对网络造成破坏，进而导致业务损失或造成社会危害的网络安全事件。提前发现这些漏洞或隐患能防范由此引起的其他网络安全事件，包括网络漏洞事件、网络配置合规缺陷事件、其他安全隐患事件 3 个子类。

（8）异常行为事件

异常行为事件是指网络本身稳定性不足或违规访问网络造成访问、流量等异常行为，进而导致业务损失或造成社会危害的网络安全事件，包括访问异常事件、流量异常事件和其他异常行为事件 3 个子类。

（9）不可抗力事件

不可抗力事件是指因突发事件损害网络的可用性而导致业务损失或造成社会危害的网络安全事件，包括自然灾害事件、事故灾难事件、公共卫生事件、社会安全事件和其他不可抗力事件 5 个子类。

（10）其他事件

其他事件是指未归为上述 9 个分类的网络安全事件。

（三）网络安全事件分级

1. 考虑要素

对网络安全事件的分级主要考虑 3 个要素：事件影响对象的重要程度、业务损失的严重程度、社会危害的严重程度。其中，事件影响对象主要包括信息系统、通信网络设施和数据等。

（1）事件影响对象的重要程度

事件影响对象的重要程度是指国家安全、社会秩序、经济建设和公众利益以及业务对事件影响对象的依赖程度，可划分为 3 个级别：特别重要、重要和一般。

（2）业务损失的严重程度

业务损失的严重程度是指由网络的硬件/软件、功能和数据的损坏导致业务中断影响的严重程度，其大小取决于恢复业务正常运行和消除网络安全事件负面影响所需付出的代价，可划分为 4 个级别：特别严重、严重、较大和较小。

（3）社会危害的严重程度

社会危害的严重程度是指对国家安全、社会秩序、经济建设和公众利益等方面的危害程度，可划分为 4 个级别：特别重大、重大、较大和一般。

2．事件分级

按照事件影响对象的重要程度、业务损失的严重程度和社会危害的严重程度 3 个分级考虑要素，网络安全事件可分为 4 个级别：特别重大事件、重大事件、较大事件和一般事件，由高到低分别为一级、二级、三级和四级。

（1）特别重大事件（一级）

特别重大事件发生在特别重要的事件影响对象上，并且：

- 导致特别严重的业务损失，或
- 造成特别重大的社会危害。

（2）重大事件（二级）

重大事件发生在特别重要或重要的事件影响对象上，并且：

- 导致特别重要的事件影响对象遭受严重的业务损失或导致重要的事件影响对象遭受特别严重的业务损失，或
- 造成重大的社会危害。

（3）较大事件（三级）

较大事件发生在特别重要或重要或一般的事件影响对象上，并且：

- 导致特别重要的事件影响对象遭受较大或较小的业务损失，或重要的事件影响对象遭受严重或较大的业务损失，或导致一般的事件影响对象遭受较大（含）以上级别的业务损失，或
- 造成较大的社会危害。

（4）一般事件（四级）

一般事件发生在重要或一般的事件影响对象上，并且：

- 导致较小的业务损失，或
- 造成一般的社会危害。